上海市"十三五"重点出版物出版规划项目
世界经济危机研究译丛

1914年金融大危机
——拯救伦敦金融城

理查德·罗伯茨 著
(Richard Roberts)

杨培雷　杨卓尔　译

上海财经大学出版社

图书在版编目(CIP)数据

1914年金融大危机:拯救伦敦金融城/(英)理查德·罗伯茨(Richard Roberts)著;杨培雷,杨卓尔译.—上海:上海财经大学出版社,2017.11
(世界经济危机研究译丛)
书名原文:Saving the City:The Great Financial Crisis of 1914
ISBN 978-7-5642-2826-2/F·2826

Ⅰ.①1… Ⅱ.①理…②杨…③杨… Ⅲ.①金融危机-研究-英国-1914
Ⅳ.①F835.615.9

中国版本图书馆CIP数据核字(2017)第220231号

□ 责任编辑 李成军
□ 封面设计 张克瑶

1914NIAN JINRONG DAWEIJI
1914年金融大危机

理查德·罗伯茨 著
(Richard Roberts)
杨培雷 杨卓尔 译

上海财经大学出版社出版发行
(上海市中山北一路369号 邮编200083)
网   址:http://www.sufep.com
电子邮箱:webmaster@sufep.com
全国新华书店经销
上海景条印刷有限公司印刷装订
2017年11月第1版 2017年11月第1次印刷

890mm×1240mm 1/32 11.625印张(插页:1) 245千字
印数:0 001—3 000   定价:56.00元

图字:09-2015-937 号

© Richard Roberts 2013

SAVING THE CITY: THE GREAT FINANCIAL CRISIS of 1914, First Edition was originally published in English in 2013. This translation is published by arrangement with Oxford University Press and is for sale in the Mainland (part) of The People's Republic of China (excluding the territories of Hong Kong SAR, Macau SAR and Taiwan Province).

《1914年金融大危机:拯救伦敦金融城》于2013年出版。本中文翻译版由牛津大学出版社授权出版,仅限在中华人民共和国大陆地区(不包括香港特别行政区、澳门特别行政区和中国台湾省)发行。

2017年中文版专有出版权属上海财经大学出版社
版权所有　翻版必究

献给萨拉(Sarah)、莉莲(Lilian)和南希(Nancy)

序

PREFACE

当人们认识到肇始于2007年8月并继起于整个2008年的金融危机是金融危机历史的一个重要组成部分时,许多人都在寻找其历史参照。对于绝大多数人来说,历史上最好的参照就是20世纪30年代的大萧条。但是,这样的对比在两个主要方面产生误导:第一,政策因应非常不同,而且在一段时间内,转移了关于两次危机原因相似性和差异性分析的应有关注点。第二,与美国不同,20世纪30年代英国没有发生银行危机,而且,最近的金融危机直接属性以及所需的应对措施与20世纪30年代金融危机呈现出来的相应问题也有很大的差异。

1914年,伴随第一次世界大战爆发而出现的国际金融危机是一个更有意义的参照。从1914年发生的诸多事件中,我们可以得到更多的启示。正如理查德·罗伯茨所写的那样,"1914年的金融危机是伦敦曾经历的一次最严重的系统性危机"。那时,伦敦是最重要的国际金融中心,甚至其地位比2008年的纽约更为重要。

我个人关于1914年危机的兴趣始于2006年10月的一次金融史晚餐俱乐部(Financial History Dining

Club)的聚会。该俱乐部是时任德意志银行英国分行(Deutsche Bank UK)行长查尔斯·爱丁顿(Charles Adington)同我在担任(英格兰银行)行长前的2003年一起创建的。那天晚上,大家都全身心投入到关于1914年事件的讨论中,此后五年我时常回忆起那个晚上。

为了清晰地说明2007~2008年危机的严重性,在我的演讲中没有提及本次危机中产出和就业与20世纪30年代危机中产出和就业相同幅度下降的根源,而是锁定这样的事实:我们正在经历的银行危机是自1914年危机以来英国所承受的最严重的银行危机。然而,我发现很少有人了解1914年的金融危机。理查德·罗伯茨运用简明而又老练的写作手法,解释了1914年国内外发生的诸多事件,这是一项具有重大意义的工作:在我们纪念第一次世界大战爆发100周年的日子里,这项工作显得尤其重要。因为,尽管已经有许多重要的新著论述战争冲突的起源、性质和后果,但是,很难说它们已经足以判断1914年夏季发生的金融事件对于战争冲突的重要性和影响。

当然,1914年金融危机的根源与其他历史时期的金融危机根源非常不同,包括最近发生的金融危机。但是,揭开此次危机面纱和当局的危机管理措施,使我们可以进行显而易见的比较分析。

在危机发生的前夕,人们仍沾沾自喜,显然,政策制定者和市场都没有严肃对待危机对欧洲战时经济前瞻注定要造成的后果。甚至，1914年6月28日弗朗茨·斐迪南大公（Archduke Franz Ferdinand）[1]被刺后，伦敦市场几乎没有任何反应。

几乎整整一个月后，金融市场才对这起政治事件的重要性有所警觉。7月23日奥匈帝国对塞尔维亚下了最后通牒，最终改变了市场的敏感性。欧洲证券市场出现急剧下跌，而且有几家证券市场被关闭。人们寻求安全资产类型，特别是现金资产，于是，各类主要市场的流动性被挤干了，包括外汇市场、贴现市场和股票市场。3月期货币市场利率翻了一番还要多。真实定价已经不再可能了，在同一天，也就是7月31日星期五，继纽约证券交易所关闭之后，伦敦证券交易所也关闭了。

8月4日英国宣战。在8月份的第一个星期里，英国财政部和英格兰银行采取了前所未有的危机应对措施。英国政府决定干预，并以史无前例的规模将"纳税人"的钱投入到"拯救伦敦金融城"的任务中去。

由此我们可以对它与我们当前的金融危机加以比较。基于1914年的危机管理，我们可以进行四个主要方面的比较。

第一个比较项，也是最重要的比较项，即1914年贴现事务所、票据承兑事务所和银行等英国金融机构早期呈现出来的问题不是流动性问题，本质上是清偿能力问题。英格兰银行提供流动性的措施未能解决票据承兑事务所（投资银行的前身）和银行面临的处境。情况越来越明朗，即在战时环境下，欧洲大陆的众多债务人无力偿付债务，于是，英国金融机构持有的大量资产（尤其是汇票）

价值下跌,导致这些机构丧失了清偿能力。

虽然早期采取的危机应对措施保证了银行于8月7日星期五照常开业,但是,一周的银行假期之后,危机并没有消除,仅仅是被"控制"在一定水平上。在接下来的五个月里,劳埃德·乔治(Lloyd George)首相和财政部官员们主要采取了向伦敦金融城注资的措施。英格兰银行买进了伦敦银行和其他金融机构持有的大量票据,而代表纳税人的政府承担了全部的潜在损失。英格兰银行买入的票据占全部贴现市场交易量的1/3,相当于GDP的5.3%。

罗伯茨将这段时期描述为"振兴"阶段而不是"施救"阶段,因为在此阶段没有出现主要机构倒闭的情况。然而,在很大程度上,这是因为英国政府接管了银行系统的资产。因此,当1915年1月4日星期一(伴随着三种版本的国歌同时唱响)证券交易所重新开门,金融危机"结束"了。

1914年危机与今日之危机的第二个比较项是金融机构很不情愿接受政府支持,因为一旦其他机构发现其中某个机构需要政府支持,该机构就会承担"污名"。罗伯茨描述了1914年呈现出来的这种情况,他说,如果其他机构知晓了某个机构从英格兰银行获得借款安排,那么,该机构会因"从英格兰银行借款而导致潜在的声誉损害"。2007年的英国和其他国家,这个问题也作为重要的问题凸显出来,对于借款机构而言,面对政府试图提供流动性是非常谨慎的。对于这个问题,没有一个简单的解决办法,甚至可以说事情很复杂,仍将继续困扰中央银行流动性安排的设计者们。

第三个比较项是,尽管有巨大的政府支持,但是危机状态和心理上的相关变化导致银行向实体经济放贷极其谨慎。从纳税人支持中受益的银行不太愿意扩大借贷规模,在2008年后的较长时期里,这种情况成为重要的政治争辩话题。同样地,当劳埃德·乔治表达了对银行不太愿意支持实体经济的关注时,1914年的辩论也出现了。罗伯茨将实业家关于银行融资短缺的抱怨与正常的银行便利撤销关联起来。商人们也提出抱怨,认为政府偏向支持银行而非商业实体,这种偏好是靠不住的。劳埃德·乔治在下议院对这些关注做了回应。他说:"'我认为,我们为银行做了它们期望我们所做的一切。我们所没有做的,只是为了增强它们的地位或者为了提高它们的股利。我们所做的,是为了促进银行在困难时期向经济交易提供融资。'这就是我对我个人在财政委员会表达的观点的回应。在财政委员会,我的观点是,我们设计的、英格兰银行提供的支持方案'不是为了保护银行,而是避免经济受到银行的影响'。"

在最近一段时期里,银行是不受欢迎的。正如凯恩斯所指出的那样:"在危机中,必须有几个人能够断然做出决定。庆幸的是,我们有那么几个人,但是,他们不在相互参股的银行家之中。"

最后,1914年政府支持的性质与最近危机中政府支持的性质存在显著差异。为了拯救伦敦金融城,时任首相劳埃德·乔治很快便愿意承担损失风险。那时,对于从未有过的激进首相的出乎意料的慷慨,许多人都提出了批评。当然,这也将英国纳税人暴露在受损的可能性之下。

2008年,绝大多数国家通过接管金融机构的股权来提供清偿力支持,而机构也都从这样的支持计划中受益。政府支持银行的再融资计划,如果市场不能够提供再融资,那么,政府就以占有股份的方式提供融资。政府意欲与机构一起分担市场上升和下降的风险。相比之下,劳埃德·乔治愿意接受损失风险而无需补偿。这样做当然会加速他的政策回应,但是,也遭致对伦敦城金融机构过度慷慨的批评。

无论如何,不同的观点各有各的长处,但是,关于未来如何实施紧急支持计划的持久论辩,众说纷纭。在真实世界里,不应当仅仅是政策制定者做出反应。这就是从1914年和当今的比较中能够得出诸多教训的另一个原因。这里,我们有许多经验需要汲取,不仅来自我们的亲身经历,而且来自理查德·罗伯茨讲述的1914年发生的那些生动的故事。

金融史很容易被一般读者所忽视。金融史外在的技术性分析让人避而远之。但是,基于理查德·罗伯茨的知识和技巧而娓娓道来的金融危机故事则像将侦探小说(关于事件和人物的血淋淋的而又引人入胜的细节描写)和引人注目的政治及社会历史事实有机地结合起来了。

总而言之,本书读来让人兴趣盎然。在本书的故事中有一些著名的角色：劳埃德·乔治，一位相当难以置信的激进首相，他愿意将公共资金作为赌注，拯救伦敦城金融机构；约翰·梅纳德·凯恩斯，他第一次涉足伤害银行家的公共政策；布拉德伯里（Bradbury），第一位也是至今仅有的终身财政大臣，他的名字被很快印在一系列钞票上，印制水平远远低于英格兰银行可以接受的标准。由于金币被用来重建国家黄金储备，这些钞票是为了满足突然增长的小面额钞票的需求。

理查德·罗伯茨的这本书不仅讲述了一个仅靠极端国家干预就避免了极端金融崩溃的引人入胜的故事，而且对于今天汲取危机教训也有指导意义。在英国如此，在美国如此，在拥有无论大小规模金融部门的任何国家皆如此。

梅尔文·金（Mervyn King）
2013 年 9 月于纽约

注释

1　（1863 年 12 月 18 日～1914 年 6 月 28 日），奥匈帝国皇储，弗兰茨·约瑟夫一世皇帝之弟的儿子。皇帝独子皇太子鲁道夫于 1889 年精神病自杀后，斐迪南大公成为皇位继承人。1914 年斐迪南大公与其夫人苏菲视察萨拉热窝时，被塞尔维亚民族主义者普林西普刺杀身亡。这就是"萨拉热窝事件"，而"萨拉热窝事件"成为第一次世界大战的导火线。——译者注

前言与致谢
Preface and Acknowledgements

本书缘起于我关于著名城市商人银行——施罗德家族银行——的历史研究,相关著作于1992年出版。1914年,巴伦·布鲁诺·施罗德(Baron Bruno Schröder)已经是高级合伙人、大老板和著名银行家,尽管他已经在英国居住了几十年,但是,国籍仍是德国。随着战争的爆发,他成了敌方阵营的人,他的企业被视为敌方资产而处于被没收的风险之中。这将会导致金融市场的危机严重恶化,因此,巴伦·布鲁诺·施罗德被立即归化(入籍)——内政大臣和国王权衡再三的良策。施罗德企业和家族史上的这段戏剧性情节提醒我去关注被我忽略的1914年的金融危机。

1914年的金融危机对于那些亲身经历过的人们来说,是惊心动魄的。其中有三个人对这段历史进行了专题记述,他们写出的文献均在1915年出版,他们分别是:哈特里·维瑟斯(Hartley Withers),著有《战争与伦巴第街》(*War and Lombard Street*,伦巴第街为伦敦金融中心所在地。——译者注);威廉姆·劳森(William Lawson),著有《1914～1915年英国战时金融》(*British War*

Finance 1914～1915）；以及汉斯·克里斯汀·索恩（Hans Christian Sonne），著有《伦敦金融城：1914年7月～1915年7月的金融状况与未来》(The Cities: Its Finance July 1914 to July 1915 and Future)。另外，还有约翰·梅纳德·凯恩斯，此时正是他职业生涯的早期，尽管情况尚不明朗，但是，在1914年秋季，他就已经写出了三篇关于危机的学术论文并发表。尽管相关著作很快便被遗忘，但是，论文依然为凯恩斯学派的学者们所熟知。在一些战后回忆中，关于金融危机的记述以劳埃德·乔治的《战争回忆录》(War Memoires, 1933)最为著名。第一次与众不同的论述是经济学家E.维克多·摩尔根(E. Victor Morgan)在《1914～1925年英国金融政策研究》(Studies in British Financial Policy 1914～1925, 1952)一书的一章中的简明论述，他分析了第一次世界大战以及紧随其后的第二次世界大战的政策反应。第一次出版的以档案为基础的历史研究文献是理查德·塞耶斯(Richard Sayers)所写的著作，他记述了他任职于英格兰银行的经历，该书于1976年出版，书中还包含了一个附录，附录中收录了英格兰银行原官方史学家约翰·克莱普海姆(John Clapham)先生于1945～1946年写就的关于这段历史的未曾公开发表的论文。此外，马塞罗·迪·凯考(Marcello de Cecco, 1974)有一章的论题就是关于此次危机的，特里萨·西伯恩(Teresa Seabourne)主编的金融危机论文集(1986)中有一章的论题也是关于此次金融危机的。最近,在大卫·凯内斯顿(David Kynaston)权威性的四卷本伦敦城历史中,有两章分析了此次危机的特征,分析中基于广泛的档案资料,主要见之于第2卷(1995)和第3卷(1999)。最后,在凯恩斯的传记中也有体现,最显著的呈现是罗伊·哈罗德(Roy Harrod,1951)所写的传记和罗伯特·斯卡伊德奥斯基(Robert Skidelsky,1983)所写的传记。

我本人关于1914年危机的著述和演讲应当追溯至2008年6月,那时,我接到了向巴黎第十大学(University of Paris Ⅹ)"战争、货币与金融"会议提交论文的邀请。[1]2007年夏季金融危机的出现,尤其是2008年9~10月的银行倒闭,导致了人们对过去发生的金融危机研究的极大兴趣。2009年6月著名的伦敦城顾问机构——伦巴第街研究会(Lombard Street Research)——出版了我关于1914年崩溃的研究报告。这份报告是我同经济学家布赖恩·雷丁(Brian Reading)和雷格·斯凯恩(Leigh Skene)合作完成的,报告叙述了1914年危机的有关情节并探讨了它与当前正在经历的危机的相似点和不同点。[2] 在牛津大学、国家档案馆(National Archives)、瑞士银行集团、货币史学会(Monetary History Group)、英格兰银行、金融史晚餐会(Financial History Dinner)以及其他地方举办的研讨会上,我都有关于1914年危机或者一般性的金融危机的演讲。我感谢参与研讨会的同仁所给予的有益的见解。数字化的《经济学家》(*Economist*)与《金融时报》(*Financial Times*)为研究工作提供了大量关于1914年危机的详细资料,在这项工作中,我担当了学术顾问的角色。人们对于1914年危机的普遍兴趣以及丰富的原始资料让我确信围绕这个论题可以写出一本书来。特别是,随着第一次世界大战爆发100周年的到来,这项工作得到了牛津大学出版社编辑大卫·穆森(David Musson)、艾玛·布斯(Emma Booth)以及本书编辑艾玛·巴贝尔(Emma Barber)的热心支持。

我要感谢许多人对于我完成这项工作的支持和鼓励。感谢参与其中的研究者们,尤其是安德斯·米克凯尔森(Anders Mikkelsen)、尼尔·麦肯茨(Niall MacKenzie),以及凯文·泰恩特(Kevin Tennent)、马修·格兰克劳斯(Matthew Glencross)和邓肯·康纳斯(Duncan Connors)。感谢一批档案管理员和图书管理员,尤其是:英格兰银行档案馆的迈克·安森(Mike Anson)和萨拉·米拉德(Sarah Millard);罗斯柴尔德档案馆的梅尔安妮·阿斯派(Melanie Aspey)、克莱尔·苏莉(Claire Soulie)、贾斯廷·卡夫内里奥斯—福斯特(Justin Cavernelious-Frost)和奈特里·布罗德(Natalie Broad);施罗德家族档案馆的卡罗琳·肖(Caroline Shaw);豪尔斯银行档案馆(Hoares Bank Archive)的帕梅拉·亨特(Pamela Hunter);劳埃德银行集团档案馆(Lloyds Banking Group Archive)的安妮·阿克尔(Anne Archer)和凯伦·辛普森(Karen Sampson);瑞士银行集团档案馆的迪娜·斯塔普斯(Tina Staples)、朱丽亚·卡森(Julia Cazin)及其同事们;苏格兰皇家银行档案馆的艾利森·图尔顿(Alison

Turton)、菲利普·温特鲍塔姆(Philip Winterbottom)和劳拉·约曼(Laura Yeoman);巴克莱银行集团档案馆的尼古拉斯·韦伯(Nicholas Webb);巴林银行档案馆的克莱拉·哈罗(Clara Harrow)和莱拉·韦伯(Lara Webb);保诚集团档案馆(Prudential Group Archives)的约翰·波特(John Porter)。感谢伦敦大都会档案馆(London Metropolitan Archives)的工作人员,他们让我接触到他们保管的大量的伦敦企业和机构的资料;尤其要感谢欧洲金融市场协会(AFME)的彼得·贝里斯(Peter Beales)并感谢德意志银行,使我能够接触到关于承兑公司委员会(Accepting Houses Committee)和摩根·格兰菲尔(Morgan Grenfell)的一些记录。要特别感谢亚当·李德利(Adam Ridley)先生,他筛选了其祖父的日记并热情地提供给我,还让我看了一张最早的"布拉德伯里"1英镑面值的纸币,纸币上有赫伯特·亨利·阿斯奎斯(Herbert Henry Asquith)首相的亲笔签名,时间是1914年8月7日。感谢国家档案馆的马克·杜尔顿(Mark Dunton);感谢剑桥大学丘吉尔学院档案馆的安德鲁·李丽(Andrew Riley);感谢议会档案馆、伯明翰大学档案馆、剑桥大学图书馆、剑桥特里尼蒂学院图书馆、剑桥国王学院档案中心、牛津波德雷安图书馆、牛津纳菲尔德学院档案馆、纽卡索大学(Newcastle University)特藏馆、英国国家图书馆、科林代尔英国国家图书馆报纸集藏馆、伦敦经济学院档案馆、爱丁堡苏格兰国家图书馆;感谢新闻国际的尼克·梅斯(Nick Mays)和罗斯·维尔德(Rose Wild)。

我还要感谢在我的工作完成过程中以不同的方式参与或提供帮助的许多人,尤其是:巴黎的帕特里克·鲍勃(Patrice Baubeau)和安杰洛·瑞瓦(Angelo Riva);伦巴第街研究会的查尔斯·杜马斯(Chares Dumas)、彼得·阿伦(Peter Allen)、布赖恩·雷丁和雷格·斯凯恩;施罗德银行的布鲁诺·施罗德(Bruno Schroder)、葛维·梅林克诺特(Gowi Mallinckrodt)和菲利普·梅林克诺特(Philip Mallinckrodt);胜智(Cengage)的塞斯·凯莱(Seth Cayley)和马克·霍兰(Mark Holland);牛津大学的尼古拉斯·蒂姆斯戴尔(Nicholas Dimsdale)、安东尼·霍特森(Anthony Hotson)、尼古拉斯·马修(Nicholas Maythew)和杰里米·沃莫尔(Jeremy Wormall);伦敦官方货币与金融机构论坛(OMFIF)的大卫·马什(David Marsh)、迈克尔·拉弗蒂(Michael Lafferty)和加布里埃尔·斯坦因(Gabriel Stein);网络安全论坛倡议组织(CSFI)的安德鲁·希尔顿(Andrew Hilton)、大卫·莱斯塞莱斯(David Lascelles)和珍妮·富勒(Jane Fuller);英格兰银行的安德鲁·霍尔丹(Andrew Haldane)和保罗·塔克(Paul Tucker);金融史晚餐俱乐部的梅尔文·金、查尔斯·爱丁顿、彼得·格贝尔(Peter Garber)、詹姆士·麦克唐纳(James Macdonald)和其他参与者。货币史协会的弗瑞斯特·凯皮(Forrest Capie)、理查德·塞维尔(Richard Saville)和其他参加者;财政大臣乔治·奥斯本(George Osborne)和英国财政部的鲁珀特·哈里森

(Rupert Harrison);爱德华时代金融小说作者拉内德·米奇(Ranald Michie);对初稿的内容进行初审的迪尔维恩·波特(Dilwyn Porter);提供论文指导的阿莱克斯·梅伊(Alex May)。感谢当代英国历史研究院(Institute of Contemporary British History)的同事们所给予的激励和支持,同时,感谢伦敦国王学院的同事们,尤其是帕特·泰恩(Pat Thane)、弗吉尼亚·普雷斯顿(Virginia Preston)、迈克尔·康迪亚(Michael Kandiah)以及罗伯特·布莱克伯恩(Robert Blackburn);感谢我的朋友伯纳德·卡诺里(Bernard Connolly)、塞巴斯汀·福克斯(Sebastian Faulks)、大卫·凯纳斯顿(David Kynaston)、保罗·麦克纳马拉(Paul Macnamara)、詹姆士·奈耶(James Nye)、迈克尔·奥利弗(Michael Oliver)、萨比·庞博尔(Shabir Pandor)、约翰·普兰德(John Plender)、大卫·普雷斯—欧文(David Prys-Owen)、巴尔内·雷诺茨(Barney Reynolds)、大卫·罗伯茨(David Roberts)、安德鲁·罗伯森(Andrew Robson)、乔纳森·拉法尔(Jonathan Ruffer)、史蒂夫·谢菲尔斯(Steve Schifferes)、玛洛斯·斯派塞斯—诺尔顿(Marloes Spelthuis-Nolten)和乔普·斯派塞斯—诺尔顿(Joop Spelthuis-Nolten)、马克·怀特(Mark White)、埃利斯塔尔·怀伊特(Alistair Whyte)、杰弗里·伍德(Geoffrey Wood)、艾美林·温斯顿(Emeline Winston)和菲利普·温斯顿(Philip Winston),以及克里斯·维斯卡森(Chris Wiscarson)。感谢萨拉、莉莉和南希给予我的爱与鼓励。

目录
CONTENTS

序 / 001

前言与致谢 / 001

第一部分 崩溃

1 证券交易所的关闭 / 003

2 晴天霹雳 / 034

3 最糟糕的日子 / 059

第二部分 控 制

4 银行家的计划 / 107

5 财政部的观点 / 140

6 战时会议 / 170

7 银行重新开业 / 196

第三部分 复 活

8 英雄般的干预 / 219

9 修复外汇市场 / 248

10

(伦敦证券)交易所重新开业　/ 267

第四部分　前　瞻

11

全球金融危机　/ 285

12

未知的金融危机　/ 330

第一部分

崩　溃

1

证券交易所的关闭

伦敦晚报曾有"证券交易所的钟发出'铿锵之声'"的报道。但是,1914年7月31日星期五,《环球》(*The Global*)却做出了如下报道:

当两三个带着金丝镶边礼帽的与会者匆忙从委员会会议室走出来时,委员们发出了欢呼声。他们手里拿着文件,准备向站在门口的人群做出公告,一大群委员们跟在后面。他们的公告如下:

"公告——本证券交易所关闭,直至接到新的指令。在本证券交易所重新开业的前一日,媒体将获得告知——此公告奉证券交易所委员会秘书长爱德华·萨特斯维特(Edward Satterthwaite)之命。"[1]

此时正值上午10:15。因为交易进行到11:00才停止,所以,5 000名交易所会员中仅有40名露面。其中一名出席公告发布的会员告诉《每日镜报》(*Daily Mirror*)记者说:"一切都是那样的平静,没有恐慌即将到来的迹象,也没有任何受到刺激的迹象。"[2] 交易场地已经被清空,每个入口均有两名警察站岗。"会员们从他们郊外别墅来到这里,他们盼望着一如往常地交易。"《环球》继续报道说。《环球》记者发现:

焦急的经纪人已经围堵了交易所的大门。可以听到有人小声说,"糟糕!""糟糕!"随着时间的推移,聚集在卡培尔—科特(Capel-court)大街和思罗格莫顿(Throgmorton)大街的交易所会员越来越多,这种情形变得更加活跃。在会员中,有的嘴里叼着雪茄,支票本塞满了衣服口袋;有的戴着草帽;有的戴着传统的丝绸礼帽;还有一些人没有戴帽子,他们冲过来冲过去讨论着当前的形势。然而,尽管有些激动,但是,没有出现恐慌。一些会员掏出支票本,在窗台上安静地填写着支票。

"经纪人们不被准许进入以往的交易场地,塞满了大街,要么聚成一群,要么无目的地游荡,"《曼彻斯特卫报》(*Manchester Guardian*)说,"这种情景让人想到'热锅上的蚂蚁'。"[3]

"为了安慰大家,在黑洞洞的窗口上贴出一张白纸,宣称交易委员会为了拯救市场,做出了关闭交易所的决定。"《新闻晚报》(*Evening News*)报道说。

当新的告示张贴出来的时候,街道变得无法通行了。会员们努力穿过拥挤的人群去阅读告示,并草草记下其中的内容。最后,有人用洪亮的声音将告示读出来。当读到账户暂停的决定时,大街上响起了大叫声。整个上午,思罗格莫顿大街满是一脸严肃的人。偶尔会听到一句玩笑话,但是,多数人表现出来的是他们正处在严峻的局势之下。当一个报童请求人们买一份报纸时,有人耸耸肩,回答说,

"我没有钱了"。[4]

"会员们被允许到核算室去核对前一日的交易。"《每日电讯》(The Daily Telegraph)报道中,一名会员回忆道。

会员们将他们的交易凭证拿出来,通过"接待员"(证券交易所的职员),交给他们(证券交易所的职员)。除此之外,没有任何新的消息。与此同时,人群向思罗格莫顿大街聚集,思罗格莫顿大街很快便从头到尾挤满了人。就人群的数量而言,相当于曾经有过的最大的街道集市的人数,但是,所呈现出来的景象则是截然不同的。会员们三五成群,讨论着这一令人震惊的突发事件。即使那些最热烈拥护关闭交易所的人们也没有预计到会出现这样的情况,没有任何征兆。但是,没有对交易委员会的反面批评。最普遍的感受是感恩,委员会最终控制了突发性下跌。[5]

"证券交易所关闭了",这是挂在每个人嘴上的一句话。报童们满城喊着这句话。一名"无家可归的会员"告诉《金融时报》说:

一整天,股票交易商、经纪人、职员和交易所的常客等各色人等聚集在一起,加之心怀疑虑的看客,围绕着交易所所在的区域,流言四起。尽管零售的报纸上只是报道德国宣布进入"战时状态",但是,报童们大喊着"宣战了"。不经意间,它提醒我们"切斯特菲尔德杯赛"和"午餐积分赛"最受欢迎……最近几天的紧张情况令人难以忍受。伦敦城已经勇敢地站出来应对欧洲大陆持续下跌的股市,商业活动很快变得不具有可能性……众多的会员开始认为,他们宁愿是一个市场的园丁或者其他什么角色,而不愿意是戈贡佐拉大厅(Gorgonzola Hall,伦敦证券交易所内有一个绰号叫作戈贡佐拉的大厅。——译者注)的一员。[6]

危机路线图：1914年7月23日～1915年1月4日

  伦敦半打的新闻晚报的头版头条都是关于7月31日星期五证券交易所关闭的报道，而且几小时便更新一次版面。8月1日星期六发行的3家金融日报、11家全国性日报中的绝大多数以及大量的区域性报纸也都在头版头条报道了证券交易所关闭的消息。"此前，思罗格莫顿大街从未有过这样激动人心的一天。在这个假日里，证券交易所关闭了，历史上前所未有，"《图片日报》(*Daily Graphic*)指出，其他媒体诸多报道也持这样的观点。"回溯相似的历史时期，我们想到的是克里米亚战争(1853～1856年俄国与英国、法国、土耳其、撒丁王国之间的战争。——译者注)和印度兵变(1857～1859年印度士兵反对英国统治的一次重要起义，起因是为英国服役的印度士兵认为新式步枪子弹壳上涂抹的润滑剂是动物油，这是印度教徒和穆斯林所深恶痛绝的，从而引起兵变。——译者注)。但是那时，我们今天所知的、具有广泛社会经济关联的证券交易所尚不存在。"[7]对于大多数社会公众来说，证券交易所的关闭让人们看到了金融市场的危机。到那个时候，关于市场崩溃的报道还大致限定在报纸商业版面的市场报道中。据威廉姆·劳森的观察，没有不正常的情况。劳森时年73岁，著名的金融评论家和"雄辩家"，曾任《金融时报》编辑(1889～1891年)，还是《1914～1915年英国战时金融》的作者。《1914～1915年英国战时金融》完整记述了金融危机，于1915年6月出版。无论是读者还是"普通的记者",都视伦敦城为"与人们日常生活的世界不相干的地方"。[8] 另外,1914年7月,各大报纸的头版充斥着国际外交危机的报道,这些报道在战争爆发后才停止。正是这些政治变局激发了英国乃至全世界的金融危机。

1914年金融危机是伦敦经历的最严重的系统性危机——甚至比1866年和2007~2008年的危机还要严重得多,呈现出来的是金融市场的全面崩溃。根据金德尔伯格(Kindleberge)在"典型危机剖析"中所揭示的特征[9],1914年的金融危机并非"典型的"金融危机。在此次危机中,没有事前的信用扩张、狂躁、投机狂热、资产泡沫以及"明斯基时刻"(美国经济学家明斯基所描述的时刻,即资产价值崩溃的时刻。他的观点主要是,经济好的时候,投资者倾向于承担更多风险。随着经济向好的时间不断推移,投资者承受的风险水平越来越大,直到超过收支不平衡点而崩溃。这种投机资产风险的增大促使债权人尽快回收借出去的款项,从而引起资产价值崩溃时刻的到来。——译者注)。然而,存在一个非常明显的"替代"时刻——7月23日星期四奥匈帝国对塞尔维亚发出战争的最后通牒——导致整个欧洲爆发战争可能性的风险预期。《银行家杂志》(*Bankers' Magazine*)在"大危机"标题下声称,"事发突然,如炸弹引爆"。[10] 由于恐惧,出现了(将股票卖出)换取现金的普遍狂潮,人们尤其青睐黄金。全是卖家而没有买家,这意味着市场很快便失去功能。

7月24日星期五至8月1日星期六,是历时一周的危机"崩溃"阶段,人们见证了伦敦主要金融市场——外汇市场、贴现市场和股票市场——的崩溃。市场崩溃对伦敦城专业金融公司形成倒闭威胁,这些公司包括经纪公司、证券交易公司、票据承兑事务所(商人银行)和贴现事务所。更为严重的是,因市场俘获而锁住了流动性,并且贷款和资产的潜在损失对大型股份制银行(清算银行)造成了威胁,进而威胁了经济中的信用和支付系统。所有这些都成为一场欧洲大战日益增加的可能性的背景,这是自拿破仑战争以来尚未被认识到的可能性。

　　危机"控制"阶段——危机的第二个阶段——开始于中央银行通过提高利率提供流动性,这是基于那个时代已有的政策智慧而开出的药方。可是,事实证明,措施是不得力的,甚至是不当的。尤其是,没有充分重视银行所面对的威胁,今天重视银行面临的威胁已经成为政策目标。在8月1日星期六到8月6日星期四的那些日子里,财政部采取了猛烈的行动,设计并实施了新的危机"控制"措施,这些措施在关于金融危机管理的新近文献中被称为紧急的权宜措施。[11]这些措施都是由国家对英国金融和经济活动的干预手段构成的,这是前所未有的。在这种紧急忙乱地应对金融危机的过程中,英国于8月4日星期二晚11:00陷入战争。在从未出现过的五天半关闭之后,8月7日星期五银行重新开始营业,那时,挤兑没有了,但是,危机仍在持续。

　　危机的第三个阶段,即"复活"阶段,出现在8月8日星期六之后的五个月里。重大金融危机通常具有"解决阶段"的特征,在此阶段,金融机构受到"控制阶段"各项措施的支持而得以重组或获得注资。[12]然而,银行和金融公司的倒闭(而不是市场崩溃)以及解决方案则不构成伦敦1914年危机的重要特征,而"复活"阶段则是其更为重要的特征。复活措施是由激活市场和消除对经济活动的各种限制的激励措施构成的,这些措施是通过控制危机的权宜之计而强制实施的。这些步骤具有一致性和重叠性,并由英国金融系统的管理当局动态实施,以满足战争需要,比如"金融抑制"就是典型的战时金融政策。复活阶段的鼎盛期表现为1915年1月4日星期一伦敦证券交易所重新开始营业。金融危机结束了。

"战争阴云笼罩市场"[13]

"这里,乌尔斯特(Ulster,即北爱尔兰。——译者注)一直是人们担心的焦点,"时年74岁、著名商人银行N.M.罗斯柴尔德银行高级合伙人、伦敦政界元老罗斯柴尔德勋爵(Lord Rothschild)于7月14日写给在巴黎经营法国罗斯柴尔德房产的堂兄弟的信中这样说。[14]两个月之前,首相赫伯特·亨利·阿斯奎斯(Herbert Henry Asquith,1852~1928,英国政治家,曾任内政大臣及财政大臣,1908~1916年出任英国首相。自由党领袖。限制上院权力的1911年议会改革法案的主要促成者,第一次世界大战头两年的英国领导人,大战爆发后两年由劳埃德·乔治接任首相。——译者注)领导的自由党政府通过了富有争议的《爱尔兰自治议案》(Irish Home Rule Bill),为了满足天主教爱尔兰民族主义的强烈愿望,该议案认可了在大不列颠及北爱尔兰联合王国框架下的爱尔兰自治政府。但是,乌尔斯特联合主义者拒绝接受自治议案,他们威胁称要武力抵制。事实上,双方都在走私枪支,并训练由"志愿者"组成的私人军队,内战已迫在眉睫。

尽管提出了分割解决方案，但是，这个方案遭到了民族主义者的反对。应阿斯奎斯的要求，乔治五世（George V）在白金汉宫召集了由民族主义者和联合主义者领导人参加的会议，试图找到和平解决的路径。会议于 7 月 21 日星期二召开。"政治紧张局势成为昨日上午股票市场环境中的突出特征，"7 月 24 日星期五的《金融新闻》(Financial News)报道说。"关于乌尔斯特问题的会议终将因达不成令人满意的结果而破裂，这样的想法似乎掠走了市场操作人员的所有精气神。"[15]诚然，星期五谈判破裂，而且那时出现了更令人恐惧的幽灵——奥匈帝国与塞尔维亚之间可能爆发战争。

一个月前，也就是 6 月 28 日星期天，弗朗茨·斐迪南大公——奥匈帝国皇储——和他的妻子在波斯尼亚首府萨拉热窝遇刺身亡，波斯尼亚是不久前奥匈帝国从衰落的奥斯曼—土耳其帝国手中掠夺过来的。英国媒体对乌尔斯特问题倾注了全部关注，对刺杀事件只做了有限的报道。伦敦证券交易所"没有受到打扰"，欧洲大陆的证券交易所以及纽约证券交易所视此新闻如平常的新闻。[16]毕竟，过去三年来每次政治危机和冲突都得以处理。1911 年夏天，法国和德国之间发生了德国派遣炮舰赴摩洛哥的阿加迪尔事件(Agadir Incident，又称第二次摩洛哥危机。此事件是因德国威廉二世的挑衅而引起的国际危机。1911 年 7～11 月，德国派炮舰"豹"号向法国提出领土要求。威廉二世希望以此破坏《英法协约》。事实上，德国在此次事件中加深了英法对德国意图的担心。"炮舰外交"即由此而来。——译者注)。1912 年秋天爆发了塞尔维亚和土耳其之间的巴尔干战争，并出现了奥匈帝国、俄罗斯和德国卷入战争的危险。另外，1913 年年10月,塞尔维亚入侵阿尔巴尼亚,导致奥匈帝国发出战争通牒,最后以塞尔维亚撤军而告终。事实上,与几年前塞尔维亚和土耳其的冲突相比,一名学生身份的恐怖主义者刺杀不同寻常的大公事件没有什么更值得担忧的。[17]"没有关于奥地利与塞尔维亚之间新的、明确的消息",7月23日星期四罗斯柴尔德告诉法国的堂兄弟说,"但是,存在一个普遍的认识,即各种纠纷都可以得以解决,而无需诉诸武力。"

可是,当日晚间6:00,奥匈帝国驻贝尔格莱德的大使向塞尔维亚政府递交了最后通牒,要求公开谴责并坚决镇压反奥匈帝国的宣传者和策划者。奥匈帝国要求其"眼中钉"(塞尔维亚)在48小时内给出答复。[18]这个消息在欧洲证券交易所闭市后才被报道,但是,纽约证券交易所仍在交易,交易有条不紊地进行直至闭市,7月24日星期五欧洲证券交易所的交易情况亦然。[19]"股票市场承受了一次严重的神经过敏冲击",《金融时报》的市场报道中指出。

可以确信的是,关于乌尔斯特问题的会议无果而终……比爱尔兰问题更具有广泛影响的是奥地利向塞尔维亚发出了最后通牒,人们担心本周末会出现敌对的局面。欧洲大陆证券交易所,尤其是巴黎和圣彼得堡的证券交易所尤为脆弱。[20]

"无论是在柏林还是在巴黎,各类市场都出现了最压抑的一天,"爱德华·格兰菲尔(Edward Grenfell)指出。爱德华·格兰菲尔时年44岁,是摩根—格兰菲尔商人银行的高级合伙人,摩根—格兰菲尔商人银行则是华尔街著名投资银行J.P.摩根银行在伦敦的盟友。[21]但是,星期六——此日市场开放到下午1:00结束——情况更加糟糕。

"欧洲的每一个证券交易所都出现了恐慌，"史密斯·圣·奥宾（Smith St Aubyn）贴现公司的经营日志开头便写道，"这里的证券交易所经历了自1870年以来最糟糕的一天。"[22]

星期六下午，塞尔维亚对奥匈帝国最后通牒的答复具有和解之意。11项奥匈帝国要求中的9项得到了满足，并建议调停。毕竟，450万人口与5 100万人口的对抗是不对等的对抗。[23]可是，条件没有得到充分满足，大使被撤回，这意味着奥匈帝国注定要发动战争。社交名媛奥特灵·莫瑞尔（Ottoline Morrell）女士和作为自由党议会议员的她的丈夫于7月25日星期六同阿斯奎斯夫妇聚在一起。在乡间散步时，她问首相，奥匈帝国和塞尔维亚之间将会发生什么情况？首相笑着回答说，"这将转移人们对乌尔斯特问题的关注，这是件好事情"。首相似乎并不担忧。[24]

星期天下午，维也纳和布达佩斯的证券交易所已经呈现恐慌，价格水平降到12年来的最低，管理层会议决定停止交易3天。接着，欧洲和欧洲以外的证券交易所纷纷关闭。[25]7月27日星期一，巴黎证券交易所、布鲁塞尔和克里斯提纳（奥斯陆）证券交易所关闭。7月28日星期二，里斯本、波尔图和马德里证券交易所关闭。在巴塞罗那，交易所会员因情绪激动而出现了动拳头打架的现象。[26]当晚，奥匈帝国宣战，此时欧洲证券交易所已经关闭，但是，触发了多伦多和蒙特利尔证券交易所的关闭。商品市场也受到影响。纽约小麦交易市场出现了"狂躁"现象，"经纪人喊叫着，努力执行订单，变得越来越狂躁"。7月29日星期三，随着敌对情势的演进，据报道，尽管主力部队尚未投入战争，但是，贝尔格莱德正被多瑙河沿岸的奥匈帝国的炮火覆盖。多米诺骨牌正在倒塌：阿姆斯特丹、安特卫普、柏林、米兰、罗马和圣彼得堡的证券交易所纷纷关闭。[27]但是，伦敦和纽约的证券交易所依然开市。

经纪人和股票自营商

在第一次世界大战爆发时，伦敦证券交易所是世界上最大的证券市场，上市交易的证券名义价值总额为113亿英镑——超过了巴黎证券交易所和纽约证券交易所交易量之和。[28]证券交易所的规则在两类会员——股票经纪人和股票自营商——之间划分了严格的边界。经纪人承担的是非会员买者和买者代理人的角色。股票自营商（也称做市商）造就的是特定股票的交易市场，向股票经纪人报出买入和卖出价格。二者的交易活动都需要充足的流动资本：对于经纪人来说，他们需要向买入证券的客户提供贷款；对于股票自营商来说，需要资金以便持有证券。正如通过证券交易所的调查所反映出来的那样，1914年夏季这些资金总量达到了8 100万英镑，均为短期借贷，大约一半来自清算银行，另一半来自外国银行在英国的分支机构和其他类型的借款人。[29]银行向经纪人和自营商的贷款均为以高出贷款额10%~20%的证券市场价值作抵押的贷款，差价就是"保证金"。担保证券通常按照市价结算，如果证券价格下跌，借款人必须向贷款人提供更多的"保证金"，或者偿还贷款。流动资本的另一个来源是两周或三周交易账户系统，公司或客户仅仅需要在账户关闭的"支付日"进行结清，而支付日是三日清算执行日的高潮日。至于手续费，头寸可以转移至没有完全结清的下一个账户。

碰巧，对于经常性交易账户的三日清算执行应开始于7月8日，这时正好处于危机之前，可是，"支付日"却在7月27日星期一至7月29日星期三。海塞尔廷·鲍威尔公司(Heseltine Power & Co.)的股票经纪人雷诺德·劳瑞(Ranald Laurie)并不希望关闭账户，星期日他给客户写信说："明天是清算日，令人焦虑的一天！（这一天）伴随着战争以及战争的谣言四起，加之，整个伦敦城存在着大量的金融领域的困难。"[30]在账户关闭日，银行拥有了选择权，可以选择收回向证券交易所的贷款，也可以选择将贷款滚动下去。贷款担保物是定期结算的（紧盯市场的）。在市场下行时，银行将要求更多或更高的保证金。[31]"持续的价格下跌导致股票经纪人基于证券持有而从银行和其他机构借来的头寸处于高度危险之中，"哈特里·维瑟斯评论道。哈特里·维瑟斯曾经是一名股票经纪人，是《战争与伦巴第街》一书的作者，该书于1914年下半年写成，生动描述了金融危机。"由于作为贷款保证的证券价值每日都以惊人的速度下跌，因此，经纪人不断被要求提供越来越多的证券以维持贷款保证金。"[32]危机发生的时候，维瑟斯47岁，就职于塞力格曼兄弟(Seligman Brother)商人银行。他于1915年进入财政部，担任金融调查办公室主任。1916年他成为《经济学家》杂志主编。[33]剑桥大学的约翰·克莱普海姆(John Clapham)爵士认为，维瑟斯是"当时最有才干的金融批评家"。[34]

"对于证券交易所的特定公司来说，偿付清算银行并以较低的利率从外国银行那里借得隔周资金的操作，为时已晚，"劳埃德银行货币市场借贷部主管查尔斯·柯布(Charles Cobb)告诉金融委员会的头脑们说,"星期一(7月27日)这些公司发现其贷款无情地被外国银行要回,如果要获得贷款安排,必须归还前期贷款"。劳埃德银行及时出手缓解压力并化解危机。可是,柯布的观察是:

也许,当我们回归正常状态时,一切都将被忘记,那些先生们又将重新试图从廉价的资金中获益。但是,如果这样的情况发生,肯定富有建议性地告诉他们,在未来的关键时期他们将出现无助的状态,而关键时期他们恰恰需要帮助。[35]

"今日,所有外国银行尤其是德国银行从证券交易所抽走了大量的货币,"7月27日罗斯柴尔德向巴黎报告称。

尽管经纪人找到了他们最想要的,但是,市场在某个时候会出现道德失范,而且众多弱小投机者由于收益归零进行抛售,所有外国投机者均卖出统一公债(英国政府1751年开始发行的长期债券。——译者注),报价被打压到70点,继而60点……正如你很容易想象到的,我亲爱的兄弟,没有人思考和讨论其他话题,唯一的话题就是欧洲局势和如果没有阻止欧洲冲突的重大措施,将会产生的后果。[36]

关于银行向证券交易所索回贷款的行为评论见诸各大财经媒体。"星期一的股票卖出行为被描述成'自愿的'。"《金融时报》报道称,受欧洲和国内政治局势发展变化的惊吓,股票持有者已经采取了相应的处置行动。

然而,昨日(7月28日星期二)流动性很大程度上呈现出被迫的特征,纯粹由于财务原因,不得不采取一些举措。这在很大程度上缘于在伦敦经营的大型外国银行收回贷款。这显然不是被赋予提高贷款保证选择权的借款人的问题,而是相关银行终止贷款便利的问题。

结果,大量的"担保物"涌现并被抛向市场。[37]

在充分意识到股票交易公司融资难的情况下,"英国银行机构不再限制信用……准备向经营状况无问题的企业增大信用安排"。[38]但是,贷款条件愈加严格,不同于7月初3%的提前结算利率(银行利率),银行事先扣除贷款额度的3.25%。[39]《观察家》(*Observer's*)杂志著名的伦敦城版面编辑查尔斯·索普(Charles Thorpe)报道称:

我们本国的机构,或者说非常特殊的两个机构,造成了严重的麻烦。对于采取预防措施的权利或合理性,我们无话可说……但是,他们在最后一刻对于地位不重要的公司客户持有的大量证券采取了歧视措施。没有时间采取应对措施,且没有任何警告。没有任何形式的提示。他们应该已经预见到形势并做出必要的准备。因此,不得不牺牲股票。

然而,如果英国银行,或者其中的两家银行,有了这样的行为,那么,一些外国银行就会变本加厉。事实上,他们已经答应安排最初还款延迟。当实际上的官方延迟措施出台后,他们却拒不履行他们的安排。由于初始安排是非官方的,并且银行的经纪人不得不按照指示行事,所以,没有补救办法。正如我们所言,情况是引人注目的,但是,银行的态度是不支持的。[40]

"一堆垃圾"

1914年的伦敦证券交易所本质上是一个债券市场。除了长期政府债券和铁路信用债券,詹姆士·奈耶(James Nye)的核算表明,

1891～1910年的20年间出现了大量的股票发行,而新公开发行证券的68%为债券,除了1895～1898年南非采矿业繁荣的四年之外,债券发行总体上超过了股票发行。[41]通常,债券价格的波动远远小于股票价格的波动,而且,当时的人们也习惯了债券在不同交易日的小幅价格波动,尤其是统一公债、基准英国政府债券以及"世界优先证券"。[42]在7月20日星期一和7月30日星期四之间(此后,官方报价就不复存在),统一公债价格从75.85英镑下跌到69英镑,跌幅达到了8.9%(如表1.1所示)。尽管同1929年和1987年的股票市场崩溃相比,跌幅无疑是温和的,但是,当时的人们已经因为这样的"崩溃"而震惊了。更重要的是,他们因价格波动而震惊了。"在向劳埃德银行金融委员会的报告中,柯布强调了统一公债价格出现了明显的前所未有的波动。""7月27日星期一,统一公债现金价的官方交易记录分别是73英镑、72英镑、71英镑和72英镑,统一公债的四次交易价格表明每次交易价格变动是1英镑,这是过去从未发生过的记录。"《泰晤士报》(*The Times*)吃惊地报道说:"到交易所休市时,据报交易价格下降到了69.25英镑。而自1821年以来报价从未出现过低于70英镑的情况。"[43]统一公债价格8.9%的下跌幅度超过了一些主要的铁路公司股票的下跌幅度,尽管这只是对其相对流动性的反映,而不能反映投资者关于其相应清偿能力的判断。

表1.1　　　　　　　　1914年7月20～30日伦敦证券价格

证　券	7月20日 (英镑)	7月30日 (英镑)	变动幅度 (%)
收益率为2.5%的统一公债	75.8	69.0	−8.9
国内铁路公司			

续表

证 券	7月20日（英镑）	7月30日（英镑）	变动幅度（%）
大东部铁路公司普通股	48.0	42.0	−12.5
伦敦与西南铁路公司普通股	113.0	105.0	−7.0
大西部铁路公司普通股	115.0	108.0	−6.5
伦敦与西北铁路公司优先股	128.5	121.0	−5.8
大北部铁路公司普通股	85.5	82.0	−4.0
跨交易所交易的证券			
巴西光能公司普通股	76.8	57.0	−25.8
力拓铜业公司普通股	67.8	52.0	−23.6
加拿大太平洋铁路公司普通股	192.0	164.0	−14.6

资料来源：《泰晤士报》关于收盘价的报道。

《银行家杂志》定期核算证券价格指数，该指数由387种"代表性证券"构成。7月20~30日，该指数下跌了5.6%，这是自1907年指数发布以来的创纪录的跌幅。[44]至于特殊行业，投机性股票下跌最明显，其中，"各类采矿业"股票跌幅达19.7%，高居榜首。英国政府债券和外国政府债券价格均下跌了6.4%，同时，国内铁路股票价格下跌了5.1%，"外国铁路"股票价格下跌了5.9%，均接近总体平均跌幅。然而，美国铁路股票价格的跌幅为8%，这也反映了其国际流动性情况。债券价值明显优于股票价值，国内铁路信用债券价格下跌2.8%，而美国和印度的铁路债券价格仅分别下跌了0.8%和0.5%。生铁、煤炭和钢材行业的股票价格上涨了0.3%，这是出现股票价格上涨的仅有行业，其原因是显而易见的。

1914年的伦敦证券市场是高度国际化的，从名义价值上看，证券总量的半数以上为外国证券。据估计,世界上1/3的可流通证券在伦敦股票市场交易。[45]所以,其他国家投资者所持有的大量证券在伦敦进行交易。7月份最后一周价格普遍大幅下跌的特征表明了"交易所间"证券交易价格下跌相互影响的严重程度。《经济学家》称这种情况为"国家间投机冲击"。[46]存在一批在包括伦敦在内的多地上市、被旨在获取收益和用于投机的欧洲大陆投资者广泛持有的国际交易股票。著名的跨交易所交易的股票包括巴西光能公司(Brazilian Traction Light)普通股,7月20~30日下跌了26%;力拓铜业公司(Rio Tinto Copper)普通股(罗斯柴尔德勋爵家族的力拓),下跌了24%;巴尔的摩和俄亥俄铁路公司(Baltimore and Ohio Railroad)普通股,下跌了18%;加拿大太平洋铁路公司(Canadian Pacific Railway)普通股,下跌了15%。这些股票下跌幅度远大于《银行家杂志》证券价格指数中所含"代表性证券"的下跌幅度(见表1.1)。"加拿大太平洋铁路公司记载了其中一次最严重的价格下跌",《金融时报》在标题为《向投资者坦言》一文中指出,"在欧洲大陆,普通股是人们钟爱的交易品种,来自市场中的卖方压力是对价格下跌非常充分的解释,但是,除了这种突发诱因外,当前形势下什么原因严重影响了人们对加拿大太平洋公司股票作为投资品的认可呢?提出这个问题,就是要回答这个问题"[47]。"这是因为投机者的恐慌,而投资者与投机者有别。"具有相似分析路径的《金融新闻》在标题为《保持冷静头脑》的文章中奉劝道:

巨大的卖方压力……主要是因银行压力引发,银行因意外风险拨备而开始收回已经贷出的款项。这无疑使整个欧洲的投机者受到打击，投机者无论在何种情况与何种价格条件下都将被迫远离交易承诺。但是，作为投资者，如果他们能够保持清醒头脑，就可以完全不受影响。例如，不会有理智的人赞成加拿大太平洋铁路公司股票价格因欧洲大陆金融危机导致股市下跌的影响而处于最低水平。[48]

关于星期六的交易，《金融新闻》报道称，"除非被告知预设好的商业走势，否则几乎所有股票经纪人都会对被迫交易感到愤怒"，"价差扩大，有些证券根本无法出售掉"。[49]7月27日星期一，股票经纪人回应"欧洲大陆卖单泛滥"采取的是传统的方式，即"降低报价，充实账户"，一旦政治态势明朗，便华丽转身，在关键时刻解救他们所控制的焦虑的投资者。[50]但是，7月28日星期二，"疯狂的"经纪人开始抱怨，用他们的术语，伦敦正在成为"一堆垃圾"，股票价格下跌得"极其严重"。[51]《晨邮报》(Morning Post)伦敦版面编辑、后来的财政金融大臣爱德华·希尔顿—杨(Edward Hilton-Young)抗议道，对于整个欧洲的颓废，伦敦正在成为攻击的对象，而《经济学家》杂志说，"为了整个欧洲大陆的流动性，(伦敦)成为垃圾场"。[52]布朗—希普利(Brown Shipley)商人银行告诉纽约的合作伙伴说，"此刻，经纪人试图对来自欧洲大陆洪水般的股票供给定价。今日的结果是，虽然证券交易所名义上是开业了，但事实上没有任何业务……即使证券交易所最老的会员也已经记不起何时比此时更接近恐慌"。[53]那日，危机显现了其中的第一个因果关系："一个对矿业股有兴趣的小自营商'打垮'了自己(违约)，他的失败并非无足轻重。"[54]

到星期三标准市场定价机制彻底被破坏。"今日，证券交易商定价的传统交易方式基本不再采用了。"《金融时报》报道称，[55]自营商采用了"更加激进的对策……自行决定,不再按照通常的方式向经纪人报价,而是通过自营商之间的协商达成交易"。[56]"由于来自(欧洲)大陆投资者和投机者如潮水般的卖单,情势变得非常不堪,以至于为了自保,经纪人在许多行业的股票交易中也成为议价人,甚至与个人进行议价。"索尔普评论道。[57]

仅在统一公债以及其他一两种证券的交易中尚有些许的市场自由度。按照规则,每一笔交易都是充分公开并经过仔细讨论的。(而现在)出现了最怪异的价格生成机制。事实上,要发现可信的价格水平非常困难……做市商正常的作用已经不存在了。就价格形成而言,市场,可以视为市场的那个市场,已经不存在了。

《金融时报》对伦敦金融城的调查得出了有关做市商行为的看法。"普遍的看法是,做市商拒绝报价是非常明智的行为……没有理由让伦敦证券交易所的会员接受欧洲大陆想出让的所有股票,并承担因交易所倒闭带来的全部损失。"[58]

令人困惑而又担忧的一天

7月29日星期三——支付日——是"令人困惑而又担忧的一天",这一天被证明是"证券交易史上最糟糕的一天"。[59] 7家公司遭受打击:6家经纪人、1家自营商,后来又加上专门投资严重下挫的力拓公司股票的1家公司。各郡的交易所也遇到了麻烦,位于格拉斯哥的2家交易所倒闭,利物浦证券交易所被关闭。7月30日星期四,超过4家的伦敦股票交易公司出现违约,在接下来的3天内共有12家公司倒闭,而过去的 6 年里每年平均只有 6 家公司倒闭。[60]"对市场的打击无情地继续着,"《每日电讯》(The Daily Telegraph's)伦敦城版面的编辑查尔斯·里夫(Charles Reeve)报道说,"在死一般的沉静中,再一次听到传言:'某某先生未能履行其交易义务'。"7 月 28～30 日的几天里,22 名个人证券交易所会员遭受"财务损失"。[61]

在倒闭的公司中至少有两家公司,或许还有其他公司,与欧洲大陆存在着紧密关系:一家是 J.G.埃塞尔公司(J.G. Eiser & Co.)——德国经纪人公司中的大公司;另一家是"重要的"德伦伯格公司(Derenberg & Co.)。[62] "'如果德伦伯格公司倒下了,谁将是下一个倒闭者?'一名不安的市场人士提出这样的问题",《观察家》报道称,"几家公司持有超过 200 种不同的股票。德伦伯格公司持有的股票份额更多。由于它们不得不寻找自己的归宿,这就意味着祸起萧墙,一家公司的倒闭会导致其他公司的倒闭。"[63] "人们对交易所里很受尊重的德伦伯格公司表示高度同情,"《金融时报》评论道,"在处置相关事宜方面,努力已经付出,人们认为这些付出已经取得成功,但是,在最后一刻人们发现所有的安排都无法实施。公司作为经纪人的业务规模巨大,整个欧洲大陆的业务都是通过不尽职的委托人来进行,而不是公司自己运作,从而无法履行公司责任。"[64] 它的毁灭归因于"近来外汇市场的瓦解"以及"未能到账的德国大额支票"。[65]

证券交易所的困境吸引了新闻纪录片拍摄者的注意,他们急切地抓拍到金融危机的画面。周二下午他们中的一个人坐在思罗格莫顿大街的一间办公室的阳台边,"转换着照相机的角度,对准人群,而人群抛出的纸球使他无法拍到悲观的画面。"[66] 星期五,另一位拍摄者的情形如下：

（他）渴望描绘"大街上的沮丧情绪"……但是，人群很快便知晓了他的目的，"沮丧"以挥动帽子和拐杖的方式表现出来，让人回想起当南非战争胜利的消息到来时，他们情不自禁地表达欢喜。对于一次偶发事件的情绪表达以致如此，尽管在这个国家证券交易所是最普通的机构，这样的情绪宣泄是在极端萧条时勇敢精神的表露。[67]

同样地，拍照者"试图抓拍到思罗格莫顿大街的沮丧，"《每日镜报》报道说，"但他很快就离开了。"[68]

关闭证券交易所

"关闭证券交易所，"7月28日星期二《金融新闻》编辑爱丽丝·鲍威尔(Ellis Power)发出如雷般的呼喊。

"当证券交易所不再是公开市场时，它就应该被关闭。"当看到电传打字机显示出每分钟价格都在下跌时，昨日至少公众中有一名愤怒者发出了愤怒的评论。据说，大量的人赞成这样的观点。证券交易所被认为是用来买卖股票的市场。昨日，股票不可能卖出，因为股票自营商或股票做市商不再买入股票。市场已经不复存在了。[69]

鲍威尔，46岁，《金融新闻》的"献身者"，也可以说是"狂热"的编辑(1909~1920)，致力使这家报纸服务不断成长的"小投资者阶级"。[70]鲍威尔在金融文献领域的付出还包括他于1910年伦敦经济学院的一系列公开课，这一系列公开课结集出版，书名为《伦敦城的运行机制》(The Mechanism of the City)。然而，他鼓吹关闭证券交易所并没有得到绝大多数人或评论者的认同。更加典型的是《环球》伦敦城版面的编辑赫伯特·H·巴塞特(Herbert H. Basset),他宣称:

本周伦敦证券交易所以某种方式创造了历史,交易所会员们都有理由骄傲地回首这段历史。作为没有国家支持的私人机构几乎独自傲立于欧洲市场。它面对来自世界市场的疯狂抛售,保持了出色的稳定性,只是当不能做出价格评估时,终止了投机性证券的定价。昨日风传的关于证券委员会决定关闭证券交易所的流言是绝无依据的。这样的行为会对证券交易所的声誉构成致命的打击。令人欣慰的是,委员会成员正式讨论了昨日的情势,所讨论的问题并非是要关闭交易所,而是周六交易所保持开放,而几周前周六被作为节假日确定下来。[71]

可是,7月30日星期四午餐时间,巴黎传来了令人震惊的消息——(巴黎)交易所停止一个月内的账户清算。这意味着在巴黎卖出证券的伦敦各家公司必须等待,直到8月31日才能得到偿付。[72] "伦敦交易所面对的后果是",《金融时报》解释说,"信用级别最高的那些著名套利公司也将受到严重恐慌的威胁。由于欧洲大陆的交易所不能履行职责,为了应对这种局面,为了实现(交易所账户)相关清算,他们承担巨大的偿付压力。"[73] "巴黎交易所的做法使形势更加严峻。"《观察家》伦敦城版面编辑查尔斯·索普指出,"周五交易所开门后就会有疯狂的抛售。理论上说,成吨的证券等在市场大门之外。各种证券的价格必将严重下挫。统一公债必将被抛售。甚至,银行都将受到影响。因此,信用系统将出现过度紧缩。"[74]

证券交易所的25名会员组成的监管机构——一般目的委员会(Committee for General Purpose)——于7月30日星期四下午2:00

召开特别会议。威廉姆·科赫(William Koch)是"交易所最重要的会员之一,他对金融市场有真知灼见和非常准确的判断",他认为"异常环境依然存在"[75],因此,他建议关闭交易所。科赫,61岁,比利时裔,潘默尔戈登公司(Panmure Gordon)的高级合伙人,为外国政府筹措贷款的伦敦著名经纪人,——一家非常强大和盈利的特许机构。[76]但是,委员会议议而不决,次日上午10:00投票表决,结果是24票对1票(估计这一票是科赫投的票)。委员会主席罗伯特·英格里斯(Robert Inglis)要求委员们保守秘密。晚上,交易所已经人去楼空,《每日镜报》闲话栏目记者路过证券交易所时听到一名委员对另一名委员说:"谢谢上帝,本日交易结束了!我们一定丢了近50万英镑。"[77]

数小时后,大约40家大公司派出联合代表团向一般目的委员会秘书爱德华·萨特思维特(Edward Satterthwaite)陈情,如果星期五交易所重开,他们就会出现违约,原因是无法获得来自巴黎和柏林的汇付。[78]"这些公司中的最大的公司涉足国际市场,拥有外国公司巨大的债权,而这些外国公司要么无力汇付,要么无法汇付,"劳森解释说,"其他公司是期权经纪人,受困于因战争恐慌而导致的价格水平的惊人下跌。还有一些公司向铁路、港口、矿业等提供了投机性融资。少数公司是货币经纪人,他们从银行借出数百万英镑的资金,以折扣方式借给证券交易所,证券交易所再以很小的溢价或者没有溢价出借给交易所会员……因此,毫无疑问,他们的倒闭将导致众多小公司的倒闭。"[79]劳森除了是一名财经作家,自19世纪90年代他还是一名活跃的证券交易所会员。"他的批评态度使他能够提前预知行情下跌。"一份讣告中这样说,"在卖出'空头'时,他表现出很好的判断力,并且在美国铁路公司股票上获得了'可观的财富'(他留下了55 000英镑,一份可观的不动产)。"[80]据劳森估计,证券交易所借自银行的8 000万英镑中的2 000万~3 000万英镑为40家大公司的借款,这意味着借款人将遭受巨大损失。根据媒体报道,最具影响力的交易所会员的"紧急陈情"得到了"英国银行业重量级人物或机构的"支持——他们是英格兰银行、大型股份银行以及高级商人银行家。[81]没有任何与财政部的磋商。

在日记中,英格里斯记录了事情是如何被披露的:

1914年7月30日星期四

交易所的实际交易量为0,所有市场交易平淡。大约下午7:00萨特思维特在电话中说,战争已经确定无疑,因此,为了避免恐慌和大面积的公司倒闭,我们应该于明天上午10:00召开委员会会议,关闭交易所。他还拟定了推迟清算的建议书。我们搞到了一辆摩托车,到城里去见科赫先生(在我们离开时,电话联系了科赫先生),科赫先生听取了我所认同的萨特思维特的建议,尔后,我们驱车回到家中。

1914年7月31日星期五

乘坐8:15的火车,9:15见到了萨特思维特先生,并就他的解决方案达成一致。委员们于10:00开会,通过了解决方案。大家相信这个举措能够将交易所从巨大的灾难中拯救出来。我希望留下关于萨特思维特先生被赋予信任的记录。他在星期四夜间见我之前,一直在思考并拟定了解决方案,我承认,我立即明白了不采取措施将会出现怎样的后果。[82]

关于科赫,一份讣告中指出,"(他)是主张通过关闭交易所和建立延迟支付机制以拯救时局的意志最坚定者之一"。[83]关闭证券交易所受到普遍的欢迎。《晨邮报》的希尔顿—杨称之为"最优策略",《波迈公报》(*Pall Mall Cazette*)说这是"最富有智慧的,并且仅有的可行方案";《标准晚报》(*Evening Standard*)评论说,委员会采取了"明智的行动"。[84]《金融时报》发现"交易所的关闭得到了各界的赞同"。[85]《环球》的巴塞特也改变了他的语气,指出"委员会别无选择"。"银行和证券交易所在他们最强烈的建议和控制下采取了尽可能最优的方案,"《观察家》宣称,"商业世界最大的一场灾难得以避免。"[86]"整个交易所一致的看法是,决策是非常正确而恰当的,"《金融新闻》的鲍威尔说,"仅有的批评意见是,此前就应当达成这样的决策。"[87]

"如果早一个星期交易所被关闭,那么某些毁灭性的损失就会避免",见多识广且常常唱反调的、使用笔名"伦敦城大饼"的《星期日时报》(*The Sunday Times*)"伦敦城闲话"的专栏作家赫尔曼·施密特(Hermann Schmidt)认为。施密特白天的工作是著名贴现事务所卢伯克—施密特公司(Lubbock, Schmidt & Co.)合伙人,但1905~1915年他还是《星期日时报》的老板。[88]专栏中有以下陈述:

尽管商业活动静悄悄地停止了,但是,委员会应该想到伦敦当在力量和勇气方面为世界树立榜样。这不是一种令人高兴的方案,因为它触及的是关闭交易所所有的不利,而没有考虑其有利方面。人们最多相信这种公开的论调是微不足道的。

星期五,这种方案变得无法立足了,因为巴黎的局势迫使委员会采取措施。巴黎交易所停止了一个月的清算,使得伦敦的套利公司无法得到在巴黎卖出股票所得的现金。他们把这种情况放在委员会面前,声称除非得到救助,否则他们都会垮掉,也许涉及的近200家公司都会倒闭,甚至还会有更严重的倒闭现象出现。

因此,委员会被迫采取行动,推迟统一公债发行及8月中旬的清算,并且关闭证券交易所,以待新的通知。一切都是前所未有的事件,一切都是骇人听闻的事实。但是,这些都是彻头彻尾的常识。一个不存在交易的市场,可靠的价格只是人们的错觉和圈套,因此,最好是将市场关闭。[89]

关闭证券交易所就是通过简单的应急措施——不再有官方发布的参考价格,遏制了具有毁灭性的盯住市场的螺旋机制。这样,"必将遭受灭顶之灾的自营商"得救了,《金融时报》如是说,"就银行的利益而言,这样的决策也是必要的……鉴于人为地打压股市,无视股票的内在价值,将股票作为担保证券的银行资产状况受到了损害。同样地,停止股市交易有助于应对这样的局面。"[90] "委员会的决策被认为是在伦敦银行业的强烈敦促下做出的,伦敦银行业自然渴望阻止股票价格进一步下滑,"《金融时报》报道称,"除了他们自己的投资资金,他们还拥有大量的作为担保物的证券,在过去的一周里这些证券价格出现严重下跌,有些证券已经跌破面值,价格下跌速度如此之快以至于无法及时变现。庆幸的是,交易所关闭有力地控制了下跌,至少进一步非自然的缩水被逆转了……这项决策阻止了外国机构和经纪人对证券的抛售。"[91]

但是,也有不同的声音。自由主义、国际主义、和平主义者,41岁的弗朗西斯·赫斯特(Francis Hirst)编辑的《经济学家》就发出了

这样的声音。[92]他抨击股票市场的关闭,视其为"灭顶之灾……一个最应受到谴责的错误":

在一系列打击下金融世界停滞了,以至于过去公认的或者可设想的精致的国际信用系统不复存在了……过去从未有过的如此广泛且世界范围的……对于这样的决策,我们不必惊奇,而且对于个人极其不幸,我们深表同情……但是,我们大胆地认为,与个人利益相比,伦敦的声誉应当更被看重。[93]

伦敦证券交易所被关闭后,紧接着,位于伯明翰、布里斯托、爱丁堡、格拉斯哥、曼彻斯特和谢菲尔德的英国各郡证券交易所被关闭,事实上,这些地方已经长时间停止了交易。[94]因此,售卖茶叶、咖啡和橡胶的小巷市场也关闭了,同时,据报道,伦敦其他类型的商品市场也"实际上处于停滞状态"。[95]在劳埃德保险市场,"所有的普通业务都停止了,交易仅限于战争保险,所办理的均是大宗业务,"《泰晤士报》报道说。"保险费率出奇的高,感觉是要规避极度恐慌……伦敦城的局势前所未有。商业瘫痪的程度比危机发生以来的任何一天都严重,总之,在金融和贸易的所有领域,所有普通的商业活动都停止了。"[96]

欧洲大陆的证券交易所业已关闭或者濒于死亡。7月31日的纽约,了解到"11个小时内的形势变化,包括宣布关闭伦敦证券交易所,以及获得的电传表明德国宣布进入战时状态"。《泰晤士报》报道说,纽约证券交易所监管委员会投票表决关闭交易所。[97]波士顿、费城、匹兹堡和芝加哥证券交易所相继效仿,纽约棉花和咖啡交易所也同时关闭。欧洲市场遭受重创的消息通过国际电讯网络蔓延开来,触发了亚洲、南美和南非的证券交易所纷纷关闭。到1914年8月第一个星期的中间时间,世界上所有证券交易所和众多商品市场被关闭或者不再交易了(见第 11 章)。在各类市场重开之前,关闭时间持续了 6 周。这是第一个全球金融传染病的实例,也是全球经济历史中非常独特的时期。

注释

1. 'Animated Scenes at the Stock Exchange', *The Globe*, 31 July 1914.
2. 'No Panic', *Daily Mirror*, 1 August 1914.
3. 'The Scenes in the City', *Manchester Guardian*, 1 August 1914.
4. 'Scenes in "The Street"', *Evening News*, 31 July 1914.
5. 'Closing of the Stock Exchange by "A Member"', *The Daily Telegraph*, 1 August 1914.
6. 'The Closed House (By a Homeless Member)', *Financial Times*, 1 August 1914.
7. 'City Gossip', *Daily Graphic*, 1 August 1914.
8. William Ramage Lawson (1841–1921). 'Death of Mr W. R. Lawson', *Financial Times*, 17 January 1922; 'Obituary: Mr. W. R. Lawson', *The Times*, 17 January 1922: Lawson 1915: 72.
9. Kindleberger and Aliber 2011: 26–38.
10. 'The Great Crisis', *Bankers' Magazine*, vol. xcviii (September 1914): 321.
11. See Honohan and Laeven 2005: 7–17; Gelpern 2009; Yoon 2010; Gruenewald 2010.
12. See Haldane 2004.
13. 'War Clouds Over the Markets', *The Observer*, 26 July 1914.
14. Lord Rothschild (1840–1915). Gray and Aspey 2004; The Rothschild Archive: RAL XI/13/A/8, 14 July 1914.
15. 'Stock Exchange', *Financial News*, 24 July 1914.
16. 'The Great Crisis,' *Bankers' Magazine*, vol xcviii (September 1914): 320.
17. Brown 1988: 2–3.
18. 'Financial Notes', *The Statist*, 1 August 1914.
19. 'Economist War Supplement', *The Economist*, 19 December 1914.
20. 'Stock Exchange', *Financial News*, 25 July 1914.
21. Edward Grenfell (1870–1941). Burk 1984a. Quoted in Kynaston 1995 vol. II: 600.
22. LMA: Ms. 14894/24. Smith St Aubyn Business Diary, vol. 24, 25 July 1914.

23. 'A Diary of the European Crisis', *The Economist*, 8 August 1914; Berend and Ranki 1974: 73.
24. Lady Ottoline Morrell's Journal, 25 July 1914. Garthorne-Hardy 1963: 258.
25. See Chapter Eleven; 'Economist War Supplement', *The Economist*, 19 December 1914.
26. 'Free Fights in Barcelona', *Financial Times*, 29 July 1914.
27. 'Continental Bourses Closed', *The Times*, 31 July 1914.
28. Youssef Cassis 2006: 98.
29. 'The Loan Positions of the Stock Exchange', *The Economist*, 17 October 1914.
30. LMA: Ms. 23,627/2. Heseltine Powell & Co. papers. Ranald Laurie to Francis Whitmore, 26 July 1914.
31. 'A Black Account', *Financial Times*, 28 July 1914.
32. Withers 1915: 18; 'Unprecedented Day in the City: Reason for the Suspension', *Financial Times*, 1 August 1914.
33. Hartley Withers (1867–1950). Porter 2004.
34. 'Sir John Clapham's Account of the Financial Crisis in August 1914', in Sayers 1976 Appendix 3: 39.
35. Lloyds Banking Group Archives: HO/T/REP/1. Lloyds Bank Limited. Reports to the Finance Committee, 24–31 July 1914.
36. The Rothschild Archive: RAL XI/13/A/8, 27 July 1914.
37. 'Foreign Banks Calling in Loans', *Financial Times*, 29 July 1914.
38. 'English Banks Assist London Stock Exchange', *Financial News*, 29 July 1914.
39. 'Money Market News', *Financial News*, 28 July 1914.
40. 'The Story of the Crisis', *The Observer*, 2 August 1914.
41. Nye 2011: 106.
42. 'Shut the Stock Exchange', *Financial News*, 28 July 1914.
43. *The Times* vol. I 1914: 181.
44. 'Stock Exchange Values', *Financial Times*, 27 August 1914.
45. Davis and Neal, 1998: 40–5.
46. 'Financial Situation at Home and Abroad', *The Economist*, 1 August 1914.
47. 'Plain Words to Investors', *Financial Times*, 31 July 1914.
48. 'Keep a Cool Head', *Financial News*, 30 July 1914.
49. 'Stock Exchange', *Financial News*, 27 July 1914.
50. 'A Black Account', *Financial Times*, 28 July 1914; 'Jobbers and the Slump', *Financial Times*, 28 July 1914.
51. 'Markets and the Crisis: Selling Centralised on London', *Financial Times*, 29 July 1914.
52. 'Business Practically Suspended', *Morning Post*, 31 July 1914; 'The Financial Situation at Home and Abroad', *The Economist*, 1 August 1914.

53. LMA: Ms. 20,112. Brown Shipley papers, vol.16, 29 July 1914.
54. 'Markets and the Crisis: Consols Comparatively Steady', *Financial Times* 29 July 1914.
55. 'A Day of Doubt and Dread', *Financial Times*, 30 July 1914.
56. 'Jobbers Restrict Dealing Facilities', *Financial Times*, 30 July 1914.
57. 'City Comments', *The Observer*, 2 August 1914.
58. 'Jobbers Restrict Dealing Facilities', *Financial Times*, 30 July 1914.
59. 'A Day of Doubt and Dread', *Financial Times*, 30 July 1914.
60. Michie 1999:191.
61. 'Severe Crisis on the Stock Exchange', *The Daily Telegraph*, 31 July 1914.
62. 'City Notes', *Pall Mall Gazette*, 29 July 1914.
63. 'City Comments', *The Observer*, 2 August 1914.
64. 'The Failures', *Financial Times*, 31 July 1914.
65. 'More Failures', *Financial Times*, 31 July 1914; 'Calmness Still Characterises the City, Though the Situation is Very Grave', *Financial News*, 31 July 1931.
66. 'Stock Exchange Gossip', *Financier and Bullionist*, 31 July 1914.
67. 'Severe Crisis on the Stock Exchange', *The Daily Telegraph*, 31 July 1914.
68. 'Bad Tempers', *Daily Mirror*, 31 July 1914.
69. 'Shut the Stock Exchange', *Financial News*, 28 July 1914.
70. Ellis T. Powell (1868–1922). Kynaston 1988: 59; 'Death of Dr. Ellis Powell', *Financial Times*, 2 June 1922; Simonis 1917: 119–21.
71. 'London as the World's Market', *The Globe*, 30 July 1914.
72. 'Continental Bourses', *Financial Times*, 31 July 1914; 'The Stock Exchange Crisis Day by Day', *The Economist*, 1 August 1914.
73. 'Unprecedented Day in the City: Reason for the Suspension', *Financial Times*, 1 August 1914.
74. 'City Comments', *The Observer*, 2 August 1914.
75. 'Obituary: Mr. Koch de Gooreynd', *The Times*, 7 February 1919; LMA: Ms. 14,600. London Stock Exchange, Committee of General Purposes Minutes. vol. 94, 30 July 1914.
76. William Koch (1853–1919). Orbell 2004.
77. 'This Morning's Gossip', *Daily Mirror*, 31 July 1914.
78. 'Unprecedented Day in the City: Reason for the Suspension', *Financial Times*, 1 August 1914.
79. Lawson 1915: 54–5.
80. 'Obituary: Mr. W. R. Lawson', *The Times*, 17 January 1921; 'Estate of Mr W. R. Lawson', *Financial Times*, 6 May 1922.
81. 'London Stock Exchange Closed as a Precautionary Measure', *Financial News*, 1 August 1914; 'Stock Exchange', *The Daily Telegraph*, 1 August 1914; 'The Closed House', *Financial Times*, 1 August 1914; 'City Comments', *The Observer*, 2 August 1914.

82. LMA: Ms. 14,600. London Stock Exchange, Committee of General Purposes Minutes. vol. 97, 24 March 1915.
83. 'Obituary: Death of Mr. Koch de Gooreynd', *Financial Times*, 7 February 1919.
84. 'Reasons for the Step', *Morning Post*, 1 August 1914; 'City and the Crisis', *Evening Standard*, 31 July 1914; 'Sensational Day in the City', *Pall Mall Gazette*, 31 July 1914.
85. 'Unprecedented Day in the City: Reason for the Suspension', *Financial Times*, 1 August 1914.
86. 'City Comments', *The Observer*, 2 August 1914.
87. 'London Stock Exchange Closed as a Precautionary Measure', *Financial News*, 1 August 1914.
88. Information from Nick Mays at News International.
89. 'City Chatter', *The Sunday Times*, 2 August 1914.
90. 'The Crisis in the City', *Financial Times*, 1 August 1914.
91. 'Stock Exchanges Closed', *The Times*, 1 August 1914.
92. Francis Hirst (1873–1953). Howe 2004.
93. 'The Financial Situation at Home and Abroad', *The Economist*, 1 August 1914; Edwards 1993: 465, 539–40.
94. 'Unprecedented Day in the City: The Provinces and New York', *Financial Times*, 1 August 1914; 'Provincial Stock Markets Closed', *The Times*, 1 August 1914.
95. 'Mincing Lane and the Crisis', *Financial Times*, 1 August 1914.
96. 'Financial Crisis', *The Times*, 1 August 1914.
97. 'American Financial Crisis', *The Times*, 1 August 1914.

2

晴天霹雳

"战争的到来犹如晴天霹雳,无人事先有所准备。"巴林兄弟商人银行合伙人盖斯波德·法瑞尔(Gaspard Farrer)在写给位于波士顿代理公司基德·皮博迪(Kidder Peabody)的罗伯特·温瑟尔(Robert Winsor)的信中说。[1] 由于伦敦城剩余的公司都还有希望,所以,法瑞尔所在的公司是充满希望的公司。"战争消息的到来,犹如晴天霹雳,"商人银行家、财经作家哈特利·威瑟斯写道,"风暴般的冲击是如此剧烈以至于信用系统无法承受。"[2] 另一位商人银行家巴伦·埃米尔·艾朗格(Baron Emile Erlanger)不相信"会发生欧洲战争这样不可思议的事情"。[3] "伦敦城对即将降临的灾难毫无准备。"著名的公司利益倡导者、批评政府内阁有意隐瞒即将来临的"灾难"的亨利·奥斯本·奥哈根(Henry Osborne O'Hagan)这样说。[4] 危机惊人的变化震动了银行家协会秘书厄内斯特·塞克斯(Ernest Sykes),他正在德国度假,他花了一周的时间"绕道奥地利、瑞士、巴黎,匆忙赶回家"。[5]巴伦·布鲁诺·施罗德的长子、施罗德家族商人银行高级合伙人布鲁诺在汉堡与家人待在一起并被征召加入德国骑兵队。[6]甚至，国际金融界的老前辈厄内斯特·卡塞尔(Ernest Cassel)也受到了惊吓，8月1日星期六之前他一直待在位于瑞士阿尔卑斯山的避暑屋，并准备在伦敦宣战之前打消回伦敦的计划。[7]

尽管卡塞尔逗留在蒙布朗，但是，他的世界已经破碎。不仅股票市场已经崩溃，而且，外汇市场和(货币)贴现市场也已经崩溃。被打乱的流动性破坏了所有的市场机制。金融危机可见的、有形的表现是证券交易所价格崩溃达到了极点，"颠覆了交易所，每个人犹如在寒冬中瑟瑟发抖"。[8]另一方面，外汇市场和贴现市场是机构双方直接交易的市场，但是，它们崩溃了，从市场价格报告可见，这对伦敦城的票据承兑事务所和贴现事务所的生存造成威胁，进而威胁了银行的生存。

国际汇兑体系的崩溃

约翰·梅纳德·凯恩斯在其出版于1914年9月的关于战争对金融体系影响的评论中写道："普遍不了解的是，战争最初的影响之一是对外支付体系的彻底崩溃，以及伦敦票据承兑事务所和外国机构的海外客户的业务需求都将无法满足。""支付体系的崩溃一旦发生，必将带来极其深远的影响……支付体系的崩溃……是所有灾难之根源。"[9]《泰晤士报》的"当代冲突编年史"也强调了国际汇兑机制崩溃的后果，有以下评论："在某些方面，外汇体系的解体是因战争导致的信用崩溃的最糟糕的特征。"[10]

　　基于伦敦的各类金融市场及其参与大规模的国际借贷,伦敦成为"世界最大的借款人"。[11]人们在伦敦通过短期贸易票据和金融票据或者长期债券筹集国际贷款,国际贷款货币是英镑,偿付的也是英镑。因此,每一个工作日,支付总额高达数百万英镑。据拉扎德伦敦(Lazard London)商人银行合伙人罗伯特·布兰德(Robert Brand)的估计,伦敦每年仅利息收入就达1.8亿英镑。[12]事实上,伦敦城以国际金融中心的地位而具有决定意义,英镑作为国际金本位的中心货币而卓然超群,伦敦的所有商业活动都是用英镑结算的。[13]由于金本位制消除了汇率风险,加之英镑账户可以在贴现市场获利,所以,外国人都喜欢拥有英镑。更重要的是,英镑资产可以转换为英格兰银行的支票,在银行可以兑换成自由出口的黄金。这样的结果是,伦敦城自己的外汇市场几乎没有得到发展。几个世纪里,每到星期二和星期四午餐后的一个小时左右,专业银行家和经纪人都会聚集在皇家交易所买卖"外国票据"(不是用英镑标价的票据)。[14]

　　"在诸多且不同的危机表现中,最难以寻踪的是外汇交易市场的瘫痪,"威廉姆·劳森观察道,"几乎没有任何预警,无法计算的票据、支票和电子对账单突然停顿下来"。[15]1914年之前的几十年里海外借款人的主要结算工具都是英镑汇票——"伦敦的票据"。英镑票据是最重要的市场——伦敦贴现市场的参与者创造的。可是,英镑票据被广泛使用,据估计,当时伦敦的票据占世界融资额的50%,英国交易量的90%,全世界的银行参与这些票据的买卖。[16]获得英镑票据的海外客户可将其卖给当地银行,获得当地货币,那些需要英镑在伦敦进行清算的客户从当地银行手中购买英镑票据。"伦敦票据的一流地位缘于英镑的国际货币地位,"厄内斯特·塞克斯在他的教科书《银行业与货币》(*Banking and Currency*)中指出,"因为每个国家都与伦敦有交易,每一家外国银行都有伦敦办事处或代理机构,所以,世界上无论哪一个国家都买英镑票据。"[17]到了1914年,像支票一样,银行间资金的国际电汇成为国际汇兑的一种形式,但是,事实上,除非极其需要快速清算,相对于票据清算来说,这种方式则很少使用。金本位制下汇率的稳定性比汇票提供的信用周期重要,英镑金融票据还有一项功能就是提供信用。[18]

到1914年,美国、德国、法国、日本以及其他一些国家都成为国际贸易的重要参与国,其货币的国际流通也在不断增加,从而增强了外汇体制安排的需要,尤其是针对英镑的汇率机制安排。其他主要中心城市外汇市场的扩张提供了这样的外汇机制安排。在巴黎,英镑可以交换法郎;在柏林,英镑可以交换马克;在纽约,英镑可以交换美元;如此等等。举例来说,在巴黎而不是在伦敦,持有英镑票据者可以卖出票据换取法郎,或者需要用英镑清算的各方可以用法郎买到英镑。只要世界外汇市场的英镑票据供给能够满足伦敦金融市场债务人的需求,这样的外汇机制安排就可以充分运行。但是,正如塞克斯指出的,"现代伦敦精致的金融体制从没有接受过欧洲战争的检验"。[19]

从7月24日星期五开始,世界各银行和外汇市场出现了争夺英镑票据以满足海外债务人偿付其在伦敦债务的需求。海外金融中心的债务人习惯于获得一笔英镑信用以满足到期日的清算,但是,突然之间这样的做法不再可能,因为,海外金融中心的英镑票据需求大大地超过了供给。由于伦敦新的英镑票据停止开具,加之,伦敦货币市场交易日益瘫痪,供求缺口扩大(参见"闻所未闻的汇率"一节)。另外,各国暂停清算支付的公告使问题更加复杂化,并阻碍了向伦敦的汇付。7月27日星期一,欧洲大陆外汇交易市场已经名存实亡。[20]从星期二开始,通过英镑票据向伦敦的汇付毫无可能,使债务人用那种方式清算其债务不可能了。[21]"信用机器整体崩溃了。"巴林银行在7月29日星期三发给基德·皮博迪的电传中如是说。[22]尽管电汇在理论上是可能的,但是,这样的机制通常对清算或汇率没有任何影响。

"伦敦的影响力实在是太大了,"1926年英格兰银行战时历史的作者约翰·奥斯本(John Osborne)写道,"它对世界其他地方债务即时清算的需求不仅可以按照它的意愿改变外汇交易,而且可以瞬间破坏外汇交易,同时,它的行为可以使货币市场瘫痪。"[23]威瑟斯生动地描述道:

如果一家银行要毁掉其所有的客户,那么,最简便的办法就是要求他们立即偿付他们欠下的债务……

事实上,这就是伦敦在战争开始时对世界其他地方所做的事情。正如常常自我吹嘘的那样,伦敦就是世界银行家,它对全世界说,还钱!世界上没有其他银行家可以提供帮助,没有其他的金融中心积累如此巨大的资本量和拥有能够满足世界商业需求的信用机器……

没有谁能够向借款国家提供帮助,所以,他们无法偿付……由于海外要求获得信用,伦敦要求外国给付,因此,他们宣布暂停汇付……他们别无选择,因为除了极少数向英国收取海运费用的英镑票据外,这些票据尚且无法满足伦敦的支付需要,根本没有伦敦开出的英镑票据可以使用。

多年来,伦敦自豪地宣称,英镑票据是国际贸易的结算货币。在这次危机中,事实证明确实如此。因为伦敦城同时说,"你们其他国家不可能再获得伦敦开出的票据"和"还钱",好像即使没有了货币供给,他们仍有能力还钱。在战争开始时伦敦和伦敦的海外客户卷入了恶性循环,伦敦宣称的金融霸权地位才得以清晰地证明,此前他们都浑然不觉。[24]

"闻所未闻的汇率"

国际结算的可选择的方式还有输送商品,但是,无法作为应对危机的措施。输送黄金也是国际结算的方式。为了满足客户向欧洲汇付资金的需要,以应对票据结算或欧洲人在纽约大规模出售证券所需的清算,银行开始安排从大西洋彼岸或世界其他地方的黄金海运。另外,在战前的一周里,关于输送黄金,还有大量的套利行为。在金本位体制下,每一种货币都有对黄金的固定平价("铸币平价"),但是,由于供求变化,每一种货币对黄金的市场价格也会小幅波动。如果市场价格高于或低于固定平价加上运输费和保险费,那么,在不同国家之间输送黄金就有利可图。[25]由于在不同金融中心的套利行为迅速使价差限定在价格波动的上限内,所以黄金价格波动的上下限就是所谓的"黄金输送点"。以英镑兑美元为例,铸币平价为 4.86 美元,如果黄金输送点下限为 4.84 美元,则向纽约输送黄金就可以获利;如果黄金输送点上限为4.89美元,则向伦敦输出黄金就可以获利。至于法国法郎,黄金输送点下限为25.13法郎,低于此,黄金流向巴黎;黄金输送点上限为25.33法郎,高于此,黄金向伦敦输送。[26]

7月27日星期一,"报价资讯"显示(英镑对美元汇率)黄金输送点上限4.89美元(见图2.1)。查尔斯·柯布向劳埃德银行金融委员会报告称,7月29日星期三汇率将达到4.95美元——高出黄金输送点6个基点。他基于几个因素做出这样的判断:"美国从英国撤回资金结余;美国银行家在欧洲大陆的业务收缩;美国证券的出售以及难以在伦敦转手票据。"[27] 7月31日星期五,报价资讯显示汇率达到了6美元,这是一个"闻所未闻的汇率"。[28] "外汇市场的异常环境"导致从纽约向伦敦和巴黎运送黄金"非常有利可图"。[29] 诚然,7月18日星期六开始便有黄金从纽约向伦敦和巴黎输送,7月31日登记的黄金输送量大约为1 200万美元(相当于250万英镑)。[30] 7月27日至8月1日之间纽约向伦敦输出的黄金总量超过了3 000万美元(相当于620万英镑),"在一周内又一次刷新了纪录"。[31] 这个数量相当于英格兰银行危机前黄金储备3 800万英镑的1/6,或者说,几乎是所有股份银行黄金持有量3 350万英镑的1/5。[32] 然而,在战争威胁的阴影下,跨大西洋运输安排尤其是黄金运输保险方面存在的困难阻碍了黄金的输送。[33] "大量黄金从美国各地来到欧洲,"7月29日星期三,罗斯柴尔德勋爵告诉他在巴黎的兄弟姐妹们说,"昨天,各家保险公司以及劳埃德(保险市场部门)人满为患,为运送黄金的商船投保,这是过去不可想象的。保险费显著上涨……英格兰银行已经增加了货币供应以应对来自纽约的黄金输送,这是长期以来他们所做的最明智的一件事情。"[34]威瑟斯再一次评论道：

交易向着有利于我方收益的方向变化得如此剧烈以至于破坏了交易机制……英国如此巨大的竞争力将世界其他所有的地方都逼向了死角。如我们所看到的，一度除了在巴黎外，世界上任何一个主要的金融中心都没有伦敦开具的票据。任何地方都需要英国票据，供不应求，而且仍有增无减。由于买不到英国票据或黄金或买到黄金而无法运送，即使富足的美国交易所也无法向伦敦汇付……

伦敦的外部问题与我们所担心的非常不同。不是任何人离开时带走黄金，从而给我们制造麻烦。麻烦的是，与其说其他国家无法尽快向我们给付，不如说完全无法向我们支付。[35]

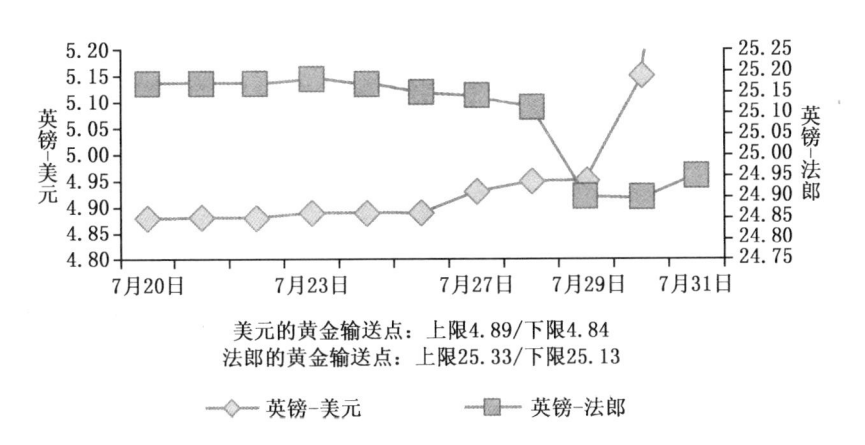

美元的黄金输送点：上限4.89/下限4.84
法郎的黄金输送点：上限25.33/下限25.13

资料来源：《金融时报》。

图2.1　1914年7月20～31日英镑对美元汇率和英镑对法郎汇率

在7月令人焦虑的最后一周里，我们还看到了从伦敦流出的大量资金的反向流动，在交易所之间英镑转换成其他货币。伦敦不仅是世界上重要的债权人，而且还是海外金融中心和机构的债务人，因为他们持有英镑票据、伦敦证券交易所发行的英镑证券,同时,伦敦也是外国银行及其储蓄所在地。"在这些日子里,外国在伦敦的巨大资金需求为伦敦增加了困难,"布兰德观察道,"在彻底瘫痪之前,无疑大量的货币被撤离。"[36] 7月28日星期二,罗斯柴尔德勋爵接到了巴黎公司的要求,要求他卖出伦敦市场大量的统一公债,换成法国政府和储蓄银行债券,这让他非常不乐意。他拒绝了这个要求,并指出:"我们市场的真实状况是,价格只是名义上的,几乎没有任何交易发生,因此,这样做毫无可能。"更重要的是,这样的交易会造成"破坏效应……当'战争'威胁仍挂在人们嘴边时,我们应当向欧洲大陆势力中心输送黄金,以增强它的实力。此时,作为英国公司应尽力帮助伦敦市场和伦敦证券交易所"。[37] 罗斯柴尔德偷偷地告诉英国首相,即使作为英国的盟友,法国政府也正在抛售伦敦的统一公债。"这是不祥的征兆,"阿斯奎斯观察道。尼尔·费格森(Niall Ferguson)评论说,"英雄气短"。[38]

事实上,7月末最坚挺的货币不是英镑而是法郎。巴黎是从伦敦流出的资金的最主要的目的地,法国银行对伦敦金融城分支机构的流动账户进行了大规模的转移,而且法国投资者卖出了大量的英镑证券。[39] "巴黎交易所行动起来强烈反对伦敦交易所,因为法国银行家试图将在伦敦拥有的大量资金带回国内。"威瑟斯解释说。因此,伦敦开具的票据大规模地在巴黎出售,以至于用法郎标价的英国票据价格从25.17法郎下跌到24.50法郎,并尽可能快地安排运输和保险将黄金运送到巴黎。[40] 诚然,自7月28日星期二开始,由于法郎对英镑汇率的飙升,"巴黎支票"(英镑—法郎汇率)出现了"惊人下跌",打破了黄金输送点下限(见图2.1)。[41] 估计,战前一周里从英格兰银行抽走的410万英镑中的250万英镑的目的地是巴黎,用以偿付法国的债权人,同时,相信还有私人利用套利机会获得的利润从伦敦流出。[42] 不像伦敦,巴黎没有对外国银行和商人的短期大量外部负债,因而不会陡然出现大量的资金外流,所以,在世界范围流动性紧缩时,它是主要的资金接受者。[43] 当时的人们被法郎和美元的反转震惊了,这种情况他们从来没有见识过。"我们相信,外汇市场情况前所未有,"8月1日的《经济学家》杂志评论道,"(正如一位富有经验的银行家向《经济学家》杂志的一名职员所说的)世界似乎正在回到物物交易。"[44]

伦巴第街

伦敦贴现市场具有无可匹敌的规模和流动性——以"伦敦货币市场"和"伦巴第街"而著称,这是第一次世界大战之前几十年里伦敦成为世界金融中心的关键因素。伦巴第街提供了剩余资金借出盈利的机会,创造了金融票据以满足融资需要,从而到1914年就有71家外国银行开设了伦敦分行。支撑贴现市场的一半资金来自于海外。[45] 伦敦货币市场中的交易工具是英镑汇票,它是一种固定日期的短期契约,要么是源自国际贸易的"商业票据",要么是银行为了在货币批发市场筹集资金而创设的"金融票据",用来弥补储蓄不足。票据的到期日各不相同,从两个月到六个月不等。三个月到期的商业票据是基准金融工具,提供关键市场利率。

贴现市场由贴现事务所、专业银行运作，他们作为自营商/经纪人或者仅仅是"票据经纪人"从事经营活动。就买方而言，票据的主要买入者是国内银行和外国银行以及贴现事务所自身。贴现事务所享有向英格兰银行贴现（出让）所持有票据的优先权。然而，英格兰银行限制票据贴现，贴现的是"优质票据"，即英国公司不超过两次背书的短期的、自我清算的贸易票据。贴现事务所通过获得国内清算银行和外国银行的活期贷款为票据投资融资。贷款为附加一定押金的票据抵押贷款。对于银行来说，他们所持有的票据以及提供给贴现事务所和证券公司的活期贷款构成了其二线流动资产，他们的一线流动资产是存于英格兰银行的现金和储蓄。据估计，伦敦的银行持有大约2亿英镑的票据，同时向票据经纪人提供的票据抵押活期贷款达1亿英镑，略高于向伦敦股票交易公司提供的8 000万英镑的活期贷款。[46]

承兑人背书的汇票可转让性得到了大大增强。承兑人是一家企业或银行，一旦债务人出现违约现象，他们就保证到期便向汇票持有人给付。对于这样的保险服务，承兑人收取少量的佣金，佣金通常是汇票面额的0.25%。传统上，承兑业务是伦敦城一些企业的专有业务，即承兑事务所的业务，一种估计认为这类企业有75～80家。[47]在这些企业中，排名前列的有24家左右，比如巴林公司、布朗—谢普利公司（Brown Shipley）、吉布斯公司、汉布罗斯公司、哈斯公司、摩根—格兰菲尔公司、罗斯柴尔德公司和施罗德公司——越来越被称为商人银行，他们构成了与英格兰银行关系紧密的伦敦城精英。[48]经过他们背书的汇票被称为"可承兑汇票"，这些汇票总是符合在英格兰银行贴现条件的汇票。到1914年,承兑业务也成为主要清算银行以及在伦敦城拥有办事处的外国银行和殖民地银行大规模从事的业务,尽管他们承兑的汇票无法在英格兰银行贴现。[49]

正如财政大臣大卫·劳埃德·乔治(David Lloyd George)于11月向议会下院陈述的那样,估计1914年7月伦敦贴现市场的规模为3.5亿～5亿英镑。[50]根据外贸融资,劳埃德银行总经理亨利·贝尔(Henry Bell)估计的数字是3.5亿英镑,这个数字被普遍引用。[51]按照当时的经济学家吉布森(Gibson)和科尔凯尔迪(Kirkaldy)的估计,票据承兑事务所和外国银行背书的票据达到3亿～3.5亿英镑,加上股份银行背书的7 000万英镑的票据,总计达到3.7亿～4.2亿英镑。[52]当时普遍采用3.5亿英镑的数据。据估计,大约总票据额中的2/3应由在伦敦的外国人偿付,其中,大约7 000万英镑属于德国和奥地利客户,6 000万英镑记在俄罗斯客户的账户上,其余大部分归属于北美、拉美和英国的客户。[53]布兰德估计,在伦敦每天平均有400万英镑的票据需要偿付。[54]

1914年商人银行介入的私人资本总量达到2 000万～3 000万英镑。[55]他们根据市场条件的判断和私人公司的风险偏好,按照2～6倍的资本承兑费率从事承兑业务。[56]碎片般的存留证据表明,在全部票据中,8 000万～1.2亿英镑的票据是票据承兑事务所开山的。[57]由于外汇市场的崩溃,国际汇付体系被阻断,从而导致外国客户无法在承兑到期日向票据承兑事务所进行给付,并由于延迟给付,造成商人银行必须满足支付需求。"他们的资本足以提供应对偶发违约的担保资金需要,"财政部经济学家拉尔夫·哈特利(Ralph Hawtrey)观察道,"但是,不足以应对全面的崩溃。由于贴现市场运行无一例外的停止,伦敦城突然面对普遍停止的预期。"[58]凯恩斯如是说:

汇付体系的失败没有被预见到,其后果是,票据承兑事务所无力应对其业务;在第一世界权力极之间的敌对爆发之前,被票据承兑事务所视为最具流动性的伦敦货币市场其他方面的资产也凝固了。[59]

"外国客户无法汇付,使票据承兑事务所处于尴尬的境地,这个事实是不言自明的,"威瑟斯指出:

绝大多数票据承兑事务所的大部分业务是承兑业务,他们承诺在未来的某日兑付票据,他们预期在承兑日期到来之前外国客户能够提供资金以满足兑付需要。

如果他们小心选择他们的客户,在全球所有贸易国谨慎地分散风险,只要将风险控制在一定限度,同时根据公司资源来安排所承担的负债大小,那么,正常情况下,公司的经营将是完全安全和稳健的。但是,在7月份的最后阶段,毫无征兆,票据承兑事务所仍在积极开展业务,文明国家间的交换机器停顿了,致使他们无法清偿其所承担的债务。

情形果然如此,即使有的票据承兑事务所情形好一些,有的票据承兑事务所情形差一些,但是,人们已经开始担心他们无法应对紧张的局势,因此,银行家愿意持有的、一直被视为最具流动性的汇票开始被认为不是那么回事了。主要从事汇票交易的票据经纪人(贴现事务所)已经感到艰难,因为银行要求他们偿还贷款,而他们使用贷款持有票据,所以,他们的处境严峻。[60]

贴现市场的瘫痪

在 7 月 23 日星期四与 7 月 29 日星期三之间,贴现市场彻底崩溃了。形势的恶化表现在三月期票据市场贴现率上升,三月期票据市场贴现率从 2.5% 上升到了 5%(见图 2.2)。在正常情况下,市场贴现率略低于银行利率,在危机开始时市场贴现率为 3%。通常情况下,贴现事务所从英格兰银行获得资金的费用比从银行获得资金的费用要高,只要能够从市场上筹措资金,他们就可以这样做。

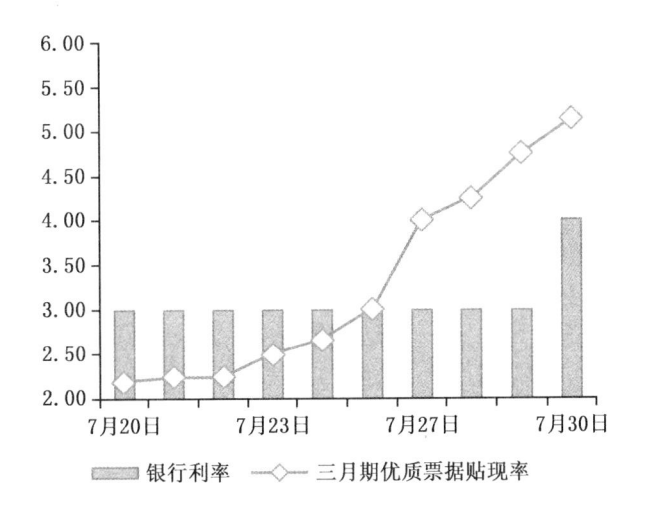

资料来源:《金融时报》。

图 2.2 1914 年 7 月 20~30 日货币市场贴现率和银行利率

"关于(白金汉宫)会议的决定以及欧洲大陆的形势,人们都抱有悲观的看法,"7 月 24 日星期五,史密斯·圣·奥宾贴现事务所指出,"非常难过的一天,一度试图求助银行……但是,无法向银行出售票据……整天,贴现率都处于毫无变动的状态。"[61]次日,即 25 日星期六,记录显示,"贴现市场停顿……货币市场糟糕透了,我们去银行贷款 300 000 英镑"。那日,三月期票据市场贴现率跳升到 3%,与银行利率完全相同。"一次快速而又异常的"提高,柯布观察并向劳埃德银行金融委员会报告说。[62]"由于政治局势不稳定,贴现率进一步急速提高,"《金融时报》的货币市场报告指出,"然而,市场报出的贴现率只是名义上的,市场中无人接受票据。因此,只能向英格兰银行申请贴现,英格兰银行按照银行利率做了相当大的贴现业务,同时,发放贷款的利率为 3.5%。三月期优质票据的市场贴现率报价为 3%。"[63]

"我们度过的最糟糕的一天,"史密斯·圣·奥宾贴现事务所记录中有这样的记载,"贴现市场的情况是混乱的……没有票据的购买者。"那日,外国银行都"敦促"贴现事务所偿还活期贷款。"无疑,由于发生了危机,"史密斯·圣·奥宾贴现事务所指出,"但是,总的看来,股份银行做得不错。"[64]英格兰银行监事会——英格兰银行的监管机构——上午召集会议,并决定通过提供贷款和短期票据贴现向市场追加流动性。可是,一天下来,票据市场贴现率上升到了 4%,高于银行利率。"市场上向英格兰银行提出贷款安排申请的量非常大,"柯布报告称。"伦巴第街显现出它对欧洲政治危机的敏感性,"一份货币市场报告指出。

星期四银行利率上升的问题自然地形成对市场的搅动。让人们感到,英格兰银行非常不愿意采取措施,以免加重业已紧张的局势。同时,英格兰银行必然受形势所迫,显然,3% 的银行利率不可能与 4% 的公开市场利率长期共存。英格兰银行总部面对的大量票据将迫使官方最低程度的变化。[65]

7月28日星期二,贴现率进一步上升,交易日结束时三月期票据贴现率为4.25%。"是日,股份银行再一次停止业务(比如,不再购买票据),这种情况使得票据经纪人采取谨慎措施,报出更高的贴现率,"《金融时报》最新的货币市场报告中指出。[66]外国银行紧急收回贷款,英格兰银行为贴现事务所提供了"大量的"贷款和贴现。同样在这一天,惠特—麦特莎公司(White, Metaxa & Co.)倒闭了,尽管这是一家"无足轻重的"小规模贴现事务所,但这是一个巨大的变化。[67]接下来的几个小时之后,传来了奥匈帝国对塞尔维亚宣战的消息。根据柯布的描述,7月29日星期三,贴现市场瘫痪了,"报价完全是名义上的,并且过高"。奥斯本关于战时英格兰银行的记述表明,对于买方来说,5%的贴现率仍无动于衷。在接下来的几日里,有交易报告显示出现了10%的贴现率,甚至是15%的贴现率。[68]"当日,股份银行开始紧急召回贷款,不祥的感觉非常明显,"史密斯·圣·奥宾贴现事务所记录道,当日史密斯·圣·奥宾贴现事务所收到银行收回贷款的提示,被要求还款903 000英镑。这家公司与其他公司一起,求助于英格兰银行,希望从英格兰银行筹措250 000英镑。通过放宽贴现标准,提前介入从纽约运输黄金,英格兰银行"尽其所能"地提供流动性。[69]结果是,7月25日星期六到7月29日星期三,英格兰银行贴现和提供的资金翻了一番,从1 290万英镑达到了2 640万英镑,这是前所未有的惊人增长。[70]

从7月27日星期一开始,票据承兑事务所有意回避进一步的负债,拒绝接受新的承兑业务。[71]通过这种措施,加之每个工作日已经到期的 300 万～400 万英镑的票据,在发生危机的一周时间里,票据承兑事务所削减国际信用为 1 500 万～2 000 万英镑,明显放大了国际汇兑问题。[72] 但是,对于绝大多数票据承兑事务所来说,信用收缩得太少、太晚,以至于无济于事。"所有承兑银行和票据承兑事务所都不同程度地出现了无力清偿的问题,"时年 43 岁的布朗—希普利公司合伙人蒙塔古·诺曼(Montagu Norman,后来的英格兰银行行长)这样告诉其美国同僚说,"在他们中间很难说有一家公司的现金能够满足到期承兑。"[73] 时年 51 岁的巴林银行合伙人、伦敦城的大人物、部长们的顾问莱威尔斯多克勋爵(Lord Revelstoke)告诉基德·皮博迪公司说,

这场危机的主要原因如果不是失去了汇付,就是源自欧洲大陆。其后果是,有大额欧洲大陆头寸的票据承兑事务所耗尽了其自有的资源,从而难以为继。这些承兑公司几乎都是大型承兑公司……我们自己承兑账户大约为 350 000 英镑,因此,才能够应付局面。[74]

事实上,巴林银行得益于两个工作日的紧急停止汇票给付,然后才恢复了给付业务。[75]

盖斯波德·法瑞尔时年 54 岁,他是莱威尔斯多克勋爵在巴林银行的同僚,也是小家族商人银行 H.S. 莱弗维尔(H.S. Lefevre)的合伙人,当时正准备退休,但是,战争推迟了他的退休计划。[76] 他向波士顿的基德·皮博迪公司的罗伯特·温瑟尔回忆了他的危机经历:

25 日是星期六,碰巧我到伦敦金融城,听说有一些外国票据经纪人愿意以 3.125% 的贴现率寻求最优的银行承兑,但是找不到买家,这显然令人吃惊。星期日传来了奥地利对塞尔维亚宣战的消息,当星期一上班的时候,我便开始非常焦急地了解俄罗斯和德国的态

度……

这晚和接下来的三天里,所有提供信用的票据承兑事务所都收到了来自欧洲大陆雪片般的电报,但是,无法获得汇付。经纪人手上的票据泛滥,证券交易所最终关闭。人们开始意识到欧洲的灾难迫在眉睫,我们都被卷入其中。无论如何,欧洲的债务都将无法偿付。这种情况立即将每一家大型票据承兑事务所置于极大的危险之中,并且不仅是票据承兑事务所,而且包括每一家银行。[77]

"可怕的形势"

7月29日星期三,在位于威斯敏斯特区的议会上保守党后座议员威廉姆·乔恩森—希克斯(William Joynson-Hicks)的提问,最早表示了对伦敦金融城危机的关注。他问道:"首相是否已经与英格兰银行会商召集银行家会议,采取措施以应对当前的金融局势?如果没有,那么,他是否应该考虑刻不容缓地去做这件事情?"[78]那天上午,按照首相的指示,财政金融大臣、议员埃德温·蒙塔古(Edwin Montagu)在财政部常务秘书约翰·布拉德伯里、融资部门负责人马尔科姆·拉姆塞(Malcolm Ramsay)的陪同下,访问了英格兰银行,"讨论伦敦金融城的形势"。英格兰银行行长沃尔特·坎利夫(Walter Cunliffe)出面接待,一群伦敦金融城的重要人物夹道欢迎,他们是高级商人银行家莱威尔斯多克勋爵、汉姆布罗斯公司(Hambros)的艾维拉德(Everard)爵士、弗吕林—高森公司(Fruhling and Goschen)的威斯康特·高森(Viscount Goschen),再加上英格兰银行前任行长

(1911～1913)阿尔弗雷德·科勒(Alfred Cole)。"其他银行行长的露面表明了英格兰银行行长的意见,"布拉德伯里的会议记录表明:

英格兰银行资金实力非常雄厚,任何特别措施自然都是没有必要的,事实上反而会引起恐慌,不利于问题的解决。英格兰银行与股份银行一起(英格兰银行通过定期会议同股份银行保持紧密联系)控制了局面。

诚然,如果不是因为欧洲危机,货币是充足而又廉价的,2%的利率是适当的。银行关注形势是正常的,同样不必夸大太高贴现率的贴现事务所面对的问题,其后果是银行于当日(7月29日)从事了大量的贴现业务。

同时还表达了这样的看法:除非有了令人震惊的结论,英格兰银行行长不应当与财政大臣会面,这样会更好。[79]

财政部官员巴塞尔·布莱克特(Basil Blackett)所写的7月29日星期三的工作日志开头说,"欧洲的消息看起来前途是黑暗的"。诚然,那天奥地利拒绝任何形式的调停,俄罗斯也蠢蠢欲动。[80]布莱克特指出,到英格兰银行后,财政部"确信一切都很适宜,尽管由于不安,明天银行利率将提高到4%。蒙塔古从英格兰银行回来后,拿到了英格兰银行行长和一群银行董事草拟的"匿名建议"。劳埃德·乔治告诉乔恩森—希克斯和众议院议员们,"我已经咨询了英格兰银行,我得到的建议是,当前的金融形势一如往常,无需采取任何政策建议"。

尽管英格兰银行行长具有信心,并且财政大臣向议会"重申"了这样的信心,但是,在这个星期的中间时间里高级部长们已经意识到危机已经出现。[81]"伦敦金融城陷入了可怕的萧条和瘫痪状态,"阿斯奎斯在写给其女维奥利特(Violet)的一位朋友维尼夏·斯坦利(Venetia Stanley)的信中说,他们在1910～1915年频繁通信。[82]劳埃德·乔治接受了《统计学家》(The Statist)杂志编辑乔治·佩什(George Paish)爵士的采访,这份杂志是具有影响力的伦敦城与商业周刊,并且与《经济学家》杂志唱对台戏,佩什自1909年以来担任首相特别经济顾问,故而于1912年被封为爵士。[83]"7月份的最后一个星期三我开始参与,"佩什在他的回忆录中谈道:

作为《统计学家》杂志的编辑,我的职责是每周写一篇关于伦敦货币市场的文章。当然,这就要求拜访伦敦城的银行,相应地,要问时下的问题,为此,我走了一圈,我第一个电话打给了瑞士银行的经理拉夫先生。按说,他是最友好的一个人,但是,那天不难看出他是有顾虑的。他告诉我,货币市场已经崩溃,以至于他无法贴现票据,且因为他的银行是外国银行而无法申请英格兰银行的支持。其结果是,如果有一位客户提取10 000英镑,他的银行就要倒闭。这真是一个可怕的消息,但是,最让我感到悲哀的是这位让人欣赏的人所处的困境。在告诉我这个消息时,他崩溃了,大哭起来。

从他那里离开后,我立即去见弗雷德里克·哈斯·杰克森(Frederick Huth Jackson)先生,他是英格兰银行的一名董事,也是私人银行弗雷德里克·哈斯公司(Frederick Huth & Co.)的高级合伙人。直奔主题,我们开始了谈话:

"那么,杰克森先生,货币市场究竟发生了什么?他们告诉我货币市场已经崩溃了。"

"已经崩溃,"他回答说,"与欧洲大陆有关联的票据承兑事务所无法从我们这里获得汇付,下一周我们中的八家银行将宣布不具有清偿能力。"

"你不能这样做。"我说。

"我们别无选择,"他回应说,"下周我自己的公司将有500万英镑的票据到期,无法获得承兑。总资金缺口为5 000万英镑。"[84]

票据承兑事务所的倒闭使其开出的仍在市场中流通的票据一文不名。这样的违约问题损害了其承兑票据的价值和流通能力,进而损害了贴现事务所和银行票据组合的价值。按照哈斯·杰克森先生的描述,行业著名企业中有1/3会倒闭,预计票据承兑事务所和贴现事务所会出现大范围倒闭,从而破坏传统的货币市场结构,损害银行系统的稳定性。佩什继续说:

这是可怕的情况,但是,得到的回答也是如此。

"你一定不要倒闭。"我说。

"我们无法挣脱这样的命运。"杰克森先生耸耸肩说。

我立即驱车到唐宁街去见劳埃德·乔治先生,我尽可能简短地向他汇报了情况,最后,他说:

"保持沟通,任何时候你都可以找到我,无论白天还是夜晚。"

为了决定银行利率的变动,星期四开了一天会。[85]由于英格兰银行利率低于市场利率的"异常情况"以及对黄金流失海外的担心,普遍期待英格兰银行于7月30日星期四就采取措施,英格兰银行董事局上午就采取了措施。最后的时刻到了,要么英格兰银行董事局,要么财政委员会、银行执行委员会担当起危机管理的职责。由于危机不断加深,卡恩里夫要么咨询一群银行董事,要么单独行动起来。[86]

"他来了。"有人大声喊道……立即,在一条长长的走廊里挤满了激动的人群……英格兰银行里面已经成为赛马场——当赛马冲向获胜的终点时,人群中也会有触电般的感觉,《明镜日报》报道说。

穿着浅橙色制服的发言人手里拿着大大的印刷公告,上面写着英格兰银行利率从3％变动为4％……受雇的跑腿人跑向人群外围,大喊道:"4％。"喊叫声达到了顶点,好像他们突然发疯似的。奔跑于拥挤的伦敦街道,迅速跑向每一间办公室,将消息传递给客户,然后又迅速跑向伦敦的其他地方。[87]

《金融新闻》显然欢迎有限制的英格兰银行利率增长措施:

它(指《金融新闻》。——译者注)为英格兰银行董事局成员的指令、处事的冷静和行为的勇气进行辩护,认为他们采取了平衡的方针,阻止了恐慌,并将他们的坚强意志注入这个国家的整个商业社会……(这)仅仅是为了实现保护这个国家黄金持有量所采取的一项预防性举措。[88]

"利率提高到4％是已经预想到的,"《金融时报》观察道,"这对市场的状况没有形成任何影响,市场依然处于停顿和停滞状态。报出的贴现率依然是名义上的。"[89]史密斯·圣·奥本公司还有79万英镑的贷款被银行召回,但是,它已经从英格兰银行获得了70万英镑。"人们着实震惊了,他们潮水般地涌向英格兰银行,用钞票换黄金",这种情况反映在7月30日星期四的记录里。"贴现业务事实上已经停止。非常糟糕的一天。"[90]"我不明白怎么可能应对普遍的灾难,"法瑞尔说,"然而,无论如何,我们发现几代人建立的信用体系可以在一夜间被破坏。"[91]

注释

1. The Baring Archive: DEP 33.16. Gaspard Farrer to Robert Winsor, Kidder, Peabody, Boston, 7 August 1914.
2. Withers 1915: 1, 3.
3. d'Erlanger 1978.
4. O'Hagan 1929: 348.
5. Sykes 1915: 75.
6. Roberts 1992: 156.
7. Allfrey 1991: 267–8.
8. Lawson 1915: 86.
9. Keynes September 1914: 466.
10. *The Times* vol. I 1914: 172.
11. Withers 1915: 40.
12. Bodleian Library: Brand 26/2. Brand papers. Notes for lecture.
13. Michie 2007: 66–8.
14. Michie 2007: 66; Atkin 2005: 6.
15. Lawson 1915: 27–8.
16. Sonne 1915: 102; Thomas 1929: 168.
17. Sykes 1937: 250.
18. Atkin 2005: 11–13.
19. Sykes 1915: 76.
20. 'Money Market', *Financial News*, 28 July 1914.
21. Hawtrey 1938: 123.
22. The Baring Archive: 200821. Baring Brothers to Kidder, Peabody, Boston, 31 July 1914.
23. BoE: N7/156. Osborne vol. I 1926: 62.
24. Withers 1915: 75–8.
25. Evitt 1936: 115–18; Withers 1915: 45.
26. *The Times* vol. I 1914: 172.
27. Lloyds Banking Group Archives: HO/T/REP/1. Lloyds Bank Limited. Reports to the Finance Committee, 24–31 July 1914.
28. 'American Markets', *Financial Times*, 1 August 1914.
29. 'The Money Market', *The Statist*, 1 August 1914.
30. BoE: N7/156. Osborne vol. I 1926: 62; 'American Markets', *Financial Times*, 29 July 1914.
31. 'American Markets', *Financial Times*, 4 August 1914.
32. Seabourne 1986: 81 and 94, Table 3.4.
33. Hawtrey 1938: 123; *The Times* vol. I 1914: 170.
34. The Rothschild Archive: RAL XI/13/A/8, 29 July 1914.

35. Withers 1915: 41, 56–7.
36. Brand 1921: 52.
37. The Rothschild Archive: RAL XI/13/A/8, 28 July 1914.
38. Ferguson 1998: 962–3.
39. *The Times* vol. I 1914: 170.
40. Withers 1915: 46.
41. *The Times* vol. I 1914: 172.
42. BoE: N7/156. Osborne vol. I 1926: 66.
43. Brown 1988: 22.
44. 'The Financial Situation at Home and Abroad', *The Economist*, 1 August 1914.
45. Michie 2007: 51, 65.
46. Sykes 1915: 73.
47. Grady 1927: 265.
48. Roberts 1993: 22–38.
49. 'A Post-War Development', *Financial Times*, 16 March 1925.
50. Hansard (Commons): Lloyd George, 27 November 1914. Col. 1544.
51. TNA: T172/183. The machinery and the means of holding the bills. Memorandum by Sir George Paish, 6 August 1914.
52. Gibson and Kirkaldy 1921: 4.
53. TNA: T172/134. Conference between the Chancellor of the Exchequer, Members of the Cabinet and Representatives of Accepting Houses, 12 August 1914; Sykes 1915: 72; Morgan 1952: 7–8.
54. Brand 1921: 52.
55. TNA: T172/134. Conference between the Chancellor of the Exchequer, Members of the Cabinet and Representatives of Accepting Houses, 12 August 1914. Frederick Huth Jackson refused to endorse the £20 million estimate, though he did not provide an estimate of his own. £20–30 million is author's guesstimate.
56. Roberts 1992: 130.
57. Author's estimate. See Roberts 1992: 131; Chapman 1984: 121.
58. Hawtrey 1938: 123.
59. Keynes September 1914: 466.
60. Withers 1915: 60–2.
61. LMA: Ms. 14894/24. Smith St Aubyn Business Diary, vol. 24, 24 July 191
62. Lloyds Banking Group Archives: HO/T/REP/1. Lloyds Bank Limited. Re to the Finance Committee, 24–31 July 1914.
63. 'Money Market', *Financial Times*, 27 July 1914.
64. LMA: Ms. 14894/24. Smith St Aubyn Business Diary, vol. 24, 27 July 191
65. 'Money Market', *Financial Times*, 28 July 1914.
66. 'Money Market', *Financial Times*, 29 July 1914.
67. 'Money Market', *Financial News*, 29 July 1914.

68. BoE: N7/156. Osborne vol. I 1926: 63; *The Times* vol. I 1914: 169.
69. 'The Great Crisis', *Bankers' Magazine*, vol. xcviii (September 1914): 322.
70. BoE: N7/156. Osborne vol. I 1926: 64.
71. BoE: N7/156. Osborne vol. I 1926: 63; Brown 1940: 12.
72. Morgan 1952: 8.
73. Quoted in Wake 1997: 139.
74. Lord Revelstoke (1863–1929). Orbell 2004; The Baring Archive: 200821. Lord Revelstoke to Robert Winsor, Kidder, Peabody, Boston, 1 August 1914.
75. Ziegler 1988: 321.
76. Gaspard Farrer (1861–1946). 'Obituary: Mr. Gaspard Farrer', *The Times*, 17 April 1946; Ziegler 1988: 272.
77. The Baring Archive: DEP 33.16. Gaspard Farrer to Robert Winsor, Kidder, Peabody, Boston, 7 August 1914.
78. Hansard (Commons): Joynson-Hicks, 29 July 1914, col. 1323; 'London Financial Situation', *Financial Times*, 30 July 1914.
79. TNA: T170/14. Visit to Bank as to Mr. Joynson-Hicks' Question, 29 July 1914.
80. British Library. Ms. 88888/2/9. Diary of Sir Basil Blackett, 29 July 1914.
81. 'Chancellor of the Exchequer's Reassuring Statement', *Financial Times*, 30 July 1914.
82. Brock and Brock 1985: 136.
83. LSE Archives: Sir George Paish, 'My Memoirs', c. 1950; Peden 2000: 39.
84. LSE Archives: Sir George Paish, 'My Memoirs', c. 1950.
85. Withers 1915: 10.
86. 'Sir John Clapham's Account of the Financial Crisis in August 1914', in Sayers 1976: 33 of Appendix 2.
87. 'Sending up the Bank Rate', *Daily Mirror*, 31 July 1914.
88. 'The Bank and the Situation,' *Financial News*, 31 July 1914.
89. 'Money Market', *Financial Times*, 31 August 1914.
90. LMA: Ms. 14894/24. Smith St Aubyn Business Diary, vol. 24, 30 July 1914.
91. The Baring Archive: DEP 33.16. Gaspard Farrer to Robert Winsor, Kidder, Peabody, Boston, 7 August 1914.

3

最糟糕的日子

"星期五和星期六",厄内斯特·塞克斯在科恩希尔俱乐部(Cornhill Club)的第一次会议上告诉大家,"对于伦敦金融城来说,在整个危机过程中,无论此前还是此后,都是最糟糕的日子。"[1] 时年23岁、危机期间弗雷德里克·哈斯银行公司的丹麦雇员、《伦敦金融城》的作者汉斯·克里斯汀·索恩回忆了在那些日子里危机是如何达到高潮的。[2] "耸人听闻的高潮",赫尔曼·施密特宣称。[3] "确实是一个黑色星期五,"《银行家杂志》悲观地说。[4] 在危机高潮的那些日子里,股票交易市场关闭了,市场冻结了,商人银行和英格兰银行占据中心舞台。

银行与银行家

1914年初,英格兰和威尔士的国内银行业由拥有6 400家分支机构的41家股份(公募)银行以及拥有147家分支机构的29家私人储蓄银行构成。[5] 过去10年来,大量的银行并购导致了9家顶级股份银行的出现,他们的总资产达到6.7亿英镑,是银行总资产的3/4(见表3.1)。尽管大银行最明显的是在伦敦设立分支机构,但大银行通常在伦敦设立总部,在各郡设立分支机构,从而形成业务网络。1914年夏,按照资产总量,劳埃德银行(劳埃德家族)是最大的银行,而其竞争对手伦敦城与内陆银行(London City and Midland Bank)拥有最大的业务网络。1914年,这两家银行做了战前最重要的并购,从而确立了领袖地位,其他一些大银行也关注着扩张机会。[6] 内陆银行(Midland Bank)、劳埃德银行、威斯敏斯特银行(Westminster)分别是世界第三、第四、第五大银行,仅次于里昂信贷银行和德意志银行,英国国民与各郡银行(National Provincial)排名第八,(英国)巴克莱银行排名第十一。[7] 这些巨大的联合企业拥有庞大的资产负债,拥有大量的雇员,小规模城市企业则相形见绌,股票经纪人、自营商、票据承兑事务所、票据经纪人和贴现事务所几乎都是他们的合作伙伴。事实上,能够同这些大银行在势力和影响力上抗衡的机构只有英格兰银行,正因为如此,他们之间的关系有时是紧张的。

表3.1 1914年6月30日排名靠前的英格兰和威尔士股份银行

金额单位:百万英镑

银行	总资产/负债	分支机构
劳埃德银行	120	679
伦敦城与内陆银行	110	865
伦敦郡与威斯敏斯特银行	105	341

续表

银 行	总资产/负债	分支机构
国民与各郡银行	77	415
巴克莱银行	67	610
帕尔银行	57	323
伦敦和史密斯联合银行	51	216
资本与各郡银行	45	480
伦敦股份银行	44	306
全部股份银行 (1913年12月31日)	901	6 400

资料来源:"银行数目",《经济学家》,1914年10月24日;Sheppard(1971:118)。

在危机期间,六位银行家组成的紧急事务委员会(Bankers Emergency Committee)代表着所有银行,紧急事务委员会的构成是:内陆银行、伦敦和史密斯联合银行的执行主席,伦敦股份银行和巴克莱银行的首席董事,加上劳埃德银行和国民与各郡银行的总经理。[8]那时,最重要的银行家是内陆银行主席及执行董事爱德华·霍尔登(Edward Holden)爵士以及联合银行的"总监"(执行主席)菲利克斯·舒斯特(Felix Schuster)爵士。兰开夏郡(英格兰西北部的郡。——译者注)出生的霍尔登时年66岁,他18岁时就开始在当地银行工作,做过7年学徒,其间他还在夜校学习银行业务和政治经济学。[9]1881年,33岁的他加入了内陆银行,当会计。内陆银行是伯明翰一家中等规模的银行。从19世纪80年代中期开始,他就是一位通过收购而推动银行快速发展的关键人物。1897年,他成为银行总经理,内陆银行也成为英国第四大银行。在此后一年,他收购了伦敦的一家重要银行,便将银行总部迁至伦敦金融城。接下来的一波又一波的收购使内陆银行成为英国最大的银行。1908年霍尔登被任命为主席兼任总经理,他继续掌控着具体业务。到1919年他去世时,内陆银行已经成为世界上最大的银行。他利用每年向股东讲话的机会发表他对金融政策的看法,他的演讲成为在伦敦金融城"令人们期待的事情",金融专栏记者期待着他提出新的政策建议,期待着他挑战英格兰银行或财政部的政策。[10]除了他的银行职责外,1906~1910年间他担任自由党议员,认识了1908~1915年担任财政大臣的大卫·劳埃德·乔治。1909年被封为准男爵,他被视为伦敦政府高级同盟者之一。劳埃德·乔治对他的描述是:"讲话带有兰开夏郡的地方口音的最有实力、最坚定的银行家。他在所有的大亨中卓然而立。"[11]

舒斯特,时年60岁,在法兰克福的一个家族银行中被训练成为一名银行家。[12]1873年他移居伦敦,成为坎农街(Cannon Street)上舒斯特父子公司(Schuster, Son & Co.)的一名合伙人。舒斯特公司与联合银行的密切关系导致了二者的合并,合并后他成为一名董事。1891年他被任命为执行总裁,1895年被任命为总裁,接替查尔斯·里奇(Charles Ritchie)议员,因为后者去政府担任贸易局主席。在舒斯特的领导下,联合银行通过合并,成长迅速。在此后的20年间,银行储蓄规模增长了3倍。作为英国股份银行的领袖,舒斯特和霍尔登维护着对银行管理的监管,这也是作为执行主席的职责。但是,他们具有天壤之别。霍尔登是直率的、凭经验的、务实的兰开夏人,而舒斯特是保守而又理智的。两个人都是主张自由贸易的自由主者,在1906年的大选中舒斯特成为自由党候选人,但是并没有赢得竞选。他是当时著名的银行理论家,在银行业大会和银行家学院的演讲颇具影响力。1902~1903年里奇担任财政大臣期间他任顾问,因此,他被封为准男爵。

J. 赫伯特·特里顿(J. Herbert Tritton),时年70岁,1867年加入位于伦巴第街他自己的家族私人银行。[13]他是伦敦金融城集体行动中的活跃人物,他是银行家学院(Institute of Bankers)和伦敦商会(London Chamber of Commerce)的创立者,同时,他还担任了1891~1905年伦敦清算所的名誉秘书长。当20家银行于1896年合并成立巴克莱银行时,因为大家都喜欢特里顿家族,所以他成为一名董事。1914年,特里顿已经被公认为伦敦金融城的头面人物,但是,他并不是一位活跃的银行家,因为1903年以来在巴克莱银行的运作中,弗朗西斯·贝文(Francis Bevan)任主席,弗雷德里克·古德诺(Frederick Goodenough)任总经理。[14]讣告中对特里顿的描述是:"最著名的老派私人银行家之一","他对银行业务、货币和经济问题有着浓厚的兴趣。"[15]阿尔德温勋爵(迈克尔·希克斯·比奇,Michael Hicks Beach),时年77岁,是一位著名的保守党政治家。[16]他在1895~1902年间任财政大臣,在他的任期中发生了布尔战争。1904年他加入伦敦股份银行(London Joint Stock Bank)董事会。[17]1914年他的职业生涯出现了一个"短暂的激荡",他支持职业银行家们与政府协商,他成为财政大臣劳埃德·乔治的顾问。[18]贸易委员会主席、金融局势内阁委员会成员沃尔特·朗西曼(Walter Runciman)观察道,阿尔德温勋爵在处理同股份银行的银行家关系方面是"有作用的"。[19]

1914年夏,劳埃德银行短暂超越了内陆银行,成为英国最大的银行(在次年下半年,内陆银行又重新夺回榜首地位),其中的关键人物是总经理亨利·贝尔(Henry Bell),他时年56岁,他在元老级主席理查德·维塞尔·史密斯(Richard Vassar Smith)身边工作。[20] 贝尔"出身于一个贫困家庭",17岁时就在利物浦开始银行工作,他是棉花和商品融资方面的专家。1903年他被任命为劳埃德伦敦办事处经理,1913年被任命为总经理。"他坚韧不拔,"他的同事这样说,"他希望其他人都像他一样的强悍,在他制造的令人窒息的厌恶环境中忍受折磨。"[21] 银行家紧急事务委员会的第六位成员是托马斯·艾斯塔尔(Thomas Estall),时年66岁,国民与各郡银行总经理,他与自1885年就任董事的资深主席莫里斯·菲茨格瑞德(Maurice Fitzgerald)一起掌控着这家银行。[22] 银行家紧急事务委员会的秘书由罗伯特·霍兰—马丁(Robert Holland-Martin)担任。时年42岁的霍兰—马丁1897年以来担任马丁银行(Martin's Bank)董事,之后成为该银行的主席。马丁银行是伦敦金融城最老、最著名的私人银行之一。[23] 作为温和的元老级人物,他在银行业中表现出各种令人钦佩的能力,值得一提的是他从1905～1935年担任伦敦银行清算委员会秘书长。[24] 他的支持者厄内斯特·塞克斯,时年44岁,18岁时便在伦敦和各郡银行(London and Country Bank)工作,自1905～1935年担任银行家学院的秘书长,他是霍兰—马丁在伦敦银行清算委员会和英国银行家协会秘书长职位的继任者。[25] 1905年他出版了一本教科书《银行业与货币》,该书多次再版,成为数十年大学考试中的重要教材。[26] 多年来,霍兰—马丁、塞克斯、维瑟斯和英格利斯·帕尔格莱夫

(Inglis Palgrave)一起担任《银行家杂志》编辑,为英国银行体系的运作提供证据。1910年他们一起访问了美国货币委员会。[27]

银行家的焦虑

随着市场的崩溃,银行越来越担心其流动性以及公众提取储蓄、囤积黄金而导致的脆弱性。他们的担心不是没有依据的。从资产负债表的负债侧来看,大量的资金都是随时按照储户要求给付的短期储蓄账户资金。从资产侧来看,银行经受着流动性以及关键流动资产和贷款担保物价值的巨大下降:(1)二线流动资产——银行的票据投资组合以及向贴现事务所和股票交易公司提供的活期贷款——失去了市场交易的可能性并且不能够立即收回贷款;(2)作为承兑人,他们面临着到期票据的承兑问题,可是,他们至今尚未得到汇付(票据承兑事务所也面临着同样的问题);(3)他们直接或作为担保物所持有的证券交易所的证券无法交易变现。威瑟斯观察道:

关闭证券交易所对银行产生了双重效应。首先,它锁定了银行所有的投资,使银行无法出售投资资产。如果储户要求提取现金,为了提供现金,银行的投资在很大程度上就会成为废纸一堆……

其次,它阻碍了银行出售股票和债券,这些是银行向股票经纪人和其他客户贷款时收取的"抵押证券"。股票作为贷款抵押证券,在正常情况下,一旦借款人无法偿还借款,银行出售股票后就至少可以拿回部分借款。股票交易市场的关闭使上述情况无法实现,于是,银行发现其大部分资产被固化并失去了作用。[28]

对于所有银行来说,资产被锁定且可能无法收回贷款,二线流动资产(活期贷款加上票据)达到资产与储备金的 2.5 倍(如果包括承兑负债,则为 3.2 倍)。总的来看,银行活期存款超过可动用流动资产(现金＋在英格兰银行的存款＋黄金＋国库券)6 倍以上。"实际上,银行资产负债表上 7/8 的资产被冻结了。"8 月 4 日财政部的一次会议上霍尔登告诉财政大臣说。

你冻结了股票交易;你冻结了票据经纪人,并且你还冻结了普通票据。你不可能从租地者手里拿到钱。你冻结资产负债表的一侧的同时,将注意力转向另一侧,另一侧是明摆着的。任何人都可以来到银行并从银行取走他们的钱。[29]

法瑞尔还提请注意"银行"前四线保证资产——现金、基于票据的短期贷款、他们拥有的票据以及统一公债——的不足或流动性缺失。[30] 这样的流动性丧失与根深蒂固的英国银行业的传统是相违背的。"在某种程度上,所有的资产都应该是'流动的',也就是说,资产应该具有这样的特点,即可以立即转换为黄金,"塞克斯的《银行业与货币》中有这样的评论,"当然,在同样程度上,某位银行家的资产未必全部都呈现出这样的性质。它们可以被分成数线保障资产,以应对银行家债权人带来的冲击(比如挤兑),"[31] 银行学者理查德·塞耶斯在他 1930 年的著作中明确指出,按照英国银行业的"长期传统",一线和二线流动资产应该达到总资产的 30%。但是,1914 年 7 月末,已经远离了这样的传统。[32]

在 19 世纪的英国,银行挤兑是人们熟知的现象,最著名的是 1866 年具有毁灭性的欧沃伦—格尼危机(Overend Gurney Crisis)。

1878年发生了多起银行挤兑的现象,这都与格拉斯哥银行(Bank of Glasgow)倒闭有关。虽然这起事件在38年前就已经发生了,但仍是在6位银行紧急事务委员会成员有生之年发生的,此时他们的平均年龄为66岁。[33]他们一定意识到了不久前发生的储蓄银行挤兑现象:1892年的伦敦和普通银行(London and General Bank)的挤兑现象;1910年查林十字街银行(Charing Cross Bank)挤兑现象以及1911年伯克贝克银行(Birkbeck Bank)和约克郡便士银行(Yorkshire Penny Bank)挤兑现象。在拯救约克郡便士银行的过程中,霍尔登起到了领袖作用。约克郡便士银行是利兹的一家区域性储蓄银行,储蓄额达到1 850万英镑,拥有70万名储户。[34]当这家银行于1911年夏陷入困境的时候,在阿尔弗雷德·科勒行长的支持下,霍尔登运用银行"康采恩"对其实施救助,成功地阻止了挤兑在广泛的金融系统内传染。在1907年美国大恐慌期间,出现了大量的银行挤兑和关闭现象,伦敦银行家和金融评论家们很了解其清算所凭证的运用以及J.P.摩根银行高级合伙人在拯救危机中的领袖地位。[35]"我们将直面普遍的崩溃,"法瑞尔在写给波士顿的罗伯特·温瑟尔的信中说,"我们中间没有J.P.摩根牵头、发布指令一起应对。"[36]也许,霍尔登应当审视这样的评论。在事情的发展过程中,银行家的焦虑在不断放大,然而,这些焦虑都是非理性的。

"但凡有一点黄金积蓄,我们都会给付的"

到1914年国内支付都是通过支票支付的。[37]大量的支票都是通过银行清算所清算的。银行清算所的成员包括总部设在伦敦的主要股份银行、一些著名的私人银行和英格兰银行。[38]银行间债务清算则是通过设在英格兰银行的借贷账户完成的。1911年,清算银行与中央银行之间的关系已经建立在更加正式的基础上,银行清算所委员会与英格兰银行每个季度召开会议,协调关系。[39]

支付还可以使用英格兰银行的钞票和硬币。英格兰银行最小面额的钞票是5英镑(相当于2012年的400英镑),"对于普通人来说,这并非广泛采用的金融工具",它不被用来发放工资或购物。[40]在金本位制盛行的情况下,英格兰银行的钞票可以在银行自由兑换成金币。不可计数的小额交易使用低面额的硬币,而低面额的硬币是用银和铜铸造的。

每周四发布前一周每日支票清算数量。自7月20日星期一至7月28日星期二期间,每日清算数量的波动在4 500万~5 200万英镑(见图3.1)。7月29日星期三,清算数量跃升到1.02亿英镑,但是,该周剩余时间里又回到原来的水平。在银行夏季假日[有时用银行家议员约翰·卢伯克(John Lubbock)爵士的名字命名,称为圣·卢伯克日(St Lubbock's Day),是他于1871年第一次在英国倡导了这个公共假日]来临前,对金币的需求一直处于高水平,"因为度假的人们渴望提取金币,用以享受假日"。[41]1914年,公共假日于8月3日星期一到来。更为重要的是,每月的最后几天里,因支付工资之需,现金的需求水平都会上升。但是,7月29日星期三的情况是超常的,现金需求水平远超前些年。正如银行总经理们所意识到的,这种情形加之奥地利向塞尔维亚宣战,人们将提取并囤积金币。毕竟,报纸上已经报道维也纳、柏林、科隆、但泽等地发生了银行挤兑,而且在法国,金币已经在流通中消失了。[42]

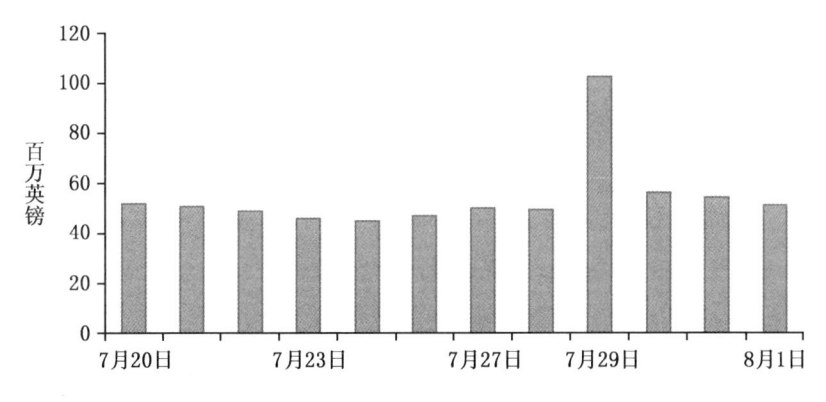

资料来源:《金融时报》。
图 3.1　1914 年 7 月 20 日～8 月 1 日银行清算所每日支票清算总额

从 7 月 30 日星期四开始,最紧迫的是从星期五开始,银行限制金币支付,取而代之的是用英格兰银行 5 英镑钞票对外支付。"今日出现了一些状况,胆小的人们没头没脑地试图获取黄金,以达到囤积目的,"劳埃德银行总经理亨利·贝尔告诉部门经理们说,"如果有客户取钱时要求提取未到期的黄金,你们应当拒绝。当然,英格兰银行的钞票是合法的支付工具。尽可能满足正常需求,最小量的非正常需求也应该给付,用英格兰银行纸币给付的占比为 80％或 90％。"[43] 国民和各郡银行的托马斯·艾斯塔尔告诉各部门说,"就当前的总体情势而言,要考虑尽可能将黄金保存在银行的金库里。这有赖于各位经理们的相机抉择和智慧来达成这个目标……正如你们所知的,对于任何数量的款项,英格兰银行的钞票都是合法的支付工具。"[44] "那些拿到钞票的人们被告知,如果他们需要黄金,就必须到英格兰银行兑换,"《金融新闻》报道说,"需要1 000英镑金币的客户在星期五通常得到了990英镑的钞票和10英镑的金币外加不厌其烦的话'如果我们有黄金储蓄,我们都会给付的'。"[45]

弗里德里希·古德诺的通知显示了对黄金外流的关注。"为了尽可能阻止金币从这个国家流出,"他告诉巴克莱银行分支机构的经理们说:

各家银行同意向各大洲分支机构发布以下告示:你部应当尽可能注意采取合理的相机抉择措施,即"工资和薪酬支票正常给付,其他类型超过50英镑的所有支票给付5%的金币和95%的英格兰银行纸币。英格兰银行纸币对于任何额度的给付都是合法的支付工具"。当然,这不必用广而告之的方式公布出来,仅仅是经理人的行为指导。[46]

"我们对一些银行所做的调查显示,按照通常方式呈示通常数量的支票的客户都得到了现金给付,但是,外国公司持非正常大额支票要求全额给付黄金,或者被认为意在向大陆交易所溢价出口黄金或卖出黄金,当然要用完全合法的支付工具(即钞票)全额给付以代替黄金给付,"《金融时报》报道说,"银行不反对获取黄金用来出口的策略,当然,如果需要,提取黄金的最佳地是英格兰银行,获得钞票的人们可以将钞票存进英格兰银行,然后从英格兰银行取出金币。股份银行的这种政策导致昨日针线街上出现大量的人群将钞票兑现。"[47]

遭受围攻的英格兰银行

"人们着实受到惊吓,纷纷到英格兰银行将钞票兑换成黄金。"史密斯·圣·奥本公司于星期四指出。那日像往常一样关注伦敦金融城的《统计学家》编辑乔治·佩什爵士打电话给亨利·贝尔,亨利·贝尔告诉他:

"所有银行都出现了挤兑现象。客户要求提取黄金,但是银行给付的是钞票,并告知客户到英格兰银行兑换黄金。"

我匆忙赶到英格兰银行,发现那里排起了长队,等着将钞票兑换成黄金。他们挤满了英格兰银行的发行部,站满了整个院子,针线街到处都是人,半条皇后街都是人,成千上万的人们尽可能耐心等待了解他们的钱是否安全![48]

"随着时间的推移,紧张局势非常严重而且不断增强,"鉴于7月31日星期五的情况,查尔斯·柯布告诉劳埃德银行金融委员会。"人们整日在英格兰银行门前排起长队,等待着兑换黄金。这是由当客户要求按照非正常的数量提取黄金时,银行给付钞票而引起的,显然,银行的目的是囤积黄金。"[49]证券交易所的支付日是另一个因素,《金融时报》报道称,由于7月末大量的账户清算,"一些交易的股票交割需要现金而非支票,无疑加剧了英格兰银行支付部门门前排起的长队"。[50]"关于人们排起长队的报道上了那日伦敦各大晚报的头版头条。《环球》的报道配发了伦敦城版面编辑赫伯特·H.巴塞特的'编者按',他坚持认为英格兰银行'挤兑'的表象下存在某些因素的想法并非玩笑"。[51]《纽约时报》报道称,有些到晚了的人们没有拿到现金,他们"在英格兰银行附近守候了一整夜,到拂晓时才到了院子里,目的是今天排在第一位"。[52]

看到星期五午餐时的情形,《金融时报》的一名记者发现:

一排人，大约200～500名壮汉在柜台前等待，那里不断有现金流出……看不到围在柜台前的人们的惊异；只是从某个幽默情节里透出人们对事情的看法……吸引人的幽默情节是他们中有几位卓越的女性社团成员，她们一边耐心地等待着轮到自己，一边喜悦地、不负责任地交谈着，她们的谈话准确无误地反映出了她们对形势的看法。

这种欢乐的态度甚至传递给了通常超严肃的银行官员们，刺激他们做出从未有过的行动，他们与众多毫不怀疑的客户开着善意的玩笑，客户们都不了解形势，带着一种漠然和专注的神情进入银行，只是为了排在队列中。

"黄金，黄金，黄金，黄金，黄得灿烂，硬得发冷。"

这个无疑是他们所要的。当穿着红披风的银行官员带着嘲讽的口气大喊："白银！有谁要白银？充足的白银降价了"，接下来是死一样的寂静，众人的脸上显现的是冷笑。不，廉价的白银不是人们所需要的，黄色的金属继续流出……[53]

像特别警察一样，银行门卫宣誓"他们能够非常轻易地控制人群，一旦必要，就能够逮捕制造混乱的人"。[54]银行职员在三条线上忙碌着，三条线分别是码放黄金的院子，这里装卸黄金；贴现部，这里为贴现事务所进行汇票贴现或向他们发放贷款；最显而易见的是发行部，这里面向公众和记者。7月30日星期四以来，超过5 000人向英格兰银行出示钞票，要求给付黄金，钞票的总额达到404 485英镑（平均每人为80英镑）。[55]银行的院子"场面壮观"，《泰晤士报》指出，"人们不断变换队形，渴望兑现钞票，排成两行的队列从发行部的柜台一直延伸到针线街的人行道上"[56]。一个队列是由手持钞票的人们构成的,另一个队列是等着取钱的银行储户。《明镜日报》报道称,后者"显然是由股票经纪公司的代表组成,他们希望取出钱,支付每周的薪酬"。[57]英格兰银行门前的队列"像一个新奇的景观迅速扩大,"威瑟斯说,"并且被一群不明真相、头戴草帽、穿着节日盛装的旁观者围观,他们聚集在皇家交易所的台阶上。"[58]旁观者人群越聚越多,最终阻碍了交通,于是,召来了警察。[59]"银行发生挤兑,银行发生挤兑,"晚报的卖报人大声喊道。《金融新闻》的记者阿盖斯特(Aghast)号召警察去阻止"错误的叫嚷"。[60]"身处其中的银行官员们对于'挤兑'之说报之一笑,并指出英格兰银行的黄金头寸依然是强大的,"《曼彻斯特卫报》告诉读者,"事实仍然存在,就是英格兰银行被包围,令人感到将有大事发生,将出现前所未有的骚动。"[61]

8%的银行利率

"昨日伦敦货币市场度过了其历史上最焦虑、最困难的一天,"《晨邮报》记者爱德华·希尔顿—杨观察 7 月 31 日星期五后指出,"证券交易所关闭,证券卖不出去,银行开始召回 线资产(即向贴现市场发放的短期贷款)。只有英格兰银行能够发放贷款。整个市场被驱动着去英格兰银行寻求贷款。"[62]英格兰银行对贴现事务所的流动性便利采取两种形式:贴现(或购买)票据和提供贷款(抵押贷款,通常为票据抵押贷款)。适合贴现的票据标准收紧(短期优质票据),英格兰银行的贷款更加具有弹性。7 月 20~25 日的一周里,英格兰银行资产负债表上的贴现和贷款保持稳定,分别为540万英镑和700万英镑(见图3.2)。

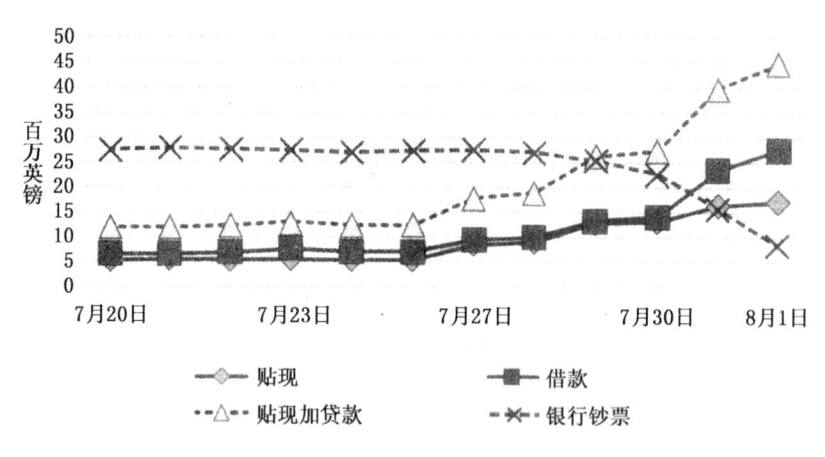

资料来源:英格兰银行,C1/62,1914年副行长日志。

图3.2　1914年7月20日~8月1日英格兰银行贴现、贷款与钞票

7月27日星期一和7月28日星期二外国银行向贴现事务所召回贷款导致英格兰银行的贴现和贷款分别剧增到900万英镑和1 000万英镑。7月29日星期三,英国银行开始向贴现事务所召回贷款,导致英格兰银行的贴现和贷款再一次剧增,星期四又有一次温和增长,此时,英格兰银行的贴现和借款量已经达到一周前的2倍。更多的银行向贴现事务所召回贷款发生在星期五和8月1日星期六,从而使贴现额达到1 720万英镑,贷款额达到2 760万英镑。这样,自7月20日以来的两个星期里,英格兰银行的贴现和贷款加在一起几乎翻了两番,从1 200万英镑上升到4 480万英镑。一个必然的结果,也是令人担忧的结果是,由于支付给贴现事务所和银行,英格兰银行的货币持有量下降,从7月28日星期二的2 700万英镑下降到8月1

日星期六仅有800万英镑。

"正常的贷款和贴现业务相对停滞,而一些非正常的快速变化在那一天发生了,"《金融时报》7月31日星期五的货币市场报道中指出,惊人的特征是市场没有了报价(市场报价的再次出现是8月20日)。

由于欧洲极端严峻的政治形势导致的信任缺失,银行和贴现事务所继续采取过去几天所采用的拒绝接受票据的政策,同时,银行为了筑牢自己的头寸,从市场上大量收回贷款。这样导致向英格兰银行要求贷款的惊人诉求……在整个危机期间英格兰银行采取了冷却政策,英格兰银行成为搭便车贷款人。我们知道,开始时贷款利率为6%,但是,随着一天天过去,要求安排贷款的压力与日俱增,英格兰银行的利率提高到8%。接着,贴现率达到10%,同时,贷款利率达到10.5%。[63]

"贴现部已经堆满了票据,需要处理的贴现业务量持续增长,"赫尔曼·施密特指出。"最早来办理贴现业务者按照高于英格兰银行贴现率2%——非正常贴现费——办理,接着,高出4%,最终高出6%,这是历史上从来没有发生过的。在这样的环境下,保持4%的银行贴现率变得不可能了。"[64]在同一群英格兰银行的董事进行非正式会晤之后,没有征求财政部的意见,英格兰银行行长决定当日下午2:45将银行贷款利率翻番,提高到8%。这样,仅仅两天内银行利率就从3%跳到8%。由于奥地利的最后通牒,贴现事务所的贴现费翻了4倍,从2.5%提高到10%。这是自1873年"美国金融恐慌"以来空前的高点,达到了有史以来最高的利率水平。[65]"许多票据经纪人和其他相关人员如此激动,以至于常常表现得语无伦次,"《观察家》伦敦城版面编辑查尔斯·索普报道称。[66] "糟糕的一天,看起来就像金融恐慌,所有的商业活动都停止了。"这是史密斯·圣·奥本贴现事务所业务日志中开头的一段话。[67]

吉勒特公司(Gillett & Co.)是一家中等规模的贴现事务所,已经获得半年的骄人业绩,四个合伙人正期待着按照常规于1914年8月1日进行账户结算并获得利润给付。[68] 在7月份的最后一周里,弗雷德·吉勒特(Fred Gillett)在家中享受着"盆满钵满后的闲暇",弗雷德·吉莱特撰写的危机回忆录中有这样的记载。"这是真实、可信的危机描述。"[69] 合伙人中的另两位也在休假,与他一起经营企业的兄弟罗尼(Ronny)在银行假日周末也不在岗位上。正如弗雷德指出的,"在酒宴上每一个人都唱起了'因为我是一个快乐的好人'"。"7月30日我去伦敦金融城的时候,感到非常不安,"弗雷德回忆道,"银行利率从3%上升到了4%,然而,并没有发生什么意外,罗尼仍然赴其茶会。"显然,星期四吉勒特尚未感到银行收回贷款的非同寻常的压力,但是,情况正在变化。"7月31日星期五,情况开始变化,"弗雷德继续说,"证券交易所关闭了,银行利率上升至8%,英格兰银行15万英镑的票据贴现按照10%的贴现率收取贴现费。在(无法办理贴现)回去三次后,我们也只能照此办理。"另外,各家银行拒绝向储户支付金币。弗雷德写道,"这诱发了人们到英格兰银行挤兑黄金的现象。恐慌开始了。罗尼放弃了离开伦敦休假的所有打算,我们电报要求乔治(George)回来,我们还打电话给在班伯里的阿瑟(Arthur)。"

还有另一个紧急因素导致银行利率上升,这个因素是英格兰银行的黄金储备出现惊人耗竭。从7月28日星期二到8月1日星期六业务停止,英格兰银行持有的金币从2 650万英镑下降到1 420万英镑(见图3.3)。"比率"——黄金—存款比率——作为关键指标从47%下降到14.6%。[70]黄金从两个方向流出:一是向外流出,410万英镑的黄金被出口(流向巴黎的达到260万英镑);二是向内流出,流向银行或用英格兰银行纸币兑换金币的个人。[71]"昨日英格兰银行金库院子里出现了非同寻常的景象,直到5:00后还满是取走黄金的货车和出租车。"《金融时报》报道说。[72]提高银行利率以吸引黄金流向伦敦是传统对抗黄金外流的方法。《观察家》指出,"这只是意味着英格兰银行准备同欧洲大陆的竞争者争夺黄金"。《泰晤士报》评论说,银行利率提高表明英格兰银行决定"保护国家黄金存量"。[73]《金融时报》一针见血地指出,另一个刺激因素是"德国宣布军事管制的新闻,这被认为是影响董事会决策的决定性因素"。[74]

对于7月31日星期五发生的银行利率飙升的普遍反应是,"尽管银行利率达到8%,贷款和短期票据的基准利率达到10%,如此等等当然造成了对伦敦金融城的冲击,但这是'必然'发生的市场变动。"[75]"无需多说,这样闻所未闻的举措举世无双,"《星期日泰晤士报》(*The Sunday Times*)的施密特(Schmidt)观察道,"可是,上一周打破许多纪录的公告并未引起恐慌。"[76]《经济学家》是很少发声音的,然而,这次它称如此利率提高是"过于草率"的。在威瑟斯后来所写的文章中揭示了信心遭受的打击。

一次将银行利率提高幅度超过1%是非同寻常的,发生这样的情

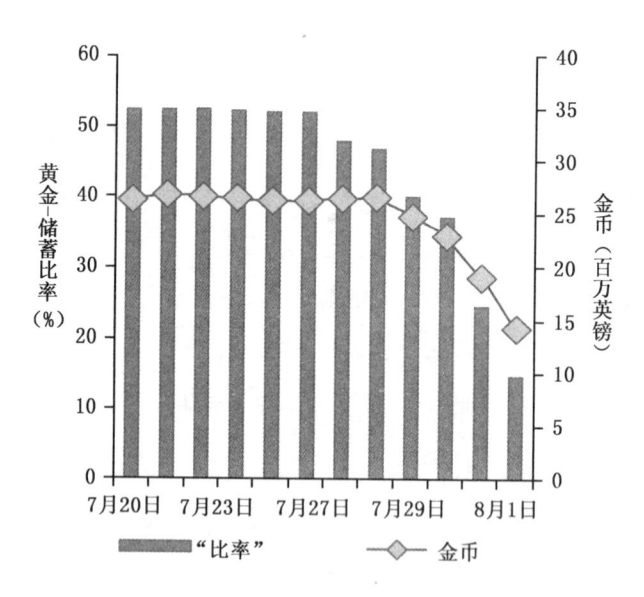

资料来源:英格兰银行,C1/62,1914年副行长日志。

图 3.3　1914 年 7 月 20 日～8 月 1 日英格兰银行金币余额与"比率"

况不是在其他日子而是在星期四。银行利率的提高一直是一个危险的信号,表明货币紧缺,所有借钱的人都将偿还更多的钱。星期五的一天内利率蛙跳般从 4% 提高到 8% 的猛涨信号是闻所未闻的,对公众的神经造成了最不合时宜的冲击。

当然,次日的各大报纸充斥着这个消息和奇怪的预测。银行利率成为头等大事。伦敦城版面不再隐藏银行利率的变动,银行利率成为报纸的核心内容,头版头条显示银行利率的变化,过去从未听说过银行利率的许多民众开始意识到前所未有的事件,关注起金融世界发生的惊恐事件。[77]

《银行法案》暂停实施

英格兰银行成功处理了 1847 年、1857 年、1866 年和 1890 年的金融危机,英格兰银行最初也引导着大众对 1914 年危机的反应。在 7 月 27 日星期一后的一周里,英格兰银行行长几次向英格兰银行董事们征询意见,但是,讨论的内容没有被记录下来。[78]事实上,英格兰银行的危机管理作用是受独裁的行长沃尔特·坎利夫操纵的,他扮演了"几乎是露骨的独断"角色。[79]坎利夫,59 岁,"身高超过 6 英尺,宽大的体格,走起路来一摇一晃,具有各种明显特征,留有海象胡子"。[80]他是坎利夫兄弟公司(Cunliffe Brothers)——排名第二的票据承兑事务所——的合伙人。他是一位天生具有市场敏感性的人。当他被问怎样判断哪一种票据可以买入时,他回答道,"我会嗅出它们的味道"。"在这样的危机情况下,有这么一个富有成就的人,是英格兰银行和商业团体的幸运,"爱德华·格兰菲尔写道。爱德华·格兰菲尔是摩根—格兰菲尔商人银行的合伙人,与英格兰银行行长打过很多交道。他"拥有银行业、票据经纪、股票交易、承兑业务等方面的直接知识,尽管他在这些方面不是最伟大的专家,但是他能够把所有领域的知识非常深入地结合在一起。另一方面,他不具有面向公众演讲的天赋,在与人交谈中总是卡壳;他举止粗鲁而且怀疑每一个与他想法不同的人。他对同僚们、其他银行家和部长们既粗暴又容易动怒"。[81]"人们并不喜欢这位行长,"英格兰银行史学家理查德·塞耶斯说,"一个激进的人,即使当他失败的时候,也要虚张声势。他显然具有知己知彼的优势,也许对他来说,知己知彼并不困难。"[82]

然而,劳埃德·乔治对行长保持着热情,他观察道,"陌生人对于他的举止不抱有好感,但是,当你了解他时,他却是一位温和的、友善的人,我喜欢这个人……在这些需要付出努力的日子里,沉默和冷峻的面孔掩盖了他的幽默感……他依靠的是他的机灵、他的判断力和天赋异禀"。[83]劳埃德·乔治的私人秘书、后来成为其夫人的弗朗西斯·史蒂芬森(Frances Stevenson)也喜欢坎利夫,她在关于坎利夫的回忆中说:"他善良、快活而又保守,一个典型的英国人,像一个有胡子的大胖娃娃,富有幽默感。"[84]内阁部长怀特·朗西曼评论道,在危机期间,他是"一个可以期待的诚实而又富有天赋的英国人"。[85]坎利夫还是伦敦城媒体编辑的熟人。在他退休的时候,《每日电讯》的伦敦城编辑查尔斯·里夫(Charles Reeve)写道,"媒体站在自己的角度对于失去了一位最亲近、最易接近的行长感到遗憾,多年来他们与行长保持接触"。[86]坎利夫偏爱的伦敦城编辑是阿瑟·凯迪(Arthur Kiddy),1917年蒙塔古·诺曼对阿瑟·凯迪做了这样的描述:"完全负责任的、最可信赖的人,最了解伦敦金融城的人之一。"[87]凯迪,时年46岁,在战争爆发时任《伦敦标准晚报》(Standard)伦敦城版面编辑,后到《晨邮报》任职,爱德华·希尔顿—杨辞职后参加了海军。[88]按照坎利夫的指示,英格兰银行由原来订阅《泰晤士报》改为订阅《晨邮报》。[89]

在金融危机中,英格兰银行担当"最后贷款人"作用的形成是与白芝浩(Walter Bagehot)相关的。白芝浩是一位著名的金融思想家,《经济学家》杂志编辑,尤其是1873年出版的著作《伦巴第街》(Lombard Street）提出了"白芝浩规则"——无约束的高利率贷款。1916年奥斯本（Osborne）观察道，"理论是白芝浩提出的，英格兰银行长期付诸实践。英格兰银行从不拒绝在恐慌时期采取高利率政策，目的在于阻止那些并非紧要的资金需求，进而保证最快地恢复到正常情况。"[90] 到 1914 年，评论家和政策制定者构想了有效危机管理的三原则："自由贷款"、优质抵押品要求和"惩罚性利率"。[91] 英格兰银行在 7 月份的金融危机管理中满足了前两个戒律，从 7 月 25 日星期六以后，英格兰银行不情愿地采用了与市场利率一致的、高于英格兰银行利率的"惩罚性利率"，明确的紧缩措施为坎利夫赢得了赞许（见图 3.2）。在过去的危机管理中最大的变化就是暂停实施 1844 年的《银行法案》，该法案规定了英格兰银行黄金储备与钞票发行量之间的最小比率。法案的暂停实施使英格兰银行发行的钞票超过法定最大限度 18 450 000 英镑（基于信用的发行量），超额的发行量没有黄金作为支持，从而为金融系统提供了流动性的补充。[92] "我们想提醒公众，这样的事情第一次发生于 1847 年，1857 年和 1866 年又重复发生，"《泰晤士报》指出，"在过去的'恐慌'发生时，这样做有效地恢复了信心。如果现在的环境需要重建人们的信心，这样的措施将被再次采用。"[93] 证券交易所关闭后，暂停法案实施成为伦敦金融城普遍的预期。"当前形势让人回想起过去，"安东尼·古布斯（Anthony Gibbs）商人银行合伙人布莱恩·科凯恩（Brien Cokayne）于 7 月 31 日星期五写道，"信用体系已经崩溃，不久英格兰银行法案将停止实施。"[94] 巴林银行也认为停止实施银行法案已经迫在眉睫，还认为"影响每一家银行和每一个人的延缓偿付期的普遍政策也是必要的"。[95]

星期四下午 6:00 财政部官员巴塞尔·布莱克特接到财政部秘书埃德温·蒙塔古打来的电话,要求写一份停止实施英格兰银行法案的指示。布莱克特在他的日记中记述道,"将各种书籍和文件带回家里,拿着铅笔和纸做了一个晚上的研究工作"。[96]布莱克特,时年 32 岁,牛津大学毕业,1904 年参加第一次公务员考试而进入财政部。[97] 1909～1911 年他任财政部长查尔斯·霍布豪斯(Charles Hobhouse)的私人秘书。1911 年他被提升为一等职员,1913 年 4 月～1914 年 3 月任英帝国印度财政与货币委员会秘书。因此,他的知名度超越了财政部官员,他与印度财政与货币委员会委员剑桥大学经济学家约翰·梅纳德·凯恩斯相熟,他们具有相似的职业兴趣,年龄也相仿。布莱克特的手写日记记录了 1914 年 7 月 26 日到 8 月 19 日每一天发生的事情,提供了危机中每一天的全面记录。

星期五早上布莱克特从办公室拿到了有关前三次递交议会暂停银行法案实施的文件复印件,上午 11:30 将"请示"呈示蒙塔古。然后,他与常务秘书约翰·布拉德伯里讨论起证券交易所关闭和银行拒绝用黄金兑付支票的行为。"霍尔登和舒斯特领导的股份制银行家们坚持持有黄金,试图迫使英格兰银行尽可能兑付 5 英镑的钞票,承担起全部负担,"布莱克特记述道,"这是自杀式政策,仅仅证明了近来股份制银行秘密囤积黄金不是用于黄金储备,也不是用来支付,仅仅是为了囤积黄金。银行正在对英格兰银行的支配地位表达由来已久的不满。"

按照惯例,财政部是通过英格兰银行行长与伦敦金融城和各家银行建立起联系的。但是,7 月 31 日星期五,在关闭了证券交易所之后,财政部部长、财政部秘书和财政部常务秘书与"特里顿和其他一些银行家"共进午餐,这些银行家包括霍尔登和舒斯特,共同讨论局势。[98]蒙塔古召集了"金融和商业人士",蒙塔古是著名商人银行家族成员,因此,与伦敦金融城各界有着很好的关系。[99]显然,银行家们的焦虑给劳埃德·乔治留下了深刻印象。

下午3:30,英格兰银行行长到财政部去见部长。坎利夫对"股份制银行采取措施并且不与英格兰银行协同,非常生气……认为银行家导致了这场恐慌……更重要的是,星期二关闭证券交易所加重了这场恐慌,"布拉德伯里告诉布莱克特说。"英格兰银行行长要求劳埃德·乔治不仅停止英格兰银行法案,而且授权停止现金支付(钞票转换成黄金)并延缓偿付期限。当劳埃德·乔治听说霍尔登(一个自由主义者,且完全正确的自由主义者)完全同意时,他立即赞许这个意见。布拉德伯里在蒙塔古的大力支持下,强烈反对。"下午4:30,著名的股份制银行家们聚集到财政部一个宽大的房间里;接下来,他们与时年62岁、前英格兰银行行长赫伯特·阿斯奎斯的会晤转移至唐宁街10号。[100]"劳埃德·乔治和英格兰银行的董事被抓住不放,"首相告诉维尼夏·斯坦利说。[101]股份制银行还要求停止英格兰银行法案,同时,要求采纳他们的方案,即将他们存放在英格兰银行的个人持有的黄金换成英格兰银行的钞票。但是,布拉德伯里和蒙塔古拒绝了这两项建议。布莱克特的日记中记录了向媒体发布的消息:

会议已经举行,政府没有考虑何时停止英格兰银行法案,如果形势需要,将立即采取措施。劳埃德·乔治进入会场并对我提出的必要回应提出了批评,但是,他的批评表明他对问题的基本点都不了解。

会议在晚上 8:30 结束时,英格兰银行的储备下降到了 1 700 万英镑。回到财政部,财政大臣问英格兰银行行长:

在得到政府授权超额发行法定货币(停止英格兰银行法案)之前,英格兰银行准备在星期六拿出多少准备金?他提议 200 万英镑。看了看布拉德伯里,劳埃德·乔治提出 300 万英镑。布拉德伯里提出 1 000 万英镑。最后就 500 万英镑达成一致意见。

布莱克特与财政部的同僚马尔科姆·拉姆塞(Malcolm Ramsay)和哈瑞斯·汉密尔顿(Horace Hamilton)一起准备了媒体公告,因为打字员回家了,所以他们自己打印了 9 份。"布拉德伯里、拉姆塞和我进一步讨论了延缓偿付期限的各种理由,"布莱克特在他的日记中记录道,"在大厅里与汉密尔顿和施洛斯(Schloss,另一位同事)聊了一会儿后,大约晚上 9:50 离开,我带了一些书回家研读。到家时间为晚上 11:15。"

紧要关头

星期六上午英格兰银行门前排起了很长的队伍。[102]"对黄金需求的增长越来越显得不正常。"《每日镜报》评论道。

虽然就恐慌的本质而言不算什么,但是,伦敦公众囤积黄金的愿望日渐增长。这是与星期五相比星期六更多的人群聚集在英格兰银行门前的主要原因……9:00 开始人群涌向英格兰银行兑换黄金。银行职员以最敏捷的速度工作着,但是,无法应对公众的需要……当下午 1:00 的钟声敲响时,英格兰银行的大门关闭了。此时仍有 200 人留在院子里,在下一个工作日到来之前,他们的需求有望满足。[103]

直到下午 3:30,最后一位申请兑换黄金的人得到给付。

"我们永远无法忘记的一天是 8 月 1 日星期六,"柯布告诉金融委员会成员,"一大早英格兰银行就要求各家银行尽可能救市。一些海外小银行'召回'他们发放的贷款,在上午绝大部分时间里市场处于混乱的状态,到处都借不到钱。"[104]银行向贴现事务所持续召回借款的行为放大了恐慌,英格兰银行要求各家银行不要这样做,并且坎利夫坚决反对这样的做法。"英格兰银行拒绝发行1 000英镑面额以下的纸币,从而回击各家银行。"布莱克特记述道。[105]"英格兰银行拒绝发行1 000英镑面额以下的纸币以迫使各家银行就范,并且向票据经纪公司发放贷款,总额相当于其收回的贷款数额,"威瑟斯写道,"在这样的金融形势下,票据经纪公司受到上下挤压,感到异常不愉快。"[106]

站在一名票据经纪人的立场上,弗雷德·吉勒特说:

星期六我开车去了伦敦金融城……我们半年的利润灰飞烟灭……上午 9:00 贴现事务所聚在一起,讨论事态。F 先生是如此激动,以至于他不断揉搓自己的丝绸帽子,并不断站立起来,气喘吁吁地说他想要做的是给付,直到最后一个先令。由于他说得太多了,最后,牛津特(Nugent)先生[联合贴现事务所(Union Discount)经理,贴现市场著名人物]不得不请他坐下来。

会议达成的唯一结果是,绝大多数贴现事务所宣称,在他们确信拥有货币之前,不再进行支票兑付。我们的公司支付了10 万英镑,两家银行说我们是偿还贷款的唯一一家公司,我们这样做并没有求助英格兰银行,只是收回了隔夜拆借资金。[107]

劳埃德·乔治、蒙塔古和布拉德伯里于星期六同一群银行家在唐宁街 11 号开了一个"早餐会"。然后,英格兰银行行长带着一封信来到了财政部面见财政大臣,告诉财政大臣"非常需要支持",并且英格兰银行希望当日结束时将储备降到 1 100 万英镑。[108] 坎利夫警告说,"除非我们获得授权发行钞票以应对不被法律所允许的超额证券,否则就必须立即停止贷款安排,而在当前情况下,我们认为向这个国家提供贸易和商业贷款安排是必需的。"

到达财政部时,布莱克特发现:

英格兰银行行长正在要求发函暂停实施英格兰银行法案……我得到了关于准备向英格兰银行发函的指示……我尽力起草了函件,主要内容仿照了 1866 年的函件,我将这份函件带到了唐宁街 11 号,乔治·佩什爵士、布拉德伯里和英格兰银行行长都在那里。蒙塔古进来取走这封信函,布拉德伯里和英格兰银行行长挑不出毛病之后,蒙塔古把它送到内阁大臣那里,然后,(10:45)等在唐宁街 10 号,带着一两个问题并得到明确答复后便迅速返回,最后,拿到了阿斯奎斯和劳埃德·乔治签名的信函。

信函分为四段,表达的意思是:

在当前形势下,代表政府建议:如果英格兰银行发现为了满足合法的商业需要,需要延长贴现期限和向已获得批准的抵押证券发放贷款,以至于需要超越法律限制发行钞票,这一需要应立即得到批准,以避免耽误向国会申请获准。

这类贴现和展期的资金利率不得低于10%，政府保留视情况设定更高利率的意见。[109]

在等待信函被最后签发的过程中，坎利夫与布莱克特和布拉德伯里有如下对话：

一向冷静的英格兰银行行长聊到了英格兰银行的重要性，提到英格兰银行官员需要警卫。我问是否指银行保安（从警卫旅派出士兵，用来保护英格兰银行），他说，是的。布拉德伯里说，（由于英格兰银行黄金储备迅速枯竭）在接下来的几天里他不需要警卫。因为这个玩笑话，英格兰银行行长露出了快乐的笑容。带着灿烂的笑意，他对我说，很不幸的是今天早上花掉了5个英镑的钞票。他的举止与接下来遇到的两位国会成员形成了罕见的对照。

这封信函保证了行长安全地回到了英格兰银行，我留下来打电话给内恩（Nairne，现金部主管）说："行长带着他想要的东西正在返回英格兰银行。"一整天来他最想说出的心里话（除了副行长）就是他拿到了决定命运的信函。[110]

根据媒体的报道，伦敦金融城"平静地"接受了银行利率从8%进一步提高到10%。[111]但是，凯恩斯对于这样的举措感到惊骇，部长们声言要给出理由。凯恩斯写道，"这种剧烈变动是 个错误"。

也许是受财政部政策的影响，银行利率第二次跳升到了10%，这种情况可能受到传统规则的影响，按照传统规则，银行利率达到10%是获得财政紧急支持的前提条件。危机中必定要提高利率是一般性原理，但是，这一原理的运用在本次事件中没有充分考虑特殊环境。一般而言，高的银行利率具有从海外吸引黄金流入或保持黄金于国内的效应,而平稳的银行利率有助于维护信心。在本次事件中,由于特殊环境,高的银行利率并没有达到前一个目标,而建立信心则成为当务之急。10%的银行利率不仅导致一般公众的巨大恐慌,而且导致贴现事务所的巨大恐慌,对于他们来说,如此高的银行利率是毁灭性的,他们担心这可能是拒绝提供帮助的前奏,尽管这样的担心是毫无根据的。[112]

同样地,威瑟斯痛骂在危机高涨时银行利率"突然大幅"上涨,他认为"银行利率提高常常对于所有目标都是相当无效的",而且会产生反生产力的"有害效果……一个最不经意的对于公众神经的冲击……只是盲目地跟从老掉牙的先例"。[113]

回到英格兰银行,午后坎利夫与几位英格兰银行董事会面,此时英格兰银行利率已经提高到10%。[114]财政部的信函使英格兰银行摆脱了银行法案的束缚,坎利夫与股份制银行达成协议,结果是银行停止召回发放给贴现事务所的贷款,双方共同承诺提供资金安排。"星期六上午贴现事务所尚处于焦虑的状态,他们担心清算银行和英格兰银行通过购买票据或提供贷款支持他们的程度能够有多大,因为各家银行仍在向他们召回大量的资金,"《泰晤士报》做了相关报道,"直到午后,贴现事务所才感到非常平静,此时,在最低官方利率提高到10%以后,英格兰银行董事局决定了同星期五下午实际收取的利率相同的利率水平,由此可见,英格兰银行将按照正常的方式向市场提供帮助。"[115]"中午12:00至1:00之间,有些大银行(包括我们自己)出手相助,出借货币,"柯布指出,"我们救助了两家或三家贴现事务所,他们无法拿到最后一笔资金——5万英镑,所以非常无助。他们找到我们,我们就救助。"[116]"决定中午以后才下达,所以,当天留给业务活动的时间并不是很多了,"《金融时报》报道称,"但是,显然星期六1:00停止业务的规则并不是牢不可破的。在业务全部完成之前,贴现市场的规则做出了调整。"[117]"股份制银行惊恐了,"史密斯·圣·奥本的业务日记中记录道,"利率仅仅处于1/4~1之间,这就是我们能够去做的。着实是可怕的星期六。从清算银行开门到下午2:00,我们要做的只是带着(充足的资金)回去,及时完成清算。这是业务开始以来,我们经历的最糟糕的一天。整个市场绝对崩溃了。"[118]

被告席上的各家银行

银行的行为"遭到了一大堆批评,"银行家紧急事务委员会秘书厄内斯特·塞克斯指出:"毫无疑问,在战争最初的日子里,他们犯了一些错误,我认为几乎没有人没有犯错误。"[119]私下里,坎利夫、布拉德伯里、布莱克特以及其他一些人厉声斥责银行的行为,责备他们向贴现事务所召回贷款,造成英格兰银行门前排队现象以至于让公众精神紧张。所以,才有奥斯本提出的英格兰银行国内资产负债危机,国内提取黄金"几乎完全"归因于银行拒绝向客户支付黄金,同时,他们从英格兰银行的现金账户提取1 000万英镑的黄金,用于囤积黄金。

银行家的策略既短视又令人遗憾,他们把大量公众的注意力吸引到对他们的地位关注上来,增大了对黄金的需求,从而开启了囤积黄金。由于不再支付黄金,各家银行硬生生地弱化了他们自己的地位。他们首先应当支付金币,如果金币用尽了,他们应当到英格兰银行用钞票兑换金币。即使金币的短缺最终发生了(那也是英格兰银行的事情,而不是其他银行应关注的事情),拒绝支付金币只是让钞票失去信用,进而导致试图避免的金币的强烈需求。[120]

然而,对于公众而言,危机期间银行保持沉默,无疑反映出他们对于挤兑的普遍焦虑。"一些批评意见仅限于用来平衡对银行的过度警告,他们可能要表达的是,如果采取严厉的措施,将导致不便甚至灾难,"埃利斯·鲍威尔的《金融新闻》大胆地说出了这样的看法。"可是,这点滴反响立即让公众认识到采用果断而又全面的措施掌控局面的绝对必要性,尤其是,公众重新找回了银行重大责任的记忆。"[121]这显然不代表剑桥大学国王学院的观点,对于当局加剧局势,凯恩斯提出了公众的看法。在8月29日《经济学家》公众来信栏目中,凯恩斯对银行进行了抨击。"何其遗憾!"凯恩斯公开声称,"当英格兰银行果断地站出来且货币市场的其他部门做出最大努力的时候,股份制银行给出了一些相反的信号,他们的相反信号导致激发和推动公众信心的失败。"[122]接下来的一周里,一名记者评论道:"敌视股份制银行的情绪……如果经济学家能够将他舒适的学术研究座椅与银行业职场的座椅交换一下的话,他就能够发现……大量的股份制银行证明了他们具有的勇气,面对'难以承受的困难环境',他们'能够像往常一样负重前行。'"[123]9月12日,凯恩斯再次加入论争,此时正值危机高涨,他说,"银行采取的每一个谨慎措施都基于他们的能力,避免任何大胆的行为方式或者刺激公众的策略"。[124]在弗朗西斯·赫斯特的《经济学家》杂志上发表的凯恩斯的指责显然与不断提出的关于危机管理措施的不同意见一致。相反,关于危机高涨时期银行行为的话题,赫斯特持独立的编辑立场,但是,赫斯特支持银行反对劳埃德·乔治近来在众议院的"攻击"。也许,凯恩斯也持有这样的立场。[125]

凯恩斯编辑的9月版《经济杂志》突出了他自己的一篇文章《战争与金融体系,1914年8月》。[126]凯恩斯批评银行存在三个"自私"或"短视"的行为:(1)向不安的储户支付金币,导致出现银行家逼迫的英格兰银行门前排起长队等待兑现钞票的"不光彩景象",这是造成全国困境的"自杀式政策"。(2)银行提取了他们在英格兰银行的黄金和钞票,增大了自己的储备,导致了货币荒。"我们的银行系统不仅因为公众的挤兑而受到危害,而且因为银行对英格兰银行的挤兑而受到危害。"(3)"尽管英格兰银行的资源仍完好无损,他们迫使英格兰银行停止硬通货给付",凯恩斯称赞英格兰银行和财政部所做的贡献。"他们快速而富有勇气地采取了行动,"他宣称,"行动中将原则和实际操作中的良好愿望结合起来……部长和公务员没有因无关自己的利益而将国家事务高高挂起,一旦需要,他们就立即表现出他们应有的品质。"

在10月份写给他父亲的朋友、他过去的导师、牛津大学著名经济学家阿尔弗雷德·马歇尔(Alfred Marshall)的一封私人信件中,凯恩斯既批评了银行家也批评了银行。

不剖析个人特性,对战争初期银行行为问题的公正评判是不可能的,对此,新闻界难以做到。(舒斯特)与(霍尔登)是银行界的代言人,财政部视此二人为他们的领袖。一位怯懦,一位自私。毫无疑问,他们都行为恶劣,他们极力迫使英格兰银行停止现金支付。

所有其他银行家要么不相信,要么不认同他们当时的提议,但是,他们缺乏勇气、保持沉默、毫无领导力,在紧要的历史关头,他们没有发出自己的声音……在巴克莱银行董事局有机会开会之前,财政部的会议举行了。当然,他们采取了措施。在危机中,必须有几位能够当机立断的人。幸运的是,我们有少数几个这样的人——但是,这样的人不在股份制银行家之中。[127]

凯恩斯的文章受到"广泛好评"。[128] 如果不是注意到"关于股份制银行,作者采取了明显严厉的态度,另一方面,关于财政部和英格兰银行的指令,作者总体上是非常赞同的",[129] 也许《银行家杂志》不可能向读者推荐"这样精彩的文章"。在所写的1926年英格兰银行战时历史中,奥斯本广泛引用了凯恩斯文章的观点。舒斯特对于凯恩斯的文章非常恼火,他坚持搞一次会面,认为"他能够让凯恩斯明白银行家的行为更值得称道"。[130] 也许,和解发生在政治经济学俱乐部——经济学家晚餐俱乐部,二人皆为会员,12月2日的聚会也许两人都参加了。[131] 在1914年12月发表于《经济学家》杂志的一系列文章中,凯恩斯写道:

在一两个方面……不完全知识导致我将清算银行与其他银行区别开来加以描述,不太公正。但是,我很失望——我们的银行没有牢牢掌控局势,眼光和人格特征没有超越一般人,这是一个爱慕者所做的事情,爱之愈切,怨之愈深。[132]

凯恩斯的批评显然得到了经济史学家约翰·克莱普海姆爵士的赞同,他在20世纪40年代写了英格兰银行受政府委托的历史,他曾与布拉德伯里、哈特利和其他政府官员讨论过1914年危机。[133]后来,凯恩斯的批评得到了马塞罗·迪·凯考更加强烈的赞同,基于环境支持理论,他责备银行"不只是愚蠢的短视,而且行为上存在恶意,同时,抓住战争机会,打击潜在的竞争对手"。[134]20世纪70年代出版的《英格兰银行史》的作者理查德·塞耶斯关于银行向储户配给支付金币提出了一些猜想。[135]基于多年研究金本位制,他认为他们的认识"并非不合理",既然危机已经来临,当局应当乐见英格兰银行大量增加黄金储备。设想银行立即向英格兰银行支付大量的黄金,"从公认的竞争态度的角度,可以想见每一家银行都渴望对紧急救助基金做出最大贡献……每一家银行都会努力拿回他们的黄金去做出最大贡献"。另外,银行还期望停止黄金的可兑换性作为克服危机的措施。银行期望立即停止兑付黄金,"他们为应对挤兑而囤积黄金,并非集体非理性……如果这正是银行的看法,那么,他们就不应该受到凯恩斯的攻击,尽管在周末节假日的环境下他们仍坚持给付是一个错误判断","我认为,虽然针对我们有严厉的批评,我们银行家应当郑重声明,在很大程度上,我们已经尽了最大努力,"霍尔登于8月24日执拗地告诉劳埃德·乔治,"我要为自己说话,我知道我已经尽了最大的努力。"[136]

存在银行挤兑吗?

8月5日众议院的演讲中,劳埃德·乔治说,"存在一种危险的情况,上周五的事件发生后,银行家们有理由预期个人会自私地囤积黄金"。[137]他的说法是要财政大臣、贝尔和其他银行家相信上周末银行挤兑已经发生了。一些媒体人不认同银行挤兑的可能性,认为敏感人士的看法是荒诞的,不值得相信,同时,其他一些媒体严把自我审查关,以免造成公众的不安定。伦敦晚报《星报》(Star)得知英格兰银行门前排起长队时,做出决定:"鉴于公共事件,不希望公开报道该事件,以免增强公众的焦虑情绪。"可是,当竞争者缺乏这样的公共精神约束的时候,它也改变了策略,做出这样的解释:"我们栏目的沉默不再符合公众利益。事实上,如果真实情况得到解释,我们认为可以缓解公众不安的情绪。"[138]《环球》将英格兰银行门前的排队现象说成是"小规模""挤兑",而《图片日报》报道称:"看到的是从未有过的现象,英格兰银行门前的'挤兑'。"[139]事实上,众所周知,英格兰银行持有的黄金量突然下降造成了这次挤兑,尽管可以想见的是这无关英格兰银行的流动性问题。对于中央银行来说,它有最终的撒手锏,即暂停英格兰银行法案的实施,进一步来说,停止现金支付。

各家银行又能怎么办呢?前文已经提及,7月30日星期四劳埃德银行总经理亨利·贝尔让佩什提交的报告称,一次普遍的银行挤兑正在发生。然而,贝尔的看法并不能够得到其所在银行每周资产负债表的支持,其银行每周资产负债表显示7月20日活期存款账户余额为4 650万英镑,8月1日活期存款账户余额为4 550万英镑,仅仅下降了2%。[140]并非说劳埃德银行未受情况变动的影响。贝尔的同事柯布于7月31日星期五向金融委员会办公室主任说了以下的话:

至于我们的财务状况,我们已经受到分支银行严重拖累,在过去的两天(星期三和星期四),我们失去近90万英镑,也许这是因为8月银行假期的安排。一周里,我们资产负债表余额从274.2万英镑下降到170万英镑,但是,150万英镑为金融市场的隔日借款,其中,100万英镑为8月1日得到的多伦多财政债券的偿付。如果提取存款进一步加剧,我们不得不加大从市场上召回贷款的力度,以便使我们的资产负债表达到正常状态。[141]

幸存下来的银行财务记录反映了危机期间存款提取的特征。大都会银行(Metropolitan Bank)存款余额从7月30日的501.3万英镑下降到8月13日的466万英镑,降幅为7%。[142]同样地,巴克莱银行7月27日至8月1日一周时间里活期存款账户的提取额超过储蓄额达到7%,而伦敦与西南地区银行(London and South Western Bank)为13%。[143]然而,7月29日至8月5日的国民与各郡银行和7月25日至8月1日的威廉姆斯·迪肯斯银行(Williams Deacon's Bank)活期存款账户仅下降了1%。[144]这些银行活期存款的下降幅度远远小于英格兰银行持有金币46%的下降幅度以及英格兰银行发行的纸币存量70%的消耗幅度。所以,经验事实表明,尽管有些银行家认为公众挤兑已经发生或即将发生,但并不存在公众挤兑。"自上一次董事会会议以来,伦敦货币市场已经发生了严重危机,"利物浦银行(Bank of Liverpool)总经理于8月5日告诉董事们说:

继德国人大规模出售证券、德国各家银行撤走贷款后,一些伦敦银行对黄金支付表现出犹豫不决,并从票据市场撤走大量资金。这导致伦敦银根大幅紧缩,本银行在所有的办事机构加大现金量已成当务之急。就在那一天,惊恐的储户为了囤积目的大量提取现金,其他银行经历了相似的现金提取行为。[145]

"全国到处发生了银行挤兑——每个人都渴望囤积黄金,"豪尔斯银行(Hoares Bank)合伙人回忆录一书中记述道。"8月1日星期六,英格兰银行利率提高到10%,挤兑还在继续,但是,就我们而言,仅有两位客户提出非常需求,并且,我们从客户那里接到许多口信,一旦我们需要,他们就会提供帮助。"[146]

8月1日星期六,金融恐慌中有了一个受害者。成立于1875年、拥有14家分支机构、储蓄额240万英镑并"与贫困阶级存在大量关联"的国民便士银行关闭了。[147]按照《观察家》的说法,这是"微不足道的事情",尽管对于14.5万个小额储户来说并非如此。[148]国民便士银行此前已经遭受一次挤兑,那是1911年11月,其间300万英镑的存款中有100万英镑被取出——消耗了33%。同样,那一年的早些时候,约克郡便士银行(Yorkshire Penny Bank)的挤兑也因担心储备不充足以及投资品价格下降而发生。在这些事件中,英格兰银行支持银行,信心得以恢复。

在危机发生的一周里,小额储户大规模取款,新的银行挤兑发生了。7月30日星期四国民便士银行再一次请求英格兰银行提供帮助:但是,这一次,英格兰银行拒绝提供支持。[149]银行各分支机构外面的公告表明,"由于严重的金融形势,惊人的货币贬值以及突发的证券交易所证券无法售出,加之,难以获得金币,董事会被迫决定关闭银行各分支机构。"[150]著名商人、著名慈善家、银行董事会主席伊尔·贝斯布鲁夫(Earl Bessborough)找到财政大臣和英格兰银行行长,请求邮政储蓄银行(Post Office Savings Bank)立即接管该银行的资产和负债,也就是说,希望纳税人救助这家银行。[151]但是,财政部金融部门的官员们过多考虑他们自己的利益,没有能够快速做出决定,银行董事会决定自主清算,最终,储户每英镑的储蓄得到 90 便士。[152]

关于国民便士银行的报道触发了约克郡便士银行的挤兑,因为碰巧它们有相似的名称。约克郡便士银行立即发出声明加以解释,表明"尽管都靠近伦敦,但是,与国民便士银行没有丝毫关系"。[153] 由于 1911 年救助约克郡便士银行的联合行动,内陆银行成为持股人,8 月 5 日霍尔登向劳埃德·乔治报告说由于银行假期中储户对约克郡便士银行表现出的焦虑,他"如坐针毡"。[154] 他支持银行管理层向内政部提出请求,要求警察收缴媒体发行的《便士银行——号外》,因为这将对公众关于约克郡便士银行情况形成误导。并且,他们奉劝电影审查委员会压制正在英国电影院放映的新片《比利时储蓄银行挤兑》(Run on Saving Banks in Belgium),原因是它将激起约克郡的恐慌。[155]

金融崩溃明显开始影响银行体系和市场,星期六中午开始了夏季银行假日周,至少为银行家和伦敦城带来了暂时的喘息,尽管对于财政部的主要官员和中央银行官员来说并非如此。在《金融时报》上,弗雷德·威利斯(Fred Wallis)用提振人心的诗歌记录了这个短暂的喘息,从 1913 年到 1924 年报纸诗歌的编辑是"将要退休"的 C. II. 巴尔玛(C. H. Palmer),这首诗歌激发了爱国主义者的"橡树之心"。

"稳住,伙计,稳住!"
这件事是可爱的英国人要做的,
正是这件事吸引着我;

还有，
当危险威胁我们的时候，
我们似乎是那么的平静！

当听到战争将要来临的传闻，
交易所充满着恐慌，
还有，
所有的事情发生在我们眼前，
我们是那么的不受干扰！

我们心里会害怕，
害怕大难骤然出现。
然而，
为了尊严我们无所畏惧，
我们可依的是稳住。

保持我们通常的热情，
从事我们的商业活动，
尽管价格，
市场形成的价格
远非最优价格。

当喘息机会来临时，

就像圣·拉伯克日(以银行家圣·拉伯克的名字命名的银行假日。——译者注)一样，
我们悄悄地收拾好行李箱，
要做的只是溜之大吉！[156]

注释

1. Sykes 1915: 75.
2. Sonne 1915: 13.
3. 'City Chatter', *The Sunday Times*, 2 August 1914.
4. 'The Great Crisis', *Bankers' Magazine*, vol. xciii (September 1914): 322.
5. Collins 1988: 74.
6. 'The Big Bank Fusion', *Financial Times*, 22 June 1914.
7. Cassis 2006: 92.
8. TNA: T172/141. War Conferences. List of persons invited.
9. Sir Edward Holden (1848–1919). Green 1984; Crick and Wadsworth 1936: 436–43.
10. *The Financier* quoted in Holmes and Green 1986: 142.
11. Lloyd George 1933: 68.
12. Sir Felix Schuster (1854–1936). Davenport-Hines 2004; Cassis 1984.
13. J. Herbert Tritton (1844–1923). Smart 1984; Campbell 2004.
14. Ackrill and Hannah 2001: 67; Hannah 2004.
15. 'Obituary: Mr. J. H. Tritton', *The Times*, 13 September 1923.
16. Lord St Aldwyn (1837–1916). Daunton 2004.
17. Cassis 1994: 65.
18. Lord St Aldwyn (1837–1916). Daunton 2004.
19. University of Newcastle Library Special Collections: Runciman MSS. Letter from Walter Runciman to Sir Robert Chalmers, 7 February 1915.
20. Henry Bell (1858–1935). 'Obituary: Henry Bell', *The Times*, 21 September 1935; Richard Vassar-Smith (1843–1922). Booker 1984.
21. Sayers 1957: 59–60.
22. Thomas Estall (1848–1920). 'The late Mr. T. Estall', *Financial Times*, 6 August 1920; Maurice Fitzgerald (1845–1931). 'Obituary: Mr. M. O. Fitzgerald', *Financial Times*, 10 August 1931.
23. Robert Martin Holland-Martin (1872–1944). Adlard 1947: 19.

24. 'Obituary: R. M. Holland-Martin', *The Times*, 28 January 1944.
25. Ernest Sykes (1870–1958). 'Obituary: Ernest Sykes', *The Times*, 6 May 1958.
26. Sykes 1905.
27. Inglis Palgrave, Withers, Sykes, and Martin-Holland 1910.
28. Withers 1915: 21–2.
29. TNA: T170/55. Treasury Conference, 4 August 1914.
30. The Baring Archive: DEP 33.16. Gaspard Farrer to Robert Winsor, Kidder, Peabody, Boston, 7 August 1914.
31. Sykes 1905: 120.
32. Sayers 1937: 34.
33. Sayers 1957: 204–17.
34. Clapham 1958: 412–13; Holmes and Green 1986: 143–7.
35. 'The American Crisis', *Financial Times*, 26 October 1907; Bruner and Carr 2007.
36. The Baring Archive: DEP 33.16. Gaspard Farrer to Robert Winsor, Kidder, Peabody, Boston, 7 August 1914.
37. (Robert Brand) 'Lombard Street and War', *The Round Table* (March 1912): 277.
38. Matthews 1921.
39. Collins 1988: 74, 190.
40. 'Decisive Precautionary Steps are Taken by the Great Banks', *Financial News*, 1 August 1914; www.measuringwealth.com.
41. 'Unprecedented Day in the City: Business Conditions at the Banks', *Financial Times*, 1 August 1914.
42. 'Run on German Savings Banks', *Financial News*, 28 July 1914.
43. Lloyds Banking Group Archives: HO/CA/Ana/18. Lloyds Bank Head Office Circulars, 31 July 1914.
44. RBS Group Archives: NAT/11167/8. National Provincial Bank Circulars, 31 July 1914.
45. 'Conduct of Banks', *Financial News*, 1 August 1914.
46. Barclays Group Archives: 29/1603 (1). Head Office Circulars, 31 July 1914.
47. 'Unprecedented Day in the City: Joint Stock Banks' Policy', *Financial Times*, 1 August 1914.
48. LSE Archives: Sir George Paish, 'My Memoirs' *c.* 1950: 59. The 1 August edition of *The Statist* makes no mention of a bank run, but by then Paish was advising the Chancellor.
49. Lloyds Banking Group Archives: HO/T/REP/1. Lloyds Bank Limited. Reports to the Finance Committee. 24–31 July 1914.
50. 'Unprecedented Day in the City: No Dealings Yesterday', *Financial Times*, 1 August 1914.
51. 'Today's Scenes Explained', *The Globe*, 31 July 1914.

52. 'English Bank Act to be Suspended', *The New York Times*, 2 August 1914.
53. 'Scenes at the Bank', *Financial Times*, 1 August 1914.
54. 'English Bank Act to be Suspended', *The New York Times*, 2 August 1914.
55. BoE: N7/158. Osborne vol. III 1926: 7; 'The Scene at the Bank', *Financial Times*, 4 August 1914.
56. 'Scene in the Courtyard', *The Times*, 1 August 1914.
57. 'Stock Exchange Closed and Bank Rate Raised to 8 Per Cent', *Daily Mirror*, 1 August 1914.
58. Withers 1915: 15.
59. 'Stock Exchange Closed and Bank Rate Raised to 8 Per Cent', *Daily Mirror*, 1 August 1914.
60. 'All Quiet at the Banks', *Financial News*, 1 August 1914.
61. 'Outside The Bank', *Manchester Guardian*, 1 August 1914.
62. 'Money Market', *Morning Post*, 1 August 1914.
63. 'Unprecedented Day in the City: Enormous Lending by the Bank', *Financial Times*, 1 August 1914.
64. 'City Chatter', *The Sunday Times*, 2 August 1914.
65. 'Crisis in Real Earnest', *Financial News*, 1 August 1914.
66. 'The Story of the Crisis', *The Observer*, 2 August 1914.
67. LMA: Ms. 14894/24. Smith St Aubyn Business Diary, vol. 24, 31 July 1914.
68. LMA: Ms. 24,700. Gilletts papers; Sayers 1968: 64–6.
69. LMA: Ms. 24,700. Gilletts papers.
70. BoE: C 1/62. Daily Accounts 1914 Deputy Governor; Sayers 1976: 30–1.
71. BoE: Osborne vol. I 1926: 66.
72. 'Unprecedented Day in the City: Heavy Gold Withdrawals', *Financial Times*, 1 August 1914.
73. 'The Story of the Crisis', *The Observer*, 2 August 1914; 'Position of the Bank', *The Times*, 1 August 1914.
74. 'The Crisis in the City', *Financial Times*, 1 August 1914.
75. 'Financial Crisis', *The Times*, 1 August 1914; 'The Story of the Crisis', *The Observer*, 2 August 1914.
76. 'City Chatter', *The Sunday Times*, 2 August 1914.
77. Withers 1915: 10–11.
78. 'Sir John Clapham's Account of the Financial Crisis in August 1914', in Sayers 1976: 32 of Appendices: 'Early General Demoralisation', *Financial News*, 28 July 1914.
79. Sayers 1976: 67.
80. Walter Cunliffe (1855–1920). Burk 2004.
81. LMA: Ms. 21,799. Morgan Grenfell papers.
82. Sayers 1976: 66.

83. Lloyd George 1933: 69.
84. Frances Lloyd George 1967: 75.
85. University of Newcastle Library Special Collections: Runciman MSS. Letter from Walter Runciman to Sir Robert Chalmers, 7 February 1915.
86. *The Daily Telegraph*, 26 March 1918.
87. BoE: ADM10/18. The Bank, the Press and the Public, 1890–1932/3: 5.
88. Arthur Kiddy (1868–1950). 'Obituary: Arthur Kiddy', *The Times*, 21 February 1950.
89. BoE: ADM10/18. The Bank, the Press and the Public, 1890–1932/3: 4.
90. BoE: Osborne vol. I 1926: 77.
91. Bignon, Flandreau, and Ugolini 2009: 3; Capie 2007: 297–316.
92. Keynes November 1914: 66.
93. 'The Financial Disturbance', *The Times*, 1 August 1914.
94. LMA: Ms. 11, 115. Antony Gibbs papers. vol. 2, 31 July 1914.
95. The Baring Archive: 200821. Baring Brothers to Kidder, Peabody, Boston, 31 July 1914.
96. British Library: Ms. 88888/2/9. Diary of Sir Basil Blackett, 30 July 1914.
97. Basil Blackett (1882–1935). Wormell 2004.
98. British Library: Ms. 88888/2/9. Diary of Sir Basil Blackett, 31 July 1914.
99. David Lloyd George 1933: 62. Lloyd George's war memoirs state that the meeting took place after Austria's declaration of war on Serbia, suggesting Wednesday 29 July, but his account was written almost two decades later. His daily appointment diary is blank from Tuesday 28 July to 8 September. Blackett's diary makes no mention of the Chancellor lunching with bankers on Wednesday, a notable event, but the entry for Friday 31 July says that Lloyd George, Bradbury, and Montagu had lunch with 'Tritton and other bankers'. Parliamentary Archives: LG I/33. Personal Engagement Diary; British Library. Ms. 88888/2/9. Diary of Sir Basil Blackett, 31 July 1914.
100. Herbert Asquith (1852–1928). Matthew 2004.
101. Brock and Brock 1985: 139.
102. 'The City Before the Holiday: The Scene at the Bank', *Financial Times*, 4 August 1914.
103. 'Bank Rate Rises to 10 Per Cent', *Daily Mirror*, 4 August 1914.
104. Lloyds Banking Group Archives: HO/T/REP/1. Lloyds Bank Limited Reports to the Finance Committee, 31 July–18 August 1914.
105. British Library. Ms. 88888/2/9. Diary of Sir Basil Blackett, 1 August 1914.
106. Withers 1915: 29.
107. LMA: Ms. 24,700. Gilletts papers.
108. 'Bank of England Note Issue', *House of Commons Parliamentary Papers*, 1914–1916 (370).

109. 'Bank of England Note Issue', *House of Commons Parliamentary Papers, 1914–1916* (370); Lloyd George 1933: 103.
110. British Library. Ms. 88888/2/9. Diary of Sir Basil Blackett, 1 August 1914.
111. 'Ten per cent', *Pall Mall Gazette*, 1 August 1914.
112. Keynes September 1914: 481.
113. Withers 1915: 11–12.
114. 'The City Before the Holiday: Bankers in Conference', *Financial Times*, 4 August.
115. *The Times* vol. I 1914: 171–2.
116. Lloyds Banking Group Archives. HO/T/REP/1. Lloyds Bank Limited Reports to the Finance Committee, 31 July–18 August.
117. 'The City Before the Holiday', *Financial Times*, 4 August 1914.
118. LMA: Ms. 14894/24. Smith St Aubyn Business Diary, vol. 24, 1 August 1914.
119. Sykes 1915: 80.
120. BoE: N7/156. Osborne vol. I 1926: 66–8.
121. 'Banking Situation Handled in Resolute & Thorough Manner', *Financial News*, 4 August 1914.
122. J. M. Keynes, 'The Position of the Banks', *The Economist*, 29 August 1914.
123. D. Drummond Fraser, 'Gold and the Banker', *The Economist*, 5 September 1914.
124. J. M. Keynes, 'Gold and the Banks', *The Economist*, 12 September 1914.
125. 'A Plea for our Banks', *The Economist*, 29 August 1914.
126. Keynes September 1914: 472.
127. Johnson 1971: 30–1.
128. Harrod 1951: 197.
129. 'The Great Crisis III', *Bankers' Magazine*, vol. xcvii (November 1914): 573–5.
130. Johnson 1971: 31–2.
131. Anon 1921: 17.
132. Keynes December 1914: 633.
133. 'Sir John Clapham's Account of the Financial Crisis in August 1914', in Sayers 1976: 34–40 of Appendix 3.
134. 'Introduction', in Capie and Wood 1986: 6.
135. Sayers 1976: 72–3.
136. TNA: T172/136. Deputation from London Clearing Banks to Chancellor of the Exchequer, 24 August 1914.
137. Hansard (Commons): Lloyd George, 5 August, col. 1192.
138. 'Scenes in Threadneedle Street,' *The Star*, 1 August 1914.
139. 'The Banking Situation', *The Globe*, 3 August 1914; 'A Run on the Bank', *Daily Graphic*, 1 August 1914.
140. Lloyds Banking Group Archives: HO/CA/Acc/6. Lloyds Bank Liabilities and Assets 1914.

141. Lloyds Banking Group Archives. HO/T/REP/1. Lloyds Bank Limited Reports to the Finance Committee, 31 July–18 August 1914.
142. HSBC Group Archives: UK 0299/0008. Metropolitan Bank Ledger 1914.
143. Barclays Group Archives: Acc 317/8. H. O. Ledger No.8; 140/271. London and South Western Bank Impersonal Ledger.
144. RBS Group Archives: WD/393. Williams Deacon's Bank London Office Weekly Balances, 1914; NAT/1007/7. National Provincial Bank General Abstract of Accounts, 1914.
145. Barclays Group Archives: 38/156. Bank of Liverpool Limited, Minutes of Directors No. 10, 5 August 1914.
146. Hoare's Bank Archive: HB/2/E/3. Partners' Memorandum Book, 1817–1913, September 1914.
147. 'Financial Crisis: National Penny Bank Suspends Payment', *The Times*, 2 August 1914; 'The Statist: Banking Section', *The Statist*, 25 July 1914.
148. 'The Story of the Crisis', *The Observer*, 2 August 1914; 'National Penny Bank', *Financial Times*, 12 September 1914.
149. 'National Penny Bank: Official Receiver to Continue', *Financial Times*, 6 November 1914.
150. 'Financial Crisis: National Penny Bank Suspends Payment', *The Times*, 2 August 1914.
151. British Library. Ms. 88888/2/9. Diary of Sir Basil Blackett, Friday 7 August 1914, Monday 10 August 1914; 'Obituary: Lord Bessborough', *The Times*, 3 December 1920.
152. Horne 1947: 192.
153. 'A Yorkshire Bank's Statement', *Evening News*, 1 August 1914.
154. TNA: T170/56. Chancellor of the Exchequer's Conference with Representatives of the Banks to Discuss the New Currency Note, 5 August 1914.
155. Holmes and Green: 145–6.
156. Kynaston 1988: 90; 'Steady, Boys, Steady!', *Financial Times*, 1 August 1914.

第二部分

控　制

4

银行家的计划

财政部里财政大臣与英格兰银行行长会商以及召集银行家们集体面见他们和首相的同时,7月31日星期五下午,金融危机管理已经从英格兰银行转移给了白厅(指英国政府。——译者注)。[1] 然而,最初并不是要讨论危机管理问题,银行家们开启了关于危机管理的讨论。他们提出两点建议:(1)为了消除对英格兰银行发行纸币的限制,停止银行法案的执行;(2)在解除银行法案后,股份制银行立即将自己持有的2 600万~3 000万英镑的黄金存入英格兰银行发行部。这将增加国家黄金储备,进而增加信心。另外,股份制银行还将2 600万~3 000万英镑的票据和证券存入英格兰银行,作为追加的担保证券。作为回报,银行家们要求发行3 900万~4 500万英镑的纸币,并由各家银行所持有。[2]

第一项措施显然来源于因应1847年、1857年和1866年危机所采取的行动。在当日的早些时候英格兰银行行长已经采取了行动,对于此,银行家们并不知晓。关于黄金储备建议也已经被提出。关于英格兰银行乃至整个国家的黄金储备令人担忧的不充足的争论由来已久,银行家们早已焦虑不安。在多年没有能够达成一致意见之后,最近高级银行家们终于达成了解决黄金储备问题的共同计划。在这一年的早些时候,霍尔登就呼吁成立一个皇家委员会考虑解决这个问题,但是,天意使然,7月的危机为银行家领袖们提供了直接向首相和财政大臣提出他们的方案的机会。

黄金储备之辩

英格兰银行黄金储备不足以及银行黄金储备普遍不足的问题是战前三十年来经常被关注的问题。"这个问题是经济学家、财经记者、托利党或自由党的政治家(显然仅指每一位财政大臣)以及银行家们的共识,"经济学家查尔斯·古德哈特(Charles Goodhart)观察道,"高森做了很多演讲,希克斯做了很多演讲,阿斯奎斯也做了很多演讲。每个人都写文章讨论这个问题:期刊充斥着关于我们的储备不足的文章。"[3] 在金融紧缩的时候,特别是在 1890~1891 年和 1906~1907 年间,或者在战争焦虑时期,特别是在 1899 年和 1911~1914 年间,黄金储备的论题尤其被激活。关于这个问题,有几种观点:与掌控英国银行体系和国际金本位制相关,英格兰银行黄金储备不足;各家银行所持有的储备不足;一旦欧洲战争爆发,国家黄金储备的充足性,特别是自 1911 年以来国家黄金储备的充足性;以及面对敌对势力蓄意造成的黄金外流时伦敦的脆弱性。关于储备不足问题没有普遍一致的意见,关于应当如何增加储备以及由谁负责增加储备也没有共识。

尽管金融和政治压力导致时不时地爆发关于黄金储备的焦虑,长期而又决定性的因素是英格兰银行和股份制银行之间的权力转移。自1694年成立以来,英格兰银行(直到1945年仍是私人金融公司)就是伦敦金融城最重要的机构,并在向英国政府融资和贴现市场的发展中起着关键作用。英格兰银行的董事会有商人和商人银行家,但没有股份制银行家参与其中。在19世纪早期,银行业已经由大量的独立私人银行构成。19世纪20年代关于股份制银行的立法导致了银行业的逐渐重构,私人银行被股份制银行所吸收,形成了银行机构网络。从19世纪80年代后期到20世纪早期,繁荣的银行兼并活动导致了拥有区域性、全国性甚至国际性分支机构网络的较大股份制银行的创建。[4] 在1870~1914年,英格兰和威尔士排名前10%的最大银行总储蓄额占比从43%上升到63%。[5] 英格兰银行资产负债表的扩张赶不上股份制银行。正如英格兰银行行长阿尔弗雷德·科勒于1913年2月所指出的:1892年英格兰银行的负债(活期存款与储蓄存款账户)是4 200万英镑,而清算银行的负债是25 600万英镑,到了1912年,英格兰银行的负债(活期存款与储蓄存款账户)是6 700万英镑,而清算银行的负债是61 600万英镑。[6] 一方面需要增强金融体系的稳定性,另一方面大银行寻求得到伦敦城传统精英们的认可,黄金储备问题是传导压力的一种方式。

一直到第一次世界大战,《1844年银行法案》是英国金融管理的里程碑,但是,它没有消除人们对储备不足的焦虑,这种焦虑延续了数十年。[7] 1890 年巴林银行危机使这样的焦虑达到顶点,危机中英格兰银行劝诱大银行为巴林银行认缴救助资金,巴林银行是传统精英商人银行之一。英格兰银行的领导力和自由贴现政策成功地控制了危机。1891 年 1 月,身为伦敦城商人银行帝国后裔的财政大臣乔治·高森(George Goschen)提出了各种改革措施,这些措施将向英格兰银行提供更多的资源和更大的弹性,有助于未来危机管理,尤其是:股份制银行应当在英格兰银行存放更高的现金储备,从而提高英格兰银行的黄金持有量;各家银行要经常公开资产负债情况,而不是半年一次,这被认为是增加透明度,从而增强公众对银行体系的信心;发行 1 英镑面额的纸币替代金币,从而金币能够被英格兰银行持有,有效解决黄金储备问题,一旦黄金储备水平提高了,银行法案实施就有了一定的灵活性,可以允许英格兰银行在危机中发行纸币时拥有一些相机抉择的权力。

财政大臣高森的"货币计划"得到了当时英格兰银行行长的支持,但是,遭到了各大银行的反对。他们抱怨说,英格兰银行使用了他们的现金储备(而他们没有获得利息),并与他们在贴现市场上争夺票据,较大的现金储备加剧了不满。他们宣称,英格兰银行自身应当积累更多的黄金存量。高森本人也注意到这种不平衡,英格兰银行拥有 2 400 万英镑的现金储备,相比之下,德国有 4 000 万英镑,法国有 9 500 万英镑,美国有 14 200 万英镑,同时,伦敦作为世界上唯一的自由黄金市场,决定了英国特别容易暴露在黄金外流的风险之下。[8] 对于英格兰银行私人持股者来说,问题是黄金无利息可得。这样,一如既往,尽管普遍认为较高的黄金储备是需要的,但是,没有哪一方——英格兰银行、各家银行和政府——准备为更高的黄金储备付出代价。基于公众相对于金币的接受程度以及假钞的关注,[1] 1英镑纸币也遭到反对。但是,高森的动议促使各家银行同意每月公告其资产负债表,尽管不像英格兰银行那样做到每周公告。

黄金储备计划(1899～1911)

1899～1900年再次触发了黄金储备问题,原因是政治紧张局势使布尔战争就在眼前,以及人们对从南非运输黄金被打断的关注。伦敦清算银行家委员会成立了分委员会审视该问题,并针对"目前国家黄金储备不足"提出解决方案。[9] 两个方案浮出水面:一方面,各家银行将黄金存入英格兰银行,这些黄金与英格兰银行自有的黄金"分开"存放;另一方面,创造出来的"特定黄金储备"由银行家集体控制,并且完全独立于英格兰银行。[10] 在梅森庄园的演讲中,财政大臣迈克尔·希克斯·比奇[Michael Hick Beach,后继者为圣·埃德温勋爵]表达了他倾向于银行家们和英格兰银行的"联合行动"。舒斯特也赞同第一个行动方案,赞同各家银行与英格兰银行"更紧密配合"。但是,英格兰银行认识到,在金融体系中现在的著名股份制银行家成为重要的角色。"我相信,在海外的每一个国家,国家银行(State Bank)董事会里都有银行业中大股份制银行机构的代表,"1900年4月他告诉银行家学院说,"我认为,应该想一些办法,英格兰银行不是远离其他银行,而是应当定期同我们会面,并告诉我们他们关于形势的看法,我们应当时常讨论共同关注的政策问题,互相协同采取行动而不是盲目行动,如我们现在所做的,非常不明白英格兰银行作何打算……"[11]尔后,两个计划全部告吹。

从 1906 年 10 月开始,市场环境导致了黄金外流,进而导致流动性问题,黄金储备问题再次成为热点。财政大臣赫伯特·阿斯奎斯打算发行面额为 1 英镑的纸币,但是,这种打算遭到英格兰银行行长的抵制,他指出,高森货币计划考虑过这种做法并被拒绝。舒斯特向银行家学院的高级银行家听众发放了一篇论文《我们的黄金储备》。他提出了"第二储备"方案,即银行家们将黄金存放在英格兰银行,但是,由银行家独立委员会加以管理。[12]在对舒斯特建议方案的评论中,受到劳埃德银行亨利·贝尔支持的霍尔登认为,"按照银行业规则,第二储备是站不住脚的"。[13]他建议银行 1% 的债务应当以黄金的形式存放在自己的金库里(而不是存放在英格兰银行),并且每一家银行都要公布其存放的数量,以此取代舒斯特的建议。[14] 1907 年春,伦敦清算银行家委员会成立了黄金委员会,考虑"增加国家黄金储备的最佳方式"以及每周公报银行资产负债平衡情况,这些做法得到了财政大臣的公开鼓励。[15]但是,再次没有形成重要成果。

1908 年,紧随 1907 年秋美国金融恐慌之后,伦敦商会(Chamber of Commerce)成立了自己的黄金储备委员会(Gold Reserve Committee),成员有舒斯特、霍尔登和特里顿。[16]受舒斯特支持的特里顿建议设立第二级储备,英格兰银行担当"储备库管理员"。[17]但是,受银行业著名人士约翰·卢伯克议员(8 月份银行假期的拥护者)以及著名私人银行吉恩—米尔斯—科瑞金融公司(Glyn, Mills, Currie & Co.)的劳伦斯·科瑞(Lawrence Currie)支持的霍尔登继续推动增加银行自己持有的黄金储备。[18] 1909 年 7 月发布的委员会报告未做评判,报告赞成两个方案,并婉转而又令人难以置信地将两个方案描述为"并非完全不相容"。[19] 关于黄金储备问题的折中和调和是新任银行家学院院长(1909~1912)弗雷德里克·哈斯·杰克森的要求。[20] 哈斯·杰克森 1914 年时 55 岁,弗雷德里克·哈斯公司的高级合伙人,是一位重要的商人银行家。[21] 朋友和家人都叫他"弗里茨"(Fritz),他是伦敦金融城内外的一位重要人物,具有超常广泛的能力:英格兰银行历史上最年轻的董事,财政与贸易咨询委员会成员,1910 年关于贸易汇票的海牙会议的英国代表,1911 年以来的枢密院委员,政治经济俱乐部成员,数家大型保险公司、铁路公司和电报公司的独立董事,雇主与雇员全国委员会主席,其目的是推进劳资关系的改善,改善"激情的自由贸易者和强大的自由工会主义者"之间的关系,因此,与阿斯奎斯政府是一致的,并取得了各位部长的信任。[22]

1911 年秋英格兰银行和各家银行的关系取得了巨大进步,当时阿尔弗雷德·科勒成为英格兰银行行长不久,他向银行家们伸出了调和之手,接受了清算银行提出的成立联合委员会并每季度与英格兰银行会晤的建议。[23] 科勒,时年 60 岁,1911~1913 年任英格兰银行行长(任职两年),还是 W.H.科勒公司(W.H.Cole & Co.)的合伙人,伦敦城商人并积极参与银行、信用和黄金储备问题的辩论。[24] 讣告表明他是"一位能力很强、自信心很强的人,在表达他的自信时具有无畏的勇气"。莱威尔斯多克称他是一个"粗鲁"而又"不讲策略"的人。[25] 然而,他与哈斯都对 1914 年金融危机管理做出了重大的、建设性的贡献。1911 年 9 月梅森庄园年度晚宴上,新的联合委员会宣布成立,科勒宣称这将"导致英格兰银行行长与清算银行之间建立更加直接的个人联系"。[26]两个月后,厄内斯特·塞克斯新修订的第二版教科书《银行业与货币》出版,第二版关键的特点是新增一章关于"中央银行黄金储备的诸多论争"。[27]

战争与和平(1911~1912)

帝国防务委员会(The Committee of Imperial Defence, CID)有一个分委员会是内阁办公室下设的委员会,首相任主席,由各位部长、军事首脑和文职官员组成,负责和平时期的秘密战争。1911年1月的一份战时问题执行委员会的报告导致了1911~1912年整个冬季调查与敌方的贸易情况,这项调查包括英国与德国之间的战争潜在的商业和金融影响。[28]该项调查的主持人是一名政府法官伊尔·德塞尔特(Earl Deseart),见证了帝国防务委员会的调查,其中包括对四位高级银行家和保险产业职业人士的调查。对于所有银行来说,最受关注的就是黄金储备。舒斯特赞成将黄金储备视为保卫国家的特殊战争。英格兰银行行长科勒反对停止将英格兰银行发行的纸币兑换成黄金的建议,反复申明经常确保的底线,即"黄金自由市场"而非其他方面使伦敦成为"世界上的国际银行业中心"。哈斯·杰克森应和道,即使因战争"而停止黄金出口,哪怕只有24小时,都将损害我们作为世界主要银行家的地位"。他预见道,如果伦敦经受住战争最初数日的金融风暴,那么事情就会变好,因为较高的银行利率将吸引来自全世界的黄金。但是,莱威尔斯多克对此并不自信。

莱威尔斯多克：我可以想象，英国与德国之间宣战将造成大混乱，造成严重的毁灭性后果。即使不是全面的毁灭，票据承兑事务所的毁灭也是一定的。

德塞尔特：几乎所有的大股份银行都不包括在内吗？

莱威尔斯多克：我很遗憾地说，存在一种趋势性行为，过去20年里股份制银行的承兑业务受到了严重的偏见……改变这种状况的唯一方式将是暂缓业务。

……我相信，你会尽量安排有能力的机构事先采取措施，从而使宣战导致灾难的可怕的不良后果最小化。

我只能告诉你，我相信……欧洲战争一旦爆发，商业和产业领域的混乱将是惊人的，绝大多数商人将遭受毁灭性打击。也必将导致毁灭性的挤兑，导致绝大多数股份制银行倒闭。[29]

分委员会的报告主要关注的是贸易、海运和保险，也关注金融行业。[30]从金融专家的纷乱的证据推测出三种主要威胁：第一，通过公众囤积的方式，国内提取黄金，但是，这种情况不在他们的控制范围内。第二，德国人停止支付黄金，这对伦敦货币市场将是"非常严峻的"挑战。第三，"可能出现对英国黄金储备的争夺……出于战争的考虑，位于伦敦的德国银行机构，得到德意志帝国银行保证他们免于损失的暗示，将极力大规模兑现证券和汇票，同时从伦敦货币市场抽走信用和储蓄，变现后向德国转移"。最可能的是，如佩什在1914年初向劳埃德·乔治解释的那样，他们想到了"摩洛哥故事[1911年阿加迪尔危机(Agadir Crisis)]中法国从柏林和维也纳撤资的教训"。冲突导致的资金撤离形成货币极度紧张以及严重的金融危机以致德国借助政府权力为战争筹集贷款。1911年德国银行家获得的经验以及1912年巴尔干战争爆发时又一次获得的经验,导致他们在过去的12个月里极大地增加了他们的黄金储备。[31]

尽管注意到在某些证据基础上得出英国黄金储备被成功抢夺的结论仍有"很大疑问",但是,分委员会提出了这个问题:

我们应当采取防卫或回击措施,比如黄金禁运(黄金出口)……

分委员会所咨询的证人都是匿名的,他们的看法表明黄金禁运的后果只能是有害的。由于英国是大国中仅有的自由黄金市场且对于黄金出口没有任何限制,所以,停止黄金出口,哪怕很短的时间内停止黄金出口,都将对伦敦作为国际银行业中心的地位产生"极大的压力",将破坏我们的信用体系并损害我们作为世界主要银行家的重要地位……从而阻断我们同外部世界的联系,提高价格水平,并导致难以承受的后果……

分委员会不建议采取禁止黄金出口的措施,即禁止对所有国家出口黄金,或禁止对敌对国家出口黄金。[32]

在总体结论中,帝国防务委员会(CID)分委员会建议,"鉴于关于这个问题战争的影响是非常不确定的,财政部有责任关注其对金融局势产生的后果,并建议根据形势发展的需要,采取进一步措施"。

"伦巴第街与战争"

大量的评论家在专家公共问题论坛和一流的评论中探讨了欧洲战争爆发的金融后果。利物浦证券交易所秘书、皇家统计协会会员埃德加·克莱蒙特(Edgar Crammond)于 1910 年 5 月递交给银行家学院的一篇文章《战时金融》(The Finance of War)引起关注,当时,银行家学院的院长是弗雷德里克·哈斯·杰克森。[33]他提出要警惕战争之初的"货币危机",并提倡提高黄金储备。后来,他又写了关于这些问题的几篇文章发表在报刊上,并于 1911 年又向伦敦商会递交了一篇文章。一位退休商人银行家约翰·克劳斯[John Cross,乔治·艾利奥特(George Eliot)的丈夫]写了一篇文章,题目是《金融与国防》(Finance and Defence),于 1911 年 3 月发表于每月出版的文化类杂志《19 世纪及其后》(The Nineteenth Century and After)。[34]克劳斯强调危险来自因世界仅有的自由黄金市场的作用,以及伦敦外国银行储蓄的增长,一旦发生战争,黄金就会外流。正如帝国防务委员会(CID)分委员会所了解到的,这并非是伦敦绝大多数人都愿意接受的观点。相反,他们更愿意接受诺曼·安杰尔(Norman Angell)于 1909 年出版的畅销书《大幻觉》(The Great Illusion)中的观点,书中的看法是,欧洲各国经济已经高度一体化,无论是金融领域还是商业领域,它们之间的战争对于所有国家来说毁灭性都是不可想象的。股份公司发起人亨利·奥斯本·欧哈根(Henry Osborne O'Hagan)经常实实在在地指出,"诺曼·安杰尔对于战争的不可能性考虑过多,他非常相信自己的观点,因为战争中的每一个国家都会破产。尽管当今战争会使每一个介入战争的国家成为叫花子,但是,战争毕竟可以让胜利者增加财富"。[35]

1912 年 1 月,安杰尔向银行家学院递交了一篇文章,题目是《银行业对国际关系的影响》(The Influence of Banking on International

Relation），文中阐释了他的和平观点。他的观点被广泛接受。在后来的讨论中，威廉姆·劳森观察道，"显然，诺曼·安杰尔先生几乎完全是一个人主宰了这次会议"。[36] "银行家们几乎都站到了你的一边，但是，这并不完全足够，"作为少数几位表达保留意见的一位，弗雷德里克·哈斯·杰克森提醒道，"你必须做到让世界上所有的人站在你的立场上……在你做到这样之前，恐怕不能预见国际局势的任何改变，也就是说，战争的可能性依然存在。"一篇题目为《作为和平被动者的伦敦城》(The City as a Peace Compeller)的文章，作为时事评论发表于《正直季刊》(Candid Quarterly)，谈到了安杰尔的文章及其影响。该文指出，关于免于战争，"只有一个保证因素——伦敦城。在当今武力状况和军事科学条件下，对于伦敦城来说，战争（及其后果）太不确定，不能去赌"。[37] 然而，这篇文章发表的时间——1914年8月——很令人遗憾。

一篇权威性文章《伦巴第街与战争》(Lombard Street and War)宣称："英国政府应该知晓战争爆发在伦巴第街和思罗格莫顿街造成的后果，应该知晓必须采取哪些措施预先阻止金融危机，正如应当有计划地进行海军和陆军战略部署一样。"该文1912年3月发表于《圆桌会议》(The Round Table)杂志，接着爆发了阿加迪尔危机。[38] 这是圆桌会议运动(Round Table Movement)基金会于1909年创办的季刊，旨在增进英国与独立的殖民地更加紧密的关系。[39] 文章是匿名发表的，但是，实际上作者是罗伯特·布兰德(Robert Brand)，时年36岁，自1909年以来为商人银行拉扎德兄弟银行(Lazard Brothers)合伙人，牛津大学万灵学院成员。[40] 他还参与了圆桌会议运动。1914年

2月,《正直季刊》称赞布兰德"有趣而又有分量的文章"是最重要的且唯一恰当的公众观点。[41] 赫尔曼·施密特赞扬他的观点"紧靠现实"。[42] 后来,厄内斯特·塞克斯在《银行业与货币》一书新增加的一章讨论1914年金融危机时采用了其文章中的统计数据。[43]

"伦敦的危险处境是外国总是保持从伦敦市场上提取大量资金的姿态,并且提取的是黄金,"布兰德指出:

如果我们的外国债权人在同一时间里要求支付黄金,我们将无力做到。幸运的是,除非严重的战争爆发了,这样的意外事件不需要考虑。即使战争爆发,只要假以时日,我们也能够偿付债务。问题是我们是否有缓冲时间。

然后,他给出了金融崩溃阶段的预见性分析:

那么,战争爆发了,注定会发生什么呢?例如,设想德国对我们宣战。货币市场的危机会立即发生。每一个人都会寻求债务清偿。货币会被提取干净,银行利率会被迫升高。同时,证券交易所的各种证券价格会剧烈下跌,如此剧烈下跌将导致证券交易所被迫关闭……

贴现市场也不会好到哪里去。因疑虑重重,商业将处于停止以及受到损害的状态。票据价值基于签发及背书人的可靠性,在这样的时期没有企业能够保持其可靠性……

接着,布兰德一针见血地指出其后果:

在此前发生的英国国内金融恐慌中,几个小时内英格兰银行的储备几乎降到0。英格兰银行储备的消失意味着我们的银行体系立即坍塌……

信用体系的崩溃将对产业造成巨大打击。价格高启和食品的匮乏加之大规模失业将严重打击我们,并困扰我们……

在战争危机期间,由于对伦敦金融城所展示的能力出现极端不信任,并且没有人愿意冒不持有黄金的风险,提高英格兰银行利率将没有任何作用。

至于预警和补救措施,不仅很自然地表现为黄金储备问题,而且黄金储备是保持银行信用和政府预防措施的关键之需。

如果前面的分析都是正确的,那么,战争爆发必将带来的金融危机的变化决定于其初始的路径。在没有必要采取停止现金支付的情况下,大约几百万人将凭借自己的能力采取不同的应对措施。即使如此,我们的黄金储备需要达到适当的数量而不是令人不安的很少数量,每一个理由都表明增加黄金储备才能保证我们应对风险……

英格兰银行在某种程度上决定着信用数量,但是,在很大程度上信用数量决定于规模或大或小的其他银行以及与其相关的票据承兑事务所。对于银行来说,提供货币的方式主要是账面信用,相应地就是开具支票……最重要的方式就是银行业公认的方式。正如他们所言,一旦信用超过了黄金持有量,真正的补救措施就在他们的手中……

如果银行家们不愿意或无力决定采取措施,那么,认真调查事态就是政府的责任。事实上,对于我们的需要来说,法规是一种不太灵巧的工具。我们所需要的是一个全面的调查,最佳措施是让银行和金融业界的责任感苏醒,战争爆发时政府要准备好采取各种必要的措施。

布兰德写了续篇《战争中的伦巴第街》(Lombard Street in War)，发表于 1914 年 9 月的《圆桌会议》。文章用编年史的方式详述危机发生的日期，但是并没有对危机同备受关注的关于 1912 年 3 月危机的预见进行比较。[44]遗憾的是，布兰德的论文集中没有收录这些有趣的文章。[45]他在《圆桌会议》上发表了包括关于伦巴第街的大量文章，还在 1921 年《战争与国家财政》(War and National Finance)上发表大量文章，但是，同样没有评论。[46]尽管布兰德具有远见卓识，但是仍然同其他人一样，他与拉扎德依然震惊于危机爆发。"金融机器处于毁坏的状态，"8 月 7 日布兰德在写给位于巴黎和纽约的拉扎德合伙人的信中说："我们正在经受一场没有先例的危机。证券交易所首先被迫关闭，以避免价格直线下跌后系列倒闭现象。然后，轮到贴现市场。最小面额的支票无法贴现……英格兰银行遭到攻击。各家银行拒绝支付黄金……大门紧锁……人们寻求措施以应对信用体系的崩溃。"[47]

"海军已经准备好了，远征军已经准备好了，金融机器却没有准备好。"哈特利·威瑟斯指出。[48]实际上，1914 年 7 月，财政部没有危机应对计划，英格兰银行也没有危机应对计划。财政部最高级秘密文件《战争手册》(War Book)仅仅是两页纸的手写的应急管理磋商清单，但是没有金融危机应对措施。[49]"财政部没有负责居民事务的职员，"首页附注中指出，"但是，紧急事务发生时，会有一名负责的官员日夜持续参与紧急事务管理"。"清单"中分为"预警阶段"和"战争阶段"，明确了官员需要充分警惕以及发布公告的程序，"向敌方贷款或与敌方政府接触，就可以宣布为违背英国目标的严重叛国罪"。英格兰银行没有写成文字的战争计划。可是,英格兰银行行长对战争引发的危机威胁是清醒的。"科勒先生问了一个问题,如此之多的外国票据放在他们(银行家)的票据箱里,这个国家牵涉其中的战争爆发以及宣布延期支付将会导致什么情况发生?"霍尔登在英格兰银行与银行家每季度一次的会晤中提到,"对于这个问题的回答是,我们应当明白自己所处的严重危机状态。过去的危机中总是发生的情况将会重复发生,即英格兰银行的储备将会耗尽"。[50]他提醒银行家们思考一下1847年、1857年和1866年所发生的事情,以及银行法案停止实施的必要性。因此,从1913年起,银行家们关注就增加国家储备的操作方案达成一致的问题以及紧急情况下补充英格兰银行储备的问题。

1913年的白银与黄金

1913年4月,关于黄金储备的争论(争论一直延续到战争前夕)出现了虽非完全不相关联但是独立的两件事情:一件是委任了印度财政与货币皇家委员会成员;另一件是伦敦清算银行家黄金储备委员会(London Clearing Bankers' Gold Reserves Committee, LCB-GRC)的复活。皇家委员会是一个阶段关于双重金本位主义——纸币可以兑换白银,也可兑换黄金——激烈争论的产物,这是与自19世纪60年代以来间断实施的单一黄金本位制相对的。英国采用的是双重金属货币本位制,拉丁货币联盟(Latin Monetary Union)和其他一些国家也采用这种货币本位制,尽管双重金属货币本位制没有可能执行,但是,理论上来说白银的用处很大,白银可用于解决黄金储备不足问题。[51]双重金属货币本位制联盟主席、安东尼—吉布斯商人银行高级合伙人阿尔登海姆勋爵(Lord Aldenham)极力推崇白银,但是,很明显这是伦敦金融城的少数派观点。在受法国支持的美国双重金属货币本位访问代表团"劝说"英国政府的1897年,这个问题成为热点,此时英国持有较多的白银,推动了价格水平的上升。按照法律规定,英格兰银行行长认可英格兰银行持有的储备中白银可占1/5,从而出现了伦敦的"义愤风暴"。[52]抗议者包括金本位捍卫协会(Gold Standard Defence Association,1895~1901)主席约翰·卢伯克以及其忠实拥护者J.赫伯特·特里顿。财政大臣希克斯·比奇是一位"死硬派单一金属货币本位制主义者",站在黄金本位制捍卫协会一边,增强了抵制白银作为本位货币的作用。[53]

令人头痛的问题的另一个方面是印度货币安排。传统上,印度采用的是白银本位制,但是,白银价格下降导致19世纪90年代黄金作为主权货币的导入,并有效地取代了双重金属货币本位制。[54]印度政府赞成采用黄金本位制,激起了伦敦城关于是否会增加或减少从伦敦提取黄金数量的争论。霍尔登是赞成的,他认为这将减少黄金流失,而其他人则相反,认为会增加黄金流出。印度管理货币事务的办公室卷入了大量购买白银的丑闻,大量买入白银是伦敦著名金银经纪人萨缪尔·蒙塔古和财政秘书埃德温·蒙塔古相关联的家族企业主导的。1913年4月皇家委员会被指派调查这件事。前保守党财政大臣奥斯丁·张伯伦(Austen Chamberlain)任主席,委员会委员包括剑桥国王学院成员约翰·梅纳德·凯恩斯,他是这个问题的著名学术权威,刚刚出版《印度财政与货币》(*Indian Finance and Currency*)一书。[55]巴塞尔·布莱克特任委员会秘书。英格兰银行前行长科勒代表英格兰银行提供证据。当然,必不可少的,还有舒斯特。[56]皇家委员会的报告发布于1914年3月,不认为印度办公室有错误行径,认为黄金交易系统最适合这个国家,所以,支持维持现状。

伦敦清算银行家黄金储备委员会的"复活"是1913年4月宣布的。这是对英格兰银行行长科勒在最后一次参加的2月份召开的英格兰银行与银行家清算委员会每季度联席会议上提出的挑战的回应。谈到黄金储备问题,科勒评价了政府、英格兰银行和股份制银行之于英格兰银行资产负债表所做的贡献,评价了过去20年里英格兰银行黄金储备水平。科勒说,近年来,在增加资产负债表规模方面,政府尽力了。所以,英格兰银行自身的平均"比率"(黄金—储蓄比率)已经从1892年的44.2%上升到了1902年的46.4%,到1912年为47.8%。[57]"与其他银行一样,英格兰银行必须为其持股人赚得红利,"科勒指出,"如果它保持现金(黄金)比率接近50%,我个人并不认为还可以要求它增加现金(黄金)比率。"[58]接着,科勒谈到银行家。"我想向清算银行家们提出一个问题,最近几年来他们的现金储备与负债之比提高的水平与我所给出的英格兰银行的比率是一样的吗?"为了回答英格兰银行行长提出的问题,伦敦清算银行家黄金储备委员会复活了。

圣·埃德温勋爵(希克斯·比奇)被推选为主席,高森任副主席,罗伯特·霍兰—马丁任秘书。议事程序受霍尔登、舒斯特和特里顿控制，他们经常与其他人的意见不一致。"银行家们不应该让其因在持有充足的黄金数量方面不支持英格兰银行而受到批评，事实上全世界皆如此，"霍尔登在 1913 年 5 月 7 日委员会第一次会议上说。"他认为，他们持有大量的黄金，但是，公众并不知晓。"[59] 一如此前，他的解决办法是依法每年公布银行资产负债表中的黄金持有量。特里顿回避了这种鲁莽的措施，敦促"去做大量的前期准备工作"，他提出的"银行持有黄金数量的可信度调查"建议得到了认同。5 月 28 日开始的调查表明，英格兰和威尔士的 46 家主要的股份制银行持有3 500万英镑的黄金，接近英格兰银行的黄金储备3 800万英镑。[60] 根据霍尔登给出的银行负债的 6% 的目标比率，而不是调查发现的4.3%，一致认为银行的黄金持有量是不充足的。霍尔登再次要求强制性公布，但是，一如往常，舒斯特不同意。在圣·埃德温的建议下，同意将调查结果通报英格兰银行，并找机会与不如科勒随和的新任英格兰银行行长会晤，讨论这个问题。

包括圣·埃德温、霍尔登、舒斯特和霍兰—马丁在内的七强人代表团曾经于 1913 年 7 月同行长坎利夫、执行行长罗伯特·纽曼（Robert Newman）和科勒会晤。科勒应坎利夫的要求，代表英格兰银行，科勒说"他对黄金的收益感到失望，他预想的黄金收益会更大"，并要求对银行持有的英格兰银行发行的纸币数量进行一次补允调查（后来发现银行持有的纸币数量为1 400万英镑）。可是，正如1913 年 7 月 30 日向伦敦清算银行家黄金储备委员会（LCBGRC）第四次会议报告的那样，那是英格兰银行介入的范围，关于补救措施并没有讨论。特里顿很失望，并对银行家的处境表示关注：

多年来问题就在眼前,在商务部、银行家学院乃至整个银行界均有争论;争论掌控在新闻界手中,而新闻界等着看委员会将做何打算。委员会的处境是,他们要求得到持有黄金的收益,这个收益他们已经得到,而目前这还是一个巨大的秘密,但是,这个秘密能够保守多久而无人言及呢?不被揭秘则是不可能的……那么,黄金数量应当公布出来。就他的看法而言,似乎委员会最好先于新闻界采取行动而不是被新闻界拖着走。[61]

舒斯特"强烈支持"特里顿的建议,即全面公开。但是,大多数人不同意,最后决定限制对 46 家银行黄金调查结果的传播。《银行家杂志》批评这种不必要的保密,并一针见血地指出:"也许公众会有公正的谴责,试想,要么面对提高黄金储备问题,无力解决;要么,由于著名的银行专家们意见不一致,而慢慢地毁掉相关行动措施。"[62]接下来的一次会议在 11 月举行,审视了"关于增加黄金储备的各种不同建议"。[63]舒斯特反复重申的存放英格兰银行的银行家第二黄金储备计划受到霍尔登的批评,霍尔登批评这个计划是蹩脚的、不严密的。霍尔登鼓吹他自己的计划,即每年公布银行黄金持有量,并且对此有严苛的要求。他宣称"如果委员会不能就此问题达成一致意见,他本人将强烈向他的董事们建议公布他们的黄金持有量。他认为,如果某家银行公布了其黄金持有量,该银行就能够获得超越其他银行的巨大优势。另一方面,如果委员会决定采取别的充分可行的计划,他非常乐意按计划执行。但是,他不愿意当前的情况继续下去了。"诉诸投票表决,霍尔登的计划得票是 6 票反对、3 票赞成。圣·埃德温观察道,"如果……仅有独立行动,比如爱德华爵士所给出的计划,那就是令人遗憾的事情"。取而代之的是,他们接受了舒斯特提出的建议,即扩大黄金储备的方案。

1914年最后的黄金储备之争

1914年1月23日,霍尔登再次公开点燃了黄金储备问题的争辩之火,他宣称,在他面对内陆股份银行公司持股人的演说中表示了除非增加黄金储备,他的银行将于1915年1月公布资产负债表中的黄金持有量。他向皇家委员会喊话:"如果说曾经需要皇家委员会,而今天之所以需要皇家委员会,就是为了达成彻查这个国家黄金问题的目的。"[64]他辞去了伦敦清算银行家黄金储备委员会(LCBGRC)职务。三个星期后,伦敦清算银行家黄金储备委员会(LCBGRC)委员们收到了舒斯特的计划,还有特里顿所写的补充性技术文本。[65]舒斯特正式提出建议,即建立主要银行持有的第二级黄金储备,存放在英格兰银行。每一家银行提供相当于当期存款账户余额的2%,总额大约为1 600万英镑。储备仅被用于"银行家黄金委员会的查询,以及在某些情况下对英格兰银行从外国借入黄金提供必要的支持"。他看到,这个计划与他在1906年提出的建议"非常相似",但是,现在则是更加重要的应急方案,因为"一旦战争爆发,外国将具有威胁能力,将粗暴地使用这种威胁力,要求黄金换回他们所提供的英镑,将造成严重的金融干扰"。

英格兰银行行长坎利夫请求首相"给他几分钟时间"讨论霍尔登的宣言,他已经看到,"伦敦金融城正在生成大量的争论"。[66]在准备会面的过程中,财政部常务秘书布拉德伯里征询首相涉外经济顾问佩什的看法,佩什只是给了一个简要的便笺。佩什提要式地给出了股份制银行规模和他们的负债"惊人扩张"情况,除非针对这种情况以及最彻头彻尾的集体焦虑采取措施,否则任何一家银行都无法应对令人震惊的后果。[67]所以,各家银行都在增加其黄金储备,但是,"考虑到他们的巨大影响力,面对形势,我们的银行家们仍有大量的工作需要去做。"他报告称,一个银行家委员会正在调查黄金储备问题,但是,关于未来的方式,银行家之间的观点出现了分化。现在,霍尔登公开鼓动皇家委员会过问"黄金问题"。佩什曾建议劳埃德·乔治的前任、首相阿斯奎斯(1905~1908)反对银行业调查,但是,现在他赞成皇家委员会的调查。

之所以建议将我们的货币和银行系统建立在能够支持大银行的基础上,要求银行家们持有充足的黄金量,不仅是为了保持储户的信心,也是为了保证这个国家不会因人为的或自然的原因而遭受外国账户黄金被提取的影响……我相信,委员会的调查将表明由英格兰银行持有全部黄金是合意的,在那里黄金是一目了然的。

他还支持更大程度披露银行持有的黄金数量。最后,佩什还卷入了关于英格兰银行监管的激烈争论领域,提议长期委任英格兰银行行长,而不是传统上的两年任期的做法,因为"当他获得货币市场充分知识的时候,任期也就到了"。他还提议行长的委任由政府批准。

布拉德伯里关于首相的回忆录表明,银行家们普遍一致的看法是黄金储备不足,但是,同时观察道,"还没有人对充足的标准提出建议".[68]关键的考量是:耗竭的可能原因;耗竭的方式以及黄金耗竭与补救措施的效果之间存在怎样的差距。黄金耗竭的可能原因仅有两个:国内流通中的需求增加(国内提取);出口需求(国外提取)。站在不同的角度考虑之后,他得出结论:"可以说无需担心冲突,经验表明我们现有的储备足以应对一切正常需求,无论是国内流通需求还是出口需求,直到通过提高贴现率将更多的黄金从国外吸引回来。"至于非正常的、"灾难性的"黄金需求,无论是国内需求还是国外需求,他认为,世界上主要债权国的提取行为会因海外贷款行为而逆转,结果是黄金流入。

如果我们确信我们的黄金储备增加了两倍或三倍,就意味着我们应更加富有。如果黄金储备增加了,银行家们就会睡得更踏实,然而实际上,需要考虑相应的负担……

如果没有股份制银行与英格兰银行之间的相互妒忌,无疑,最好的安排是股份制银行与英格兰银行一起增加其黄金资产,后者即英格兰银行持有黄金增加量。如果储备被使用,其数量应当为大家知晓,其数量的变化(当必须进行储备保护时,以便及时采取措施)。尤其是,黄金储备应置于单一控制之下。

布拉德伯里还阐释了霍尔登对皇家委员会发出的号召,列举了二个主要目标:

(1)事实和问题的抽象特征,这是长期以来每一种或惊喜或怪诞的事物出现的场所。

(2)委员会的危险是成为英格兰银行和股份制银行相互妒忌的单纯发泄场所,实质上,这是所有忧虑的基本方面。

(3)委员会大部分成员必须是银行界的代表,无疑,他们需要尽可能将其工作经验转移给财政大臣。

除了这些目标,还认为委员会的有关需求不能被拒绝,应当吸收起到平衡作用的官员和经济学家,以保持银行界的观点得到监督检查。

首相和英格兰银行行长最终会面并讨论了3月3日霍尔登对皇家委员会提出的要求。布莱克特观察到坎利夫的目的显然是"反对"霍尔登对皇家委员会的建议,这个建议布拉德伯里也是反对的。[69]尽管如此,调查必须认可,这是具有可能性的,同时,最近完成了印度金融皇家委员会工作的布莱克特可以审视一下该问题。在征询了财政部经济学家拉尔夫·哈特利的意见后,他写下了详尽而又缜密的备忘录,并于1914年5月22日呈报。[70]备忘录概述了自《1844年银行法案》以来70年里金融体系的变化,以及过去30年关于黄金储备问题的争论。他把霍尔登看作煽动增加黄金储备的主要策划者,但是,他还提醒注意银行界"不像表面那样的铁板一块,由于不信任的惯性作用,相互不合作将影响他们之间联合的效果"。尽管没有提出政策建议,但是,文章严格审视了各种问题。但是,霍尔登驱动的皇家委员会似乎已经无能为力了。1914年春,布拉德伯里、布莱克特、哈特利以及其他财政部官员密切关注黄金储备问题无疑是非常及时的,为危机中快速形成财政部的政策做了有用的准备,财政部危机应对政策在几个月后便出台了。

在4月2日再次召开的会议上,伦敦清算银行家黄金储备委员会(LCBGRC)的委员们要求霍尔登撤回他提交的辞呈。[71]舒斯特计划被提出讨论,但是,现在特里顿使该计划的执行遇到了困难,因为进一步考虑后,他改变了想法,"不相信在哪怕最小的程度上,银行家们对于控制自己的黄金会做出让步……他对于自己的意见与菲利克斯爵士的意见相左表示遗憾……"尽管委员们的意见不同,但是,他们期望"同英格兰银行热诚合作"并寻求关于三个计划(霍尔登、舒斯特和特里顿)的对话。圣·埃德温5月14日报告称,英格兰银行的董事们拒绝了他们。坎利夫"批评各种建议,对所有建议均表示不同意",英格兰银行董事们拒绝商讨。[72]圣·埃德温观察道,"英格兰银行摆出了一副不满意又不明智的姿态"。也许受到断然回绝的刺激,霍尔登、舒斯特和特里顿同意"形成一个详细的合作方案"。

7月22日星期三,三人联合报告递交给了伦敦清算银行家黄金储备委员会(LCBGRC)。[73]报告中提出了四个主要观点:各家银行应持有黄金占其负债的5%;一年两次公布黄金总收益;希望公布其黄金持有量的银行拥有公布的自由权利;《1844年银行法案》应当修改,赋予英格兰银行在纸币紧急发行方面更大的弹性。霍尔登过目了他的计划的主要细节,解释道,总体结果是"4 000万英镑的黄金将积聚在银行家们的手中,另外1 100万英镑的黄金控制在英格兰银行发行部,这些与大约4 000万英镑的英格兰银行一般性黄金储备加在一起,达到总量为9 000万英镑的黄金储备,从而足以应对海外提取或大量囤积"[74]。舒斯特评论道,"他本人希望找到某种方式去增加中央银行的黄金储备……每家银行……都有义务放弃一些东西以便达成一致"。特里顿对于英格兰银行的态度表示失望,指出,"他强烈规避将任何法规提交讨论。但是,在英格兰银行拒绝参加讨论、拒绝形成方案后，他的结论是至少要做出抗拒，不给英格兰银行自由裁量权，或者不再持友好态度"。最终，银行家们同意一周内再次召开会议，用同一个声音说话，并形成方案的细节。可是，会议再也没有召开。在接下来的日子里，奥地利对塞尔维亚宣战了。

银行家们的方案(7月31日星期五;8月1日星期六)

7月31日星期五，在呈递给首相的便条上有两段文字表达了银行家们的方案——他们的危机应对建议：(1)停止实施银行法案；(2)股份制银行1 300万～1 500万英镑的黄金储蓄存放于英格兰银行。[75] 阿斯奎斯对银行家们印象不深，他向他的妻子描述银行家领袖说，"一帮傻帽……都在沮丧的状态，就像大教堂里的老女人们对着茶杯喋喋不休"[76]。"惊骇中的金融家不可能表现出英雄形象，"劳埃德·乔治观察道，"然而，人们必须认同，对于手中拥有信用的百万富翁来说，似乎全世界都在围着他们转。由于炸弹突然呼啸而至，猛然发现他们的财富从他们无所不能的手中散落，(此时，他们又能如何?)"[77]。布莱克特对英格兰银行行长和银行家们参加的星期五下午的会议记录如下：

他们彼此之间都说了一些狠话，但是，英格兰银行行长用尽可能的方式(布拉德伯里的用语)保持冷静。

布拉德伯里、蒙塔古以及英格兰银行行长和副行长试图劝说银行家们：(1)完全拿出他们的黄金；(2)完全依赖英格兰银行贴现，他们会得到全力支持；(3)要明白，当储备耗竭的危险出现时，政府会停止实施银行法案。英格兰银行利率提高到 8% 就能够阻止所有的黄金外流。

银行家们拒绝接受将黄金和证券交给英格兰银行并按照交出黄金 3∶1 的比率拿到纸币的霍尔登—舒斯特的老方案。英格兰银行方面最终请求首相——在附近的唐宁街 10 号——强烈支持他们。

最终,会议没有达成任何积极成果。银行家们准备于次日谈条件——咨询英格兰银行利率(布拉德伯里),咨询减半的英格兰银行利率(霍尔登),如果方案被接受,英格兰银行准备按照银行家们的证券数量出借纸币。[78]

8 月 1 日星期六开始了夏季休会期,但是,内阁成员们被要求"保持电话通畅"。[79] 上午 11:00 召开的危机应对内阁会议关注的是不断恶化的国际局势。正如地方政府委员会主席、邮政总局局长赫伯特·塞缪尔写给其夫人碧翠丝的信中所说的,会议还讨论了"如果我们不采取措施,席卷欧洲的大危机将导致崩溃"。[80] 塞缪尔是"金融局势内阁委员会"七强人之一,内阁委派他们处理金融危机,其他几位分别是财政大臣、大法官霍尔丹勋爵(Lord Haldane)、殖民地事务大臣刘易斯·哈尔科特(Lewis Harcourt)、内政大臣雷金纳德·麦肯纳(Reginald McKenna)、贸易委员会主席沃尔特·朗西曼以及总检察长约翰·西蒙(John Simon)爵士。[81] "在同霍尔丹和克鲁(Crcwc)关于'延期支付'的谈话过程中,我写下了这个内容",阿斯奎斯在那一天的晚些时间写给维尼夏·斯坦利的信中说,"几乎不可想象,每个小时都有大量的新问题出现。"[82]

关于内阁委员会那天下午从 2:00 到 6:00 的第一次会议,霍尔丹在写给母亲的信中说,"英格兰银行行长以及伦敦的银行家们与我们在一起。金融危机是严重的,我们即将采取强力措施"。[83]内阁委员会决定采用银行家们的方案,即将1 300万英镑的黄金存入英格兰银行(换取英格兰银行发行的纸币),并且将汇票延迟支付一个月。[84]接着,部长们赶赴晚上 6:00 召开的第二次内阁会议,这是一个由布拉德伯里、其他一些财政部官员、蒙塔古、英格兰银行行长和银行家们参加的"技术讨论会"。后来,赫伯特·塞缪尔写给其夫人碧翠丝的信中说,"星期一我们将在议会介绍方案,注定能够缓解局势,大范围的金融无序将得以避免。至于我们的家族银行,无需担忧[告诉杰恩内特(Jeannette)]"。内阁会议于晚间 8:30 结束时,阿斯奎斯与客人们一起共进晚餐并打了桥牌,他们包括外事大臣爱德华·格瑞(Edward Grey)爵士、克鲁勋爵、普瑞维·希尔(Privy Seal)。"在格瑞忙着打桥牌时,克鲁打开了电报箱",当时在场的俄罗斯大使的女婿杰斯帕·李德利(Jasper Ridley)在日记中记述道。[85]格瑞告诉公司说,路透社电报表明德国已经向俄罗斯宣战。"除了战争,人们不可能思考和谈论其他任何事情,我们都像棋盘上疲于奔命的小卒子。回到家中大约为晚上 11:30 了。顺便说一下,维奥利特(Violet,阿斯奎斯的女儿)不经意间透漏了秘密,延迟支付可能于星期一宣布。"

同时,在财政部,晚上 9:30 内阁委员会与发起同银行家们进行技术讨论的蒙塔古、佩什和其他官员再次召开会议。他们工作了一个小时,尤其关注的是政府的海运保障计划,以应对战争风险。[86]会议结束后,"痛恨"银行家计划并对首相的金融局势内阁委员会失望的布拉德伯里赞同了方案。

在西蒙、佩什爵士、拉姆塞、汉密尔顿、蒙塔古和其他一些人在场时，对着劳埃德·乔治说，同意股份制银行家们的建议，否则他将陷整个国家的金融地位于危险之中，黄金将交给英格兰银行并存放在那里，而不是自由给付。每一位研究这个问题的经济学家都会反对首相的观点，等等。

常务大臣关于银行家计划为自我服务且非局势所需的看法并非是孤立的，财政大臣和首相也都有这样的看法。1973年接受英格兰银行史学家理查德·塞耶斯访问时，时年94岁的拉尔夫·哈特利爵士说，"银行家们紧紧抓住他们的黄金不放，因为他们坚持他们自己有害的黄金储备计划"，但是，他对此没有详细论述。[87] 布莱克特指出：

蒙塔古给人深刻印象的是，午夜后他逮住首相，并汇报了布拉德伯里的攻击性讲话。首相评价说，布拉德伯里的话不仅不完全真实，而且是陈词滥调、自以为是。如果有可能，今天（星期日）布拉德伯里会见到首相。

布莱克特8月1日的日志中总结性的几句话是："如果说在金融办公室里爱德华·格瑞爵士不可或缺，最后几天的情况表明财政部里可以少了劳埃德·乔治。"[88]

注释

1. British Library: Ms. 88888/2/9. Diary of Sir Basil Blackett, 31 July 1914.
2. TNA: T170/14. Note initialled F.S. [Sir Felix Schuster] and E.H.H. [Sir Edward Holden], 31 July 1914.
3. Goodhart 1972: 101.

4. See Sykes 1926.
5. Capie and Ghila 1982: 85–6.
6. HSBC Group Archives: UK 158/0001. Clearing Bankers' Gold Committee, minutes of meeting, 7 May 1914.
7. Pressnell 1968: 167–228.
8. Kynaston vol. II 1995: 40.
9. Goodhart 1972: 102.
10. 'The Proposed Bullion Reserve', *Bankers' Magazine*, vol. lxviii (August 1899): 148–51; 'Chancellor of the Exchequer on Banking', *Bankers' Magazine* vol. lxviii (August 1899): 232.
11. Fowler 1900: 258–9.
12. Schuster, 'Our Gold Reserves', *Journal of the Institute of Bankers*, vol. xxviii (January 1907): 1–25.
13. 'Our Gold Reserves: Adjourned Discussion', *Journal of the Institute of Bankers*, vol. xxviii (February 1907): 66–86.
14. 'Mr Holden's Proposals', *Bankers' Magazine*, vol. lxxxiii (Feb 1907): 233–4.
15. 'Gold Reserves', *Bankers' Magazine*, vol. lxxxiii (April 1907): 590–1.
16. 'Gold Reserve', *Bankers' Magazine*, vol. lxxxv (March 1908): 454.
17. LMA: Ms. 16,647. London Chamber of Commerce, 16 December 1908.
18. Sir John Lubbock (1834–1913); Lawrence Currie (1863–1934).
19. LMA: Ms. 16,647. London Chamber of Commerce, 8 July 1909.
20. 'Inaugural Address of the President, Frederick Huth Jackson', *Journal of the Institute of Bankers*, vol. xxx (December 1909): 601–15.
21. Frederick Huth Jackson (1863–1921). 'Obituary: Death of Mr. Huth Jackson. A Famous Banker', *The Times*, 5 December 1921.
22. 'The Late Frederick Huth Jackson', *Journal of the Institute of Bankers*, vol. xliii (January 1922): 1–2; Freemantle 1971: 135–8, 208–11.
23. Sayers 1976: 41.
24. Alfred Clayton Cole (1854–1920). 'Obituary: Death of Mr. A. C. Cole', *The Times*, 9 June 1920.
25. 'The Late Mr. A. C. Cole', *Bankers' Magazine*, vol. cx (July 1920): 43; quoted in Kynaston vol. II 1995.
26. 'Bankers' and Merchants' Dinner at the Mansion House', *Bankers' Magazine* vol. xcii (September 1911): 401–06.
27. 'Publications Received', *Financial Times*, 21 November 1911.
28. TNA: CAB 16/18A. Report and Proceedings of the Standing Sub-Committee of the Committee of Imperial Defence on Trading with the Enemy 1912,
29. TNA: CAB 16/18A. Report and Proceedings of the Standing Sub-Committee of the Committee of Imperial Defence on Trading with the Enemy 1912, 10 September 1912: 93–104.

30. TNA: CAB 16/18A. Report and Proceedings of the Standing Sub-Committee of the Committee of Imperial Defence on Trading with the Enemy 1912, 10 September 1912: 9–14.
31. TNA: T171/53. Bank Reserves, Sir George Paish, undated (January/February 1914).
32. TNA: CAB 16/18A. Report and Proceedings of the Standing Sub-Committee of the Committee of Imperial Defence on Trading with the Enemy 1912, 10 September 1912.
33. Crammond 1910: 119–243.
34. Cited in Kynaston vol. II 1995: 529–30.
35. O'Hagan 1929: 347.
36. Angell 1912: 50–83.
37. 'The City as a Peace Compeller. Mr Norman Angell', *Candid Quarterly*, August 1914: 707.
38. 'Lombard Street and War', *The Round Table*, March 1912: 246–84.
39. May 1995; Kendle 1975.
40. Robert Brand (1878–1963). Burk 1984b.
41. 'Our Trade in Credit', *Candid Quarterly*, February 1914: 170.
42. 'City Chatter', *The Sunday Times*, 4 October 1914.
43. Sykes 1937: 250–66.
44. (Robert Brand) 'Lombard Street in War', *The Round Table*, September 1914; Brand 1921: 37–68.
45. Bodleian Library, Oxford: Brand papers.
46. Brand 1921.
47. de Rougemont 2010: 344–5.
48. Withers 1915: 32.
49. TNA: T170/21. War Book.
50. HSBC Group Archives: UK 158/0001. Clearing Bankers' Gold Committee, minutes of meeting, 22 July 1914.
51. Pressnell 1968: 170.
52. Cassis 1994: 292.
53. Kynaston vol. II 1995: 119.
54. de Cecco 1974: 62–75.
55. 'Indian Currency Commission. Formal Interim Report', *The Times*, 12 September 1913; Keynes 1913.
56. Royal Commission on Indian Finance and Currency 1914, Minutes of Evidence (Cd. 7239).
57. Sayers 1976: 31.
58. HSBC Group Archives: UK 158/0001. Clearing Bankers' Gold Committee, minutes of meeting, 7 May 1914.

59. HSBC Group Archives: UK 158/0001. Clearing Bankers' Gold Committee, minutes of meeting, 7 May 1913.
60. HSBC Group Archives: UK 158/0001. Clearing Bankers' Gold Committee, minutes of meeting, 11 June 1913.
61. HSBC Group Archives: UK 158/0001. Clearing Bankers' Gold Committee, minutes of meeting, 30 July 1913.
62. 'The Gold Reserve Problem', *Bankers' Magazine*, vol. xcvi (September 1913) p. 318.
63. HSBC Group Archives: UK 158/0001. Clearing Bankers' Gold Committee, minutes of meeting, 12 November 1913.
64. HSBC Group Archives: UK 1699/0002. London City & Midland Bank. Annual General Meeting, 23 January 1914: 51, Speech of Sir Edward H. Holden, Chairman.
65. HSBC Group Archives: UK 158/0001. Memorandum for Gold Reserves Committee by Sir Felix Schuster, 10 February 1914; Memorandum for Gold Sub-Committee as to Utilisation, when needed, of Gold held in reserve by bankers by J. Herbert Tritton, 31 December 1913.
66. BoE: G23/89. Secretary's Letter Book, 26 January 1914.
67. TNA: T171/53. Sir George Paish, Bank Reserves, undated (January/February 1914).
68. TNA: T171/53. Sir John Bradbury, Gold Reserves, 28 February 1914.
69. TNA: T170/19. B. P. Blackett, Gold Reserves, 22 May 1914. Covering note; Sayers 1976: 64–5.
70. TNA: T170/19. B. P. Blackett, Gold Reserves, 22 May 1914.
71. HSBC Group Archives: UK 158/0001. Clearing Bankers' Gold Committee, minutes of meeting, 2 April 1914.
72. HSBC Group Archives: UK 158/0001. Clearing Bankers' Gold Committee, minutes of meeting, 14 May 1914.
73. HSBC Group Archives: UK 158/0001. Recommendations by the Special Committee Appointed by the Gold Reserves Committee.
74. HSBC Group Archives: UK 158/0001. Clearing Bankers' Gold Committee, minutes of meeting, 22 July 1914.
75. TNA: T170/14. Note initialled F.S. [Sir Felix Schuster] and E.H.H. [Sir Edward Holden], 31 July 1914.
77. Lloyd George vol. I 1933: 67–8.
78. British Library: Ms. 88888/2/9. Diary of Sir Basil Blackett, 31 July 1914.
79. Parliamentary Archives: Samuel papers. A/157/696. 31 July 1914.
80. Parliamentary Archives: Samuel papers. A/157/696. 31 July 1914.
81. Parliamentary Archives: Samuel papers. A/157/696. 1 August 1914.
82. Brock and Brock 1982: 140.

83. National Library of Scotland: Haldane MSS 5992, f.4. Haldane to Mary Haldane, 1 August 1914.
84. British Library: Ms. 88888/2/9. Diary of Sir Basil Blackett, 1 August 1914.
85. Diary of Sir Jasper Ridley made available by Sir Adam Ridley. 'Obituary: Sir Jasper Ridley (1887–1951)', *The Times*, 2 October 1951.
86. Parliamentary Archives: Samuel papers. A/157/697. 31 July 1914. 2 August 1914.
87. Sayers 1976: 73.
88. British Library: Ms. 88888/2/9. Diary of Sir Basil Blackett, 1 August 1914.

5

财政部的观点

8月2日星期日是一个重要的日子,一方面战争正在逼近,另一方面财政部应对金融危机的方案形成。财政大臣大卫·劳埃德·乔治,时年51岁,是导致英国参与战争决策中的重要人物,因此,直到傍晚他还没有走进财政部。[1] 昨日确定的内阁委员会会议没有召开。由于首相和其他各位部长们关注的是战争与和平问题,常务大臣约翰·布拉德伯里接管了金融危机的管理权。

介入还是中立?

星期日上午从位于汉普斯特德的家中到白厅的路上,布莱克特看到了一个"新闻招贴"上说德国入侵卢森堡。尽管德国直到8月3日星期一才宣战,这个"新闻招贴"表明德国进攻法国的路线必须经过卢森堡。8月2日星期日,德国的军事行动带来了一个悬而未决的问题,即英国是站在法国一边,还是保持中立。

在 7 月份的最后一周,可以确定的是伦敦城的观点是强烈反对英国介入欧洲战争。"金融利益集团全都持和平立场,"《金融新闻》在 7 月 28 日星期二宣称,"毫无疑问,在危机中银行界总是极力站在和平立场上,事实上,由于银行家在英国和其他国家的努力,在过去很长时间里欧洲没有大规模的战争爆发。"[2] 罗斯柴尔德勋爵恳求《泰晤士报》对于反对德国战争的报道用语温和一些,并向德国国王发出了个人的和平请愿。[3] 劳埃德·乔治的朋友和知己瑞德尔勋爵(Lord Riddell)在他的日记中写道,7 月 31 日星期五首相告诉他,"他将为和平而奋斗",还写道,"所有银行家和商人请求我们不要介入战争。英格兰银行行长眼中含泪对我说,'远离战争。如果我们被拖入战争,我们就完了!'"[4] 劳埃德·乔治回忆说,坎利夫告诉他"代表着伦敦城,伦敦城的金融与贸易利益集团全部反对我们介入战争"。[5] 他在内阁中说,英格兰银行行长、副行长、"伦敦的其他领袖人物"、全国的商人"都反对介入欧洲冲突的想法"。[6] "当前普遍的观点——伦敦城尤其强烈——是极力置身事外,"阿斯奎斯告诉维尼夏·斯坦利。[7] "事实上,伦敦人同情奥地利,"8 月 1 日星期日的《经济学家》指出,"商业界"支持"严格中立"。公开反战编辑弗朗西斯·赫斯特也是持这种看法,他指出,"我们不应当关注欧洲人陆的'纷争'比关注阿根廷与巴西的纷争或中国与日本的纷争更多"。[8]

瑞德尔将 20 个大人物组成的阿斯奎斯内阁划分为四个阵营:"介入派",以阿斯奎斯和外交大臣爱德华·格瑞爵士为首,他们认为紧迫的事情是在策略上和道义上支持法国;"和平派",以总检察长约翰·西蒙爵士、贸易委员会主席约翰·伯恩斯(John Burns)、议会主席莫里勋爵(Lord Morley)为首,他们主张"任何情况下都不应有战争";"摇摆派",中间立场阵营的人员最多,其中职位最高的是劳埃德·乔治,他们强烈反对战争,同时也反对德国军国主义并准备"在特定情况下"支持介入战争;还有一个"调和派",以兰开斯特公爵领地事务大臣查尔斯·马斯特曼(Charles Masterman)为首,他们"努力调和其他三个阵营的不同立场,旨在避免政府分裂"。[9]

作为一名激进分子,与干涉主义者相比,就个性和理想而言,劳埃德·乔治更接近绥靖主义者,尽管他的私人秘书弗朗西斯·史蒂芬森相信"实际上他最初就下定了决心,他知道我们必须介入战争"。[10]在唐宁街11号劳埃德·乔治于上午10:15同摇摆不定的同事们会面,11:00他将在隔壁的内阁活动。教育委员会主席约瑟夫·皮斯(Joseph Pease)在他的日记中记述道,"他们都认为我们现在尚未准备好介入战争,但是,在特定情况下,我们会重新考虑我们的立场,比如侵入比利时全境的情况下"。[11]"上午的内阁会议几乎酿成一场政治危机叠加国际危机和金融危机的结果,"摇摆派赫伯特·塞缪尔(Herbert Samuel)在写给其夫人的信中谈到了部长们之间的观点不同,以及可能出现辞职现象。[12]格瑞敦促形成决议——"要么我们宣布中立,要么介入战争,"朗西曼在个人备忘录中写道,"如果我们中立,他就离开会议,但是,他不能责备内阁,即使他们不同意他的观点"。[13]格瑞的离开会对政府造成损害,同时,按照摇摆派领袖人物劳埃德·乔治的预计,将有大量的中立主义者辞职。阿斯奎斯问塞缪尔:"劳埃德·乔治将会做些什么?"[14]

下午 2:15,接近 3 个小时的内阁会议之后,包括劳埃德·乔治在内的七位部长聚在一起吃午饭,并将下午的大部分时间用来相互商讨。[15]下午 2:40,在财政部的布莱克特收到了比彻姆勋爵(Lord Beauchamp)发来的电报,电报中有首相的紧急指示,首相要找五位部长并将他们送到比彻姆女士的寓所。布莱克特怀疑这是否预示了"和平阵营"部长们的辞职,在这些人中有劳埃德·乔治。"他们辞职的可能性极大,而且,他们将由反对者取代,"他在日记中写道,"这意味着保住了(前保守党首相)奥斯丁·张伯伦的财政和金融部长职位。"但是,事情并没有按照这样的路径发展下去。晚上 6:00,在唐宁街 11 号首相与摇摆派再次秘密会面,并解决了问题,因为德国对比利时形成了"占领"的威胁。"当 6:30 内阁再次开会时,局面变得轻松了,"塞缪尔写道,"争论的焦点已不是压力……我们保持一致。"[16]普瑞维·希尔勋爵和克鲁勋爵写信告诉国王关于代表阿斯奎斯的重要内阁情况,他们告诉国王说,"关于比利时,大家认为……(战争)严重侵犯了这个国家的中立地位……迫使我们采取行动"。[17]伯恩斯和莫里认为内阁的立场就是要介入战争,已经证明了这一点,他们提出辞职,但是,对于他们提出离职,政府没有让步。[18]

6:30 的内阁会议关注的是外交和军事问题,没有完全顾及金融紧急情况。皮斯记述道,"有人提到'1 英镑纸币和立即发行的措施'、海上保险以及汇票支付延期公告"等。[19]"为了避免星期二到来的恐慌,我们应当于明天发布公告,宣布延期支付——搁置某些类型债务的到期支付义务,"塞缪尔对他的夫人说,"我们还有其他金融储备措施。"[20]

财政大臣和他的顾问们

作为政治家,大卫·劳埃德·乔治的优先目标是社会变革,作为财政大臣,他要向养老和国家保障措施提供资金,向同德国进行的海军武力竞赛提供资金。他发现,资金主要来自向富人征收高税收,这使他成为被伦敦城所讨厌的人。1909年他的激进的"人民预算"激起了宪法危机,也激起了公众与罗斯柴尔德勋爵之间的冲突,财政大臣在公众集会上发表演讲,"强烈指责"伦敦城的知识界领袖。[21] 1912年,罗斯柴尔德向他在巴黎的堂兄表达了他对财政大臣的看法,"他不是金融家,他没有合格的金融顾问,不适合拥有如此高的职位"。[22] 尽管因劳埃德·乔治转移资金去实现"普遍赞成的目标"而备受批评,此后的预算则很少出现问题。[23] 劳埃德·乔治和总检察长鲁弗斯·艾萨克斯(Rufus Isaacs)卷入了1912~1913年的马可尼丑闻(Marconi scandal),因内幕交易而备受责难,按照财政部官员弗雷德里克·李斯—罗斯的说法,他们"由于不坦率而使形象受到伤害",但是,由于得到了首相赫伯特·阿斯奎斯的力挺,他们仍位居部长职位。[24]

1914年金融危机开始时,虽然劳埃德·乔治自1908年就任财政大臣并完成了6个财政预算计划,但是,他"从未接触过汇票并对复杂的国际贸易规则知之甚少"。[25] 自由党议员、阿斯奎斯政府战争事务办公室金融秘书查尔斯·梅里特(Charles Mallet)爵士回忆说:

在财政部,劳埃德·乔治先生的工作并不像在贸易委员会那样成功。真相是他总是不能全面把握他所要处理的金融问题。财政部官员中流传着一些关于他的故事,他们惊讶地发现他将重要的文件放在一边不去看,取而代之的是大臣邀他们去面谈。[26]

在危机初期的日子里,财政大臣缺乏对金融事务的把握且支持银行家方案,使财政部官员们非常震惊。然而,随着危机的发展,至少布莱克特的印象是财政大臣了解到了一些复杂情况并对指导意见有了敏感性。8月1日星期六,他的日记传达出的信息是财政大臣"可有可无";8月5日星期三的日记中说,他"最终回到了正确的立场";8月8日星期六的日记中说,"需要一些时间来教育他,但是,他现在下决心成为一流的金融专家"。[27]财政大臣的同僚们的话也是重要的补充说明。告诉劳埃德·乔治"你向老百姓撒谎了"后不久,金融局势内阁委员会成员怀特·朗西曼告诉1913年任锡兰总督、前财政部常务秘书罗伯特·凯尔马斯(Robert Chalmers)爵士说:

劳埃德·乔治召集了数不尽而又无休止的银行和金融公司参加的会议,麦凯纳、克鲁、哈尔科特和我都支持他,鲁弗斯·艾萨克斯随时担任顾问并向雄心勃勃的财政大臣提出指导意见。劳埃德·乔治付出了最大的努力,并且在关于货币、交易、银行和信用原则以及商业条件的讨论结束时弄清楚了当前的问题,伦敦城和各大商业中心都在赞扬他,他理当获得这样的赞扬。[28]

威廉姆·劳森评论道,伦敦乃至全国都庆幸有了一位"不保守的、灵活的财政大臣",而不是一位传统的、"缓慢行事的"财政部长,所以,才能采取果断的措施应对紧急事务。[29]然而,劳森著作的评论者观察道,"他显然将劳埃德·乔治看作金融市场迷宫里的一个新人——后来才将他看作金融大厦的一根柱石,他认为劳埃德·乔治缺乏熟练的知识,并且在挑选正确的人为他提建议方面以及采用他们的建议的勇气方面乏善可陈"。[30] 实际上,劳森对劳埃德·乔治的金融判断力是持有保留意见的,在调查和公开马可尼丑闻事件中他起到过"无畏的"作用,劳森回忆说"控制各种马可尼股票是一个赌博式方案",通过大量的文章以及他作为证人在调查事件的公选委员会面前的表现可以说明这一点。[31] 1914 年 7 月末还在进行着激烈争论,关键是每个人对这件事都有话要说。[32]

在劳埃德·乔治担任财政大臣期间,财政部低级职员、金融秘书等一大批现任官员都成为"优秀职员或会计师"。[33] 从 1914 年 2 月开始,伦敦城商人银行塞缪尔·蒙塔古银行的创立者斯维斯灵勋爵(Lord Swaythling)的儿子埃德温·蒙塔古获得了自由党政治活动领域的一个职位。[34] 他是阿斯奎斯的追随者,无论是 1905~1908 年财政大臣时期还是 1908~1910 年首相期间,他都是阿斯奎斯在议会中的私人秘书。在这个国家蒙塔古是周末唐宁街 10 号和阿斯奎斯家庭的常客;1915 年他与维尼夏·斯坦利结婚。在乔治勋爵参加内阁会议、众议院会议或政治密会时,蒙塔古代理他,他的讣告中称他为危机期间乔治勋爵的"右手"。[35] "最卓越的政治首脑,"蒙塔古的私人秘书指出,也是"神经兴奋性的人"。[36] 保守党议员利奥·艾莫瑞(Leo Amery)说,"尽管他缺乏判断力,但是,他是对诚挚的信念易动感情的人"。[37] 奥特林回忆 7 月 25 日在阿斯奎斯家中与他见面的情形,他似乎"困惑于"战争的前景。"他在房间里走来走去,并说'当然,我猜想我们迟早必须与德国打仗,至于海军,这将与其他国家一样,是好时机——他们现在还没有准备好,今后他们会准备好。"[38]

劳埃德·乔治在危机期间有两位特别顾问:《统计学家》编辑乔治·佩什爵士和最高法院的首席法官雷丁勋爵。佩什,时年47岁,编辑,经济统计专家,财政大臣指定他参加7月31日星期五晚上与银行家商讨违纪问题的会议,作为财政大臣的特别顾问进入财政部。[39]佩什回忆说,"我们"的职责是按照备忘录告诉财政大臣每天要做什么,每天早晨7:00在家里为大臣准备好备忘录。"对于我来说,这意味着匆忙晚餐后就是长时间的工作,"他回忆道,"我通常睡得很晚,大约4:30再起床继续写,直到6:00。工作是辛苦的,但是,我很乐意,并认为我是在为国家做真正有意义的事情。"[40]可是,按照凯恩斯的说法,1914年8月的一天半时间里,他(佩什)是财政部重要的人。然而,像通常情况一样,劳埃德·乔治爵士很快就对他反感了,阻止他读冗长的备忘录。可是,他获得了高薪水和显赫的头衔……还有……拥有距离很远、位于凯克斯顿宫(Caxton House)路政委员会(Road Board)的一个房间。"[41]

在危机的高潮阶段,佩什向财政大臣提供了6份很长的手写备忘录。[42]3份备忘录特别突出,关于国内黄金囤积问题,他指出"已经达到了相当人的规模";避免票据承兑事务所倒闭非常必要;以及需要保持国际信贷体系以保证英国为进口食品和原材料而需要的偿付能力。佩什提供给财政大臣的第一份备忘录时间是星期六上午,也就是金融局势内阁委员会第一次会议之前,要求如下:(1)延期支付的"一般特征"是保护票据承兑事务所的同时,也保护受到海外停止汇兑威胁的其他商业实体;(2)停止实施银行法案;(3)停止贵金属货币支付；(4)小面额纸币的发行。8月2日星期日，显然是为了回答他关于银行家方案的看法，佩什写道，"假如能够保持信心，它就是一个好方案"。但是，他提醒道，即使拥有5 500万英镑的复合黄金储备，"储户仅要求5%的储蓄以黄金体现出来，那么，英格兰银行的全部黄金仍会消失。"另外一些佩什的备忘录（全部没有日期）由关于各种政策选择的"赞同"和"反对"观点清单构成，但是，几乎没有任何政策建议，比如"停止硬通货支付""不加限制的英格兰银行纸币发行""延展延期支付"以及票据承兑事务所。

劳埃德·乔治的另一个特别顾问是雷丁（或鲁弗斯·艾萨克斯勋爵），时年54岁。[43]在占据了商业法领域的显耀职位之前，作为年轻人在证券交易所工作，正式商业法领域的职位使他能够在1910年被委任为总检察长，以及1913年开始任首席大法官。通过议会，他帮助阿斯奎斯政府在重大立法项目上做了开创性的工作，并成为劳埃德·乔治的密友，与劳埃德·乔治一起卷入马可尼丑闻的纷争之中。8月3日星期一从他们共同的朋友瑞德尔勋爵那里得知财政大臣紧急需要关于金融事务的建议，雷丁立即从乡下返回伦敦。"今天当我到这里时，我并不喜欢这样的态势，"他告诉瑞德尔说，"我似乎来到了另一个世界。"[44]财政部为他提供了办公室，在起草紧急法案方面，他起到了关键作用。[45]塞耶斯引用当时匿名者的说法，"他是'备用的财政大臣'"。[46]尽管劳埃德·乔治称他的建议是"无价的"，回忆"他的金融知识、大师形象、灵活又冷静以及果敢判断在关键转折点上起到怎样的作用"。伦敦清算银行家委员会的一位成员对雷丁的关键作用这样描述：他"思路清晰，行动果决"。[47]碧翠丝·韦伯（Beatrice

Webb)在 8 月末见到雷丁和蒙塔古,发现他们"急于提供帮助……他们都以最高效率去工作,没有晚餐和周末地工作"。[48]

金融部门

  1914 年夏天的财政部是小规模、紧凑的、仅有 33 位政府官员的精英部门。[49] 作为国内公务员所在各部门中最尊贵的部门,也是优越的部门,该部门所招收的人都是自 1906 年国民服务考试中位居前列的。金融部门是精英分子所在的部门(也称为第一部或 1D),管理着货币、银行业、公共债务、税收和处理同英格兰银行的关系。其他五个部门的主要工作是行政管理,处理的是中央政府各部门支出的控制;财政部的总体作用是增强经济实力而不是创设政策。财政部有两位常务秘书,一位是负责金融部门报告的约翰·布拉德伯里爵士,另一位是负责各个行政部门的托马斯·赫斯(Thomas Heath)爵士。

  布拉德伯里,时年 41 岁,重要的金融战略家,危机管理技术专家,受教育于曼彻斯特文法学校和牛津大学布雷齐诺斯学院,他获得了奖学金,是现代历史上第一位奖学金获得者。[50] 在高度竞争的公务员考试中,他位列第一,1896 年进入财政部。1905 年他被任命为新任财政大臣阿斯奎斯的私人秘书。1908 年 4 月阿斯奎斯成为首相、劳埃德·乔治任财政大臣时,布拉德伯里被提升为金融部门领导。基于他的能力,他帮助劳埃德·乔治准备了 1909 年的"人民预算案",接着,密切参与财政大臣具有开创意义的 1911 年国家保障计划的安排与实施。1913 年以来任常务秘书,那时,财政部的工作被分为金融部门和行政部门的工作。"在我认识的财政部所有人中,布拉德伯里最具创造性思维,又有扎实的经济学知识并运用到他所面对的问题,"弗雷德里克·李斯—罗斯(Frederick Leith-Ross)回忆说,根据回忆,他在危机开始时担任常务秘书的个人助理。"没有事情可以事先准备好,每件事情临时准备……他是富有能量的魔鬼之才,在委员会中起草必要的法案和指令,会见伦敦城的代表,与英格兰银行达成协议。"[51]他赢得了同事们的尊重和爱戴,他的"令人惊恐的"幽默感也给人深刻记忆。随着反德国情绪不断增强,根据李斯—罗斯的回忆,菲利克斯·舒斯特会见布拉德伯里后离开时显得非常紧张。"是的,他遇到了一些麻烦,"常务秘书说,"但是,最让他担忧的是白厅里的那些灯柱。"[52]从财政部退休后,布拉德伯里担任英国银行家协会主席,并且由于一天可以抽上百支香烟,他还担任了帝国烟草公司(Imperial Tobacco)的董事。

布拉德伯里在危机期间最重要的助手是后来继承了第一部门首脑、时年43岁的马尔考姆·拉姆塞以及时年32岁的主要职员巴塞尔·布莱克特。[53]另外,就是他的时年27岁的私人秘书希吉斯蒙德·施罗斯[Sigismund Schloss,不久改名叫维利(Waley)]以及时年27岁的私人助理弗雷德里克·李斯—罗斯。[54]他们与时年34岁的财政大臣私人秘书哈瑞斯·汉密尔顿紧密合作。[55]另一个参与危机管理工作的财政部官员是拉尔夫·哈特利,时年35岁,与布拉德伯里一起完成了1909年预算和1911年国民保障措施,布拉德伯里从他那里学到了"大量的"金融学和经济学知识。[56]1913年,哈特利出版了《论优劣贸易》(Good and Bad Trade),研究的是贸易周期,使他成为闻名于世的经济学家。1919年他成为经济调查委员会主任,两次战争期间他担任财政部外部经济学家。上述每一位官员都长期担任财政部的显要职位,并获得了爵士称号。然而,1914年夏处理危机事务的8名财政部主要官员(平均年龄达到了66岁),包括从位居高位的布拉德伯里到李斯—罗斯,其中,李斯—罗斯是非常年轻的,时年34岁。

编制不至于招致众人反对的银行家方案

8月2日星期日,布拉德伯里最重要的任务是准备政府回应银行家方案的回函,起草财政大臣给众议院的声明,以及准备首相参加的下午会议。在布拉德伯里的指导下,拉姆塞和布莱克特花了星期日上午和半个下午的时间"将股份制银行提交的解释他们的方案的备忘录转换成书信的格式,并起草了财政部发出的答复函"。[57]由财政部重新起草的银行家们的信函提出了5项建议:(1)停止实施《银行特许法案》;(2)授权英格兰银行向银行家们发行4 500万英镑的纸币;(3)银行家们将至少1 200万英镑的黄金存入英格兰银行并获得等额的纸币;(4)增发纸币以及票据或证券作为应急措施;(5)认可银行家们支付的纸币发行税率与票据或证券税率相同。

银行家方案的信函中声明方案的优点是:提供的应急货币能够满足需求,英格兰银行额外增加的1 200万~1 500万英镑的黄金能够提振信心,从而起到"公众心理的稳定效应";一旦情况允许,应急发行的纸币将归还英格兰银行,从而消除通货膨胀的风险。"我们希望易于理解的是,银行家们在其方案中并不希望通过纸币发行获利,为了达到方案实施的目的,他们愿意对发行的纸币缴纳税收。"信函中宣称。

银行家们使出全力要求紧急发行纸币是极其渴望与英格兰银行行长和英格兰银行决策委员会保持行动上的完全一致,同样地渴望表现出他们是彻底的利益共同体。即使具有可能性,但是,他们并不想把纸币发行作为竞争目的,并且更少地从英格兰银行提取黄金。最后,他们强调了他们的理念,如果增加货币发行不能马上做到,必须考虑其他更加重要的措施。[58]

首相和财政大臣的回函日期也是 8 月 2 日星期日,也是财政部起草的,回函中指出,他们"非常认真地考虑"了银行家们的来信内容。他们明白银行的建议是事前存在的委员会的讨论成果,业已形成的一般性方案还没有"提交公众讨论和批评"。尤其是,他们理解,关于当前紧急情况,银行家建议案的目的是:

要保证作为处理当前危机的权宜之计而被采用,我们毫无偏见地提出这样的问题,是否这样的安排优势能够作为目前货币体系的一部分。

基于理解和权衡,你们的建议一定是出于重要的实践经验,在当前重要的关口必须保持金本位制,保证股份制银行间的密切合作是重要的。考虑到下面的特殊情况,我们接受你们的要求。

然而,你们建议中暗含的观点,我们无法认同,如此大比例的各家银行手中的黄金存入英格兰银行会得到更好的使用,而不是按照通常的渠道来满足你们的客户的日常需求。事实上,同意你们的建议,我们就不能坚持建议的黄金数量存入英格兰银行……为了主要目的,只要货币状况需要,可以自由地进入流通。

政府的条件是:(1)"按照通常的方式",1 200 万～1 500 万英镑的黄金"关键储备"换成纸币。(2)以证券为抵押发行纸币,需要得到财政部的同意。(3)当银行利率达到或高于10%时,方可以证券为抵押发行纸币,而且这些纸币应被视为政府按照银行利率预先支付的利息。(4)作为抵押的票据和证券必须得到代表女王陛下政府的英格兰银行的批准。

根据布莱克特的回忆,财政部采取非正常程序起草银行家们的来信以及首相与财政大臣的回信的目的是:

以同样的方式提出接受舒斯特方案的条件,从而形成接受停止实施银行法案的对等条件……相关条件是:(1)各家银行拿出来的黄金,英格兰银行可以自由支配;(2)作为授权方,不应关注政府的储备实力受到英格兰银行对银行进行贴现的证券数量的限制,也不应计较 2/3 的纸币对 1/3 的黄金比例。

大约下午 4:00 布拉德伯里见到了首相时,他随身带着这(两封信函)(他本人修改的),并且得到了承诺,即首相会运用他的影响力对股份制银行施加压力。[59]

"财政部的观点"

与首相会面后,布拉德伯里便着手为首相撰写危机发生时的政策提示。实际上,这就是布莱克特所谓的"财政部观点"。[60]根据档案,当晚布拉德伯里回到家中,并告诉拉姆塞和布莱克特说,他"打算为首相写一份备忘录,实质上是针对'山羊'(劳埃德·乔治在政治圈中的绰号)做法的规范路径,以用于首相的演说"。

"货币局势总体上是完全令人放心的。在危机爆发时英格兰银行的地位超乎寻常的强大,"布拉德伯里开始挑战需要银行家们的黄金储备的看法,"由于银行利率提高,黄金外流的趋势已经出现,这样的趋势应当立即加以审视。"接着,他按照以下顺序阐述了四个政策观点:

(1)暂停贵金属货币支付("现金支付"——纸币换黄金),以应对国外黄金提取的威胁。他认为,国外提取黄金是最不起眼的问题,因为10%的银行利率以及伦敦大规模的国际信贷资产将会产生以下效果:

为我们带来所需要的黄金。但是,如果黄金受到激励而流向伦敦市场,那么,首要的是保持伦敦作为世界自由市场的地位。当我们需要黄金时,无论多久,我们都能够得到黄金,因为我们随时准备支付黄金。我们的第一要务必须是保持我们的金本位制以及货币的可转换性。

(2)国内提取黄金,这将意味着黄金从英格兰银行流到商人银行,从公共储备转变为私人囤积。完全不同于劳埃德·乔治根据佩什和银行家们的担心所得出的咨询意见,布拉德伯里指出:

获得的所有证据倾向于表明,普通公众的行为相当冷静,银行取款数量是适度的,而且,英格兰银行的黄金存量显示,大体上其他银行取走并持有的黄金数量出于为防范意外事件的发生。事实上,储备仍在可控的范围内变动。

银行应加强其现金账户平衡,保证其能够应对突发需求,这样做才是谨慎的、合理的。但是,有建议提出,在某些情况下,无论怎样的利率,银行家都急于获得黄金,从而限制了黄金的支付。由于更倾向于黄金,他们用纸币取代黄金支付给客户。

一旦采取了这样的行动——无论采取还是没有采取,我遗憾地说,我听到具有一些经验的银行家们鼓吹这样的政策——我不可能过分强调的是,我认为这是有害的,并且是危险的。

普遍的观点是:

像我们的货币那样,关键的金属货币有许多优点,但是,也有一个很大的危险:如果实际流通的数量大,如果作为主要捍卫者的银行树立了囤积金币的榜样,那么,他们的客户一定会效仿,从而,无力对抗囤积货币。

只要客户每天都能够从银行家那里获得其所需的先令和便士,他就会对货币供给感到满意。如果他获得货币的渠道出现了困难,他就会忧虑将来会有更大的困难,从而通过囤积货币来保护自己。

(3)至于银行家们的方案,立即交出1 200万~1 500万英镑的黄金给英格兰银行,以增强中央储备,这个方案被内阁委员会所接受。布拉德伯里提出了保留意见:

我们接受这个方案是有假设前提的,即基于外围(零星存款人)(这是他们主要的保护任务),他们强大到足以增加中央储备,并且我们可以依赖他们牢牢控制外围力量,我们宁可不要他们所承诺的1 200万~1 500万英镑的黄金交给英格兰银行,而需要他们迫使要求兑换黄金的储户接受纸币。

(4)最后,英格兰银行、银行家和诸多评论者呼吁停止实施《1844年银行法案》以及增发纸币。布拉德伯里反对停止实施银行法案,除非绝对必要,他担心这样做会破坏公众和商业信心,从而导致囤积黄金,必然导致现金支付的停止。

在当前时期,首要的是不做制造不信任感的事情或英格兰银行指出的反常的事情。超越法律规定,以证券为抵押发行纸币的安排是一个权宜之计,历史经验表明在金融灾难时期这是有很大作用的——我说也许,权宜之计当很快回复到正常之计。

如果公众愿意视所发行的纸币与"黄金一样好"并愿意在流通中使用,就能够恢复到正常,不至于使金本位制处于危险境地;如果公众节约使用黄金,他们使用更适合的纸币进行所有的现金交易;如果他们时不时地从银行取出的黄金仅仅是为了满足临时需求;如果无论何时需要黄金,银行自身将自由地提供黄金,那么,我绝对相信,在当前情况下,没有必要打破92年来从未被打破的贵金属支付的传统。

布拉德伯里的政策处方是一如往常的商业活动——不应停止铸币支付,不停止实施银行法案(至少暂时不停止)以及银行家们不向英格兰银行支付黄金。取而代之的是,英格兰银行和其他商人银行一如既往地支付黄金,从而保持国内外的信心。星期日晚上的备忘录中没有提及其他两件事情,布拉德伯里一定是经过深思熟虑的,一件事情是小面额纸币的发行问题,另一件事情是票据的延迟支付问题。

"我放进去一个关于货币问题的提示条,我认为首相会谈到货币问题,尤其是关于股份制银行的行为,"布拉德伯里在给首相私人秘书的一个密封的便条中说,"现在已经是下午 3:00,我已经非常劳累了……内阁委员会致力于形成(银行家)方案的一般框架,但是,无论如何,不能妨碍我们做出我所建议的修改,我的看法是这样可以使方案不被反对。然而,我非常怀疑银行能够接受被修改的方案,正如首相所了解的,财政大臣赞成最初的方案。"[61]

票据延期支付(1914 年 8 月 2 日星期日)

布莱克特用了星期日下午剩余的时间同"来自苏格兰的股份制银行以及英格兰银行的各类银行家们会面"。他们最有可能讨论的话题是小面额纸币的发行问题。来访者包括舒斯特和霍兰—马丁,他们提出了一个新建议——明天星期一的银行假日应当延展至星期二。当布莱克特向他们表明财政部接受银行家方案的条件时,他们反应强烈,并"威胁说,如果要屈从你们的条件,他们就拒绝支付支票"。

星期日早晨收到布莱克特的信后,时年 31 岁的约翰·梅纳德·凯恩斯于星期日下午出现在财政部。[62]凯恩斯任公务员开始于印度事务办公室,自 1908 年以来担任剑桥大学经济学讲师,作为货币问题专家声名鹊起。"我试图抓住他去影响星期五夜间会议上的银行家们",布莱克特在他的日记中记述道,但是,发现凯恩斯不在城里,于是,他给在剑桥国王学院的凯恩斯写了一封信:

为了你的国家利益,我想借用你的大脑,我认为你应当乐意。如果你顺便于星期一拨冗见我,我会很高兴,但是,我担心那时决定已经做出。股份制银行已经做出愚蠢的决定而且行为恶劣。[63]

火车已经停开,这位经济学家央求他的妻弟开摩托车送他到伦敦。当他们靠近白厅时,"他们有了一种不安的感觉,乘坐这样的交通工具,靠近战前伦敦星期日下午财政部的 8 月大门,是那样的不和谐,"传记作者、友人罗伊·哈罗德(Roy Harrod)记述道,"凯恩斯在街尾下了摩托车。"[64] 布莱克特、凯恩斯和哈特利下午 6:00 在联合大学俱乐部(United University Club)喝茶,"这是我早餐以来的第一餐饭(布莱克特)"。"虽然(像我一样)凯恩斯完全与布拉德伯里那样厌恶股份制银行向英格兰银行交付黄金,但是,他完全站在了我们一边,"布莱克特观察道。"我们都认同,他们将黄金支付给客户会更好(而且我们准备回答他们时这样说),但是,如果他们能够自由地从英格兰银行那里得到黄金给付,也不会出现大的损害,我与凯恩斯都这样认为。"

既然他们两位都是政治经济学俱乐部成员,布拉德伯里当然了解凯恩斯。政治经济学俱乐部是 1821 年大卫·李嘉图和詹姆士·穆勒(James Mill)建立的经济学家晚餐俱乐部。1913 年凯恩斯成为俱乐部成员,同年 12 月 3 日在俱乐部晚餐会上凯恩斯主持了一场讨论会,参加者就有布拉德伯里和威瑟斯,讨论的主题是"对于繁荣与萧条的转变,银行家要负多大的责任?"[65] 经常参加政治经济学俱乐部活动的其他成员有菲利克斯·舒斯特、罗伯特·霍兰—马丁、弗雷德里克·哈斯·杰克逊、首相查尔斯·梅里特、诺曼·安格尔以及《经济学家》杂志编辑弗朗西斯·赫斯特,布莱克特、哈特利和佩什偶尔作为客人出现在政治经济学俱乐部晚餐会上。1914年12月2日再次发起一个紧急问题的讨论,即"事前安排对德战争金融优先,还是我们自主安排优先?"本次讨论会没有留下记录。

8月2日星期日,当天的第二次内阁会议晚上8:00才结束,此后,财政大臣回到了财政部,并且立即参与到部门事务中去。政府首席法官阿瑟·思灵(Arthur Thring)与汇票专家哈斯·杰克逊已经花去近一天的时间起草汇票延期一个月支付的建议。读了草稿后,劳埃德·乔治表现出:

> 责备大家考虑得不充分,责备财政部没有能力拿出他需要的东西。"为什么布拉德伯里不能给我拿出一些东西?法官(思灵)都做了些什么?贸易委员会会给我大量的文字。"思灵告诉他说,关于这个问题,简短的声明要比长篇大论好。蒙塔古进来,说了一通相似的指责的话,并且非常生气。[66]

然而,财政大臣授权实施的票据延期支付受到了当晚皇家公告的影响。由于在星期一的银行假日之后,市场和银行于星期二按时开业,如果批准了票据延期支付,将会在贴现市场发生灾难性后果,情况紧急。劳埃德·乔治离开,与瑞德尔勋爵一起参加晚宴,参加晚宴的还有约翰·西蒙爵士、查尔斯·马斯特曼和工党领袖拉姆塞·麦克唐纳(Ramsay MacDonald)。"劳埃德·乔治说他已经工作了18个小时,"瑞德尔在他的日记中记述道,"但是,他看起来非常光鲜。"并不如此高度神经紧张的金融秘书埃德温·蒙塔古那天写给母亲的信中说:

> 这里的工作量是巨大的,我甚至没有时间去考虑身体和精力。

自从星期四夜里起,我们一直在工作,没有睡觉。现在是星期日的下午4:00,我没有离开过财政部。我的职位仅仅只是政府和伦敦城的清洁女仆。一次恐慌接着一次恐慌,外事办公室的电报随时会来,希望消失又复活,又再次破灭——只有黑暗在前头。

……首相的冷静是我们国家仅有的资产。我会说,我希望财政大臣会保持同样的冷静,我的全部希望将立即实现。[67]

在城市的另一端,大股份制银行和主要的贴现事务所也在忙碌着,他们为"每个时刻都似乎变得更加令人焦虑的目前的金融形势下保持这个国家的商业正常进行所要采取的措施"展开辩论。[68]星期日下午直到过了午夜长时间的专注讨论的结果是形成大家赞同的6点计划。计划中再次提及停止银行法案的建议以及终止纸币对黄金的可转换性。呼吁发行1英镑以及10英镑以下小面额纸币,对等于法定的或半法定的金币,并且增加银币的发行量。另外,银行家们呼吁"普遍延期支付"一个月(除汇票延期支付外),并且延长银行假日,"至少延长假日两天或更长以保证做出必要的安排",立即延期支付。引人注目的是,计划中没有提及将其黄金给付英格兰银行。最终的计划由霍兰—马丁于凌晨2:00送给财政大臣。[69]

长银行假日与格瑞的演讲(1914年8月3日星期一)

"今日,通常人走城空的8月银行假日中,在针线街举行了英格兰银行历史上最重要的会议,"《纽约时报》报道称。[70]星期日,英格兰银行发出了邀请函,邀请"伦敦城的商人和银行家"8月3日即银行假日中的星期一上午一大早参加会议。在董事会会议室里,坎利夫主持了150位强人参加的会议。讨论最初集中于汇票延期支付的效应,接着,转向了银行是否应于次日开门的问题。"发言者(其中,劳埃德银行总经理亨利·贝尔先生最为著名)表示他对银行业的局势非常焦虑。"奥斯本指出。[71] 塞耶斯的相关记录是,很长时间以后人们还记得在那次暴风骤雨般的会议上,贝尔是怎样对着英格兰银行行长摇晃拳头的。[72] 莱威尔斯多克第一个动议、霍尔登第二个动议银行假日再延长三天。巴林银行的盖斯巴德当时在场,他记录道,"再有三天的假日对于从已出现的混乱情况走向有序是绝对重要的"。[73] 莱威尔斯多克和霍尔登签字的解决方案送给了财政大臣。[74]

那天上午11:00的内阁会议讨论了银行家们的解决方案。"显然,我们与股份制银行的意见不一致,他们提出今日假日后增加三天银行假日,而劳埃德·乔治支持这个意见,"布莱克特在他的日记中记下了这一点。

布拉德伯里认为这必然涉及现金支付的停止,但是,我认为这是悲观的看法。增加一天的假日,就增加人们变得冷静的机会,让银行开门只能是被拒绝,毫无用处。英格兰银行行长反对银行假日并公开与他们的不同意见。内阁决定实行二天银行假口[如果当面拒绝股份制银行会议提出的需求,据说,博纳尔(Bonar,保守党反对派领袖)法案在众议院就会面临着强大的压力]。[75]

这样,星期二、星期三、星期四就成为增加的银行假日,加上星期一,就有了特别的四天休假,于是,银行再次开门营业是在8月7日星期五。

由于德国入侵了比利时,现在看来英国一定会参战。在"非常激动的"内阁早会之后,赫伯特·塞缪尔与劳埃德·乔治一起驱车来到了众议院。在白厅,一大群银行假日拥护者摇动着英国国旗向财政大臣热烈欢呼。"这些不是我的群体。我从来不想得到战争群体的欢呼,"他对塞缪尔说,他还对他的夫人说,"我忍不住想,也忍不住说,他们都对战争意味着什么全然不知,从现在开始的三个月将会有全然不同的精神状态。"[76]会议室关闭了,那天下午走廊里站满了贵族、大使、媒体人和官员,他们等着外事秘书埃德华·格瑞爵士发布关于外交形势的声明。

下午2:45财政大臣开始了众议院的事务,由于皇家公告前日夜讨论的票据延期支付未及授权,现在得以推动实施短期推迟票据支付。这是第一项政府的应对危机措施,8月4日星期二之前(星期一银行假日之后)得到的见票给付的汇票按照面额在一个月后的定日承兑(附加银行利息)。[77]这是对承兑人(票据承兑事务所和银行)临时性保护的权宜之计,否则,由于它们无法从出票人那里获得资金,必将导致票据承兑危机。紧急救助票据承兑事务所已经迫在眉睫。[78]"应对特殊金融局势的任何措施都是受欢迎的,"《晚间新闻》(*Evening News*)观察道。"无论多大程度上救助票据承兑事务所都是受欢迎的。我们推迟支付,直到问题得到解决——诚然,必须回答这样的问题——为什么票据持有人和票据承兑事务所得到救助,而商业社会的其他成员需要付出代价? 受谁的教唆,这样的救助方案被采纳?"[79]"在财政大臣的主要顾问里有票据承兑事务所代表,"赫尔曼·施密特在《星期天时报》(*The Sunday Times*)上打趣地说,"他们看到立即救助伦巴第街的必要性,并且注定能够获得救助。"[80]

延期支付措施通过后,劳埃德·乔治告知众议院,"仍有来自银行家和商人的非常大的压力,他们要求延长银行假日,"他还提到他们在伦敦城会议上形成了一致性的对政府的请求。"在这种特殊情况下,"内阁同意银行假日延长三天。[81] 额外增加的"喘息时间"受到了普遍欢迎。[82]"无疑,银行关门三日是明智的措施,"《金融时报》指出,这个措施与证券交易所关闭相结合,能够为公众提供时间去反思,让我们的银行业权威人士腾出手来完善他们的综合行动计划。"[83]"这个被延长的假日",伦敦老资格编辑、《每日信报》(*Daily Mail's*)的查尔斯·杜吉德(Charles Duguid)观察道,"是为了提高政府的决策能力,准备应对当前局势所需要的紧急措施。"[84]

埃德华·格瑞先生紧随劳埃德·乔治之后发表演讲,那日下午的演讲给人留下了关于时局的关键印象。[85] 从下午3:05开始的一个半小时里,格瑞显得"深思熟虑……并且一脸焦虑,"《泰晤士报》报道说,他阐述了外交危机的发展、国家的"义务"以及比利时保持中立地位的"利益"。"无论何时,"他说,"我们必须保卫自己,并且责无旁贷。"[86]"这是我们这个时代最伟大的演说,或将成为很长历史时期的伟大演说,"保守党普通议员休·塞西尔勋爵(Lord Hugh Cecil)羡慕地说,对演说者的报道这样描述,"我 生中听到的最著名的演说之一"。[87] 布莱克特就在演说现场,他在日记中写道,他听到了"格瑞精彩的演说——宏大的视角——以及难以承受德国行为之重的强有力的说明。格瑞确信德国决心发动战争由来已久,表面上是进攻奥地利,最终目的是塞尔维亚。他们认为北爱问题会阻止我们派出出征部队".[88]英国介入战争不可避免,对于财政大臣来说,另一个紧急事务迎面而来,即保证国家重要的食品和原材料的安全供给。

海运保险与战争(1914年8月4日星期二)

星期一晚上,劳埃德·乔治再次与瑞德尔勋爵共进晚餐,雷丁和马斯特曼作陪。财政大臣告诉他的朋友们说,他已经从上午5:00工作到现在,安排延期支付和货币问题。"尽管如此,"瑞德尔观察道,"他似乎非常好,并且精神亢奋。"[89]次日下午,即8月4日星期二下午,他回到了议院,去介绍另一个紧急措施——海运保险国家支持计划。国家保险计划的起源可以追溯到19世纪80年代,当时开始关注的是一旦发生战争进口食品的保障问题。[90]世纪之交的布尔战争又一次激起了人们对这个问题的关注,导致战时食品和原材料供应皇家委员会(Royal Commission on Supply of Food and Raw Material)的成立。据报道,统计数据是令人震惊的,英国消费的80%的谷物和50%的肉制品来自于进口。最大的问题是,一旦发生战争,船舶和货物所有的海上保险的市场安排都不充分。皇家委员会建议指派一个小规模的专家委员会拿出措施,以增加战争时期国家支持的海上保障。于是,1907年任命了财政委员会,主席是前保守党财政大臣奥斯丁·张伯伦爵士。然而,委员会被技术上的复杂性所击倒,1908年的报告称,"无力建议采用任何形式的国家保障措施以应对海运和战时贸易所面临的战争风险,除非保障措施由强大的海军来提供"。[91]

1911年的阿加迪尔危机再次激起了人们对战时进口的焦虑,英国海军大臣温斯顿·丘吉尔(Winston Churchill)也对保障船运以抵御战争风险问题产生了浓厚的兴趣。[92]帝国防务委员会也关注这个问题,1913年5月首相阿斯奎斯指派帝国防务委员会分委员会再次制定战时国家海上保障计划,分委员会主席是无处不在的弗雷德里克·哈斯·杰克逊。1914年4月30日哈斯·杰克逊的分委员会向贸易委员会提交了报告并提交了可行性计划,但是,接着便被打入冷宫,通过7月30日星期四的船东调查得知,在伦敦遭受毁灭性打击时,他们并无计划采纳这份报告。然而,8月2日星期日的午夜,金融危机中出现了另一个转折点,船东被告知政府建议执行委员会的报告。8月5日,劳埃德家族提议的职员掌控的国家海运保障办公室在伦敦坎农街宾馆开张了。[93]重要的是,国家再次确保了保险市场避免因战争风险而遭受80%的损失。这个体制运行良好,保障了英国海上商业运输能够持续提供大量的进口商品。《正直季刊》强烈反对"政府对伦敦城的干预行为",但是,认同在国家竞争的压力下,"海上保险市场是对理性的回归,但是,国家竞争从来不是必不可少的"。在这样的情势下,绝大多数人对政府干了什么更感兴趣,而不是对"国家活动扩展"的焦虑。[94]

在劳埃德·乔治于众议院介绍海上保险措施的时候,同德国的战争确定无疑了。应对德国进入比利时的新闻报道,8月4日星期一上午内阁授权发布要求德国从比利时撤军的最后通牒。除非晚上11:00之前(显然是为了皇家海军行动便利而选择的时间)英国政府得到了满意的答复,否则,英国将采取措施捍卫比利时的中立地位。[95]德国没有撤军。一旦英国参战,成功地管理金融危机不仅在经济上具有重要意义,而且具有重要的国家战略意义。

注释

1. David Lloyd George (1863–1945). Morgan 2004.
2. 'Financial interests are all on the side of peace', *Financial News*, 28 July 1914.
3. Ferguson 1998: 963–4.
4. Riddell 1933: 2.
5. Lloyd George 1933: 65.
6. Morley 1928: 5.
7. Brock and Brock 1982: 138.
8. 'The War and the Panic', *The Economist*, 1 August 1914.
9. Riddell 1933: 3.
10. Frances Lloyd George 1967: 73.
11. Nuffield College Library, Oxford, Archive: Gainford MSS 33/3. Cabinet diary of Jack Pease, 2 August 1914.
12. Parliamentary Archives: Samuel MSS A/157/697. 2 August 1914.
13. University of Newcastle Library Special Collections: Runciman MSS. Memorandum on the Proceedings of the Cabinet, 2 August 1914.
14. Samuel 1945: 104; Hazlehurst 1971: 85, 103.
15. Parliamentary Archives: Samuel papers. A/157/697 2 August 1914.
16. Parliamentary Archives: Samuel papers. A/157/697 2 August 1914.
17. TNA: CAB 41/35/23. Lord Crewe's letter to the King, 2 August 1914.
18. 'Changes in the Cabinet', *The Times*, 5 August 1914.
19. Nuffield College Library, Oxford, Archive: Gainford MSS 33/3. Cabinet diary of Jack Pease, 2 August 1914.
20. Parliamentary Archives: Samuel papers. A/157/697 2 August 1914.
21. Kynaston vol. II 1995: 494–7; Lloyd George 1933: 70.
22. The Rothschild Archive: RAL XI/130A/6. 19 July 1912.
23. Jones 1951: 51.
24. Leith-Ross 1968: 34.
25. Jones 1951: 50.
26. Mallet 1930: 33.
27. British Library: Ms. 88888/2/9. Diary of Sir Basil Blackett, 1 August, 5 August, 8 August.
28. University of Newcastle Library Special Collections: Runciman MSS. Walter Runciman to Sir Robert Chalmers, 7 February 1915; Peden 2000: 36.

29. Lawson 1915: 86.
30. 'British War Finance. Timely and Interesting Work by W. R. Lawson', *Financial Times*, 2 July 1915.
31. 'The Marconi Contract', *The Times*, 7 February 1907; 'Marconi Inquiry: Mr. W. R. Lawson's Statement', *Financial Times*, 8 May 1913; Kynaston vol. II, 1995: 552–3.
32. 'Marconi Finance', *Financial Times*, 23 July 1914.
33. Masterman 1939: 172. The present-day ministerial portfolio of Chief Secretary, ranking above the Financial Secretary, was created in 1961. Peden 2000: 17.
34. Edwin Montagu (1879–1924). Waley 1964; Chandrika Kaul 2004.
35. 'Obituary: Mr Edwin Montagu', *The Times*, 17 November 1924.
36. McFadyean 1964.
37. Amery 1953: 220.
38. Lady Ottoline Morrell's Journal, 25 July 1914. Garthorne-Hardy 1963: 258.
39. Sir George Paish (1867–1957). Middleton 2004; LSE Archives: Sir George Paish, 'My Memoirs', c. 1950: 61.
40. LSE Archives: Sir George Paish, 'My Memoirs', c. 1950: 64.
41. Parliamentary Archive: Bonar Law papers, 107/2/67. J. M. Keynes to Bonar Law, 10 October 1922.
42. TNA: T171/92. Miscellaneous memoranda by G. Paish and J. M. Keynes, 1–5 August 1914.
43. Lord Reading (Rufus Isaacs) (1860–1935). Lentin 2004.
44. Riddell 1933: 7.
45. Marquess of Reading 1943: 14–15.
46. Sayers 1976: 68.
47. Matthews 1969: 80; Lloyd George 1933: 68.
48. Cole 1956: 28. Entry for 28 August 1914.
49. Burk 1982: 85. Roseveare 1969: 230; Peden 2000: 33–8.
50. Sir John Bradbury (1872–1950). Howson 2004.
51. Leith-Ross 1968: 22, 40.
52. Leith-Ross 1968: 40.
53. Malcolm Ramsay (1871–1946). 'Obituary: Sir Malcolm Ramsay', *The Times*, 26 March 1946. Basil Blackett (1882–1935). Wormell 2004.
54. Sigismund David Schloss (1887–1962). 'Obituary: Sir David Waley', *The Times*, 5 January 1962; Frederick Leith-Ross (1887–1968). 'Obituary: Sir Frederick Leith-Ross', *The Times*, 23 August 1968.
55. Horace Hamilton (1880–1971). 'Obituary: Sir Horace Hamilton', *The Times*, 16 September 1971; Levitt 2004.
56. Ralph Hawtrey (1879–1935). Collison Black 2004. Peden 2000: 23.
57. British Library: Ms. 88888/2/9. Diary of Sir Basil Blackett, 2 August 1914.

58. TNA: T170/14. Letter to Chancellor from London Clearing Banks, 2 August 1914.
59. British Library: Ms. 88888/2/9. Diary of Sir Basil Blackett, 2 August 1914; TNA: T170/14. Letter to Chancellor from London Clearing Banks, 2 August 1914; Letter to London Clearing Banks from the Prime Minister and Chancellor, 2 August 1914.
60. British Library: Ms. 88888/2/9. Diary of Sir Basil Blackett, 5 August 1914.
61. TNA: T170/14. Note by Sir John Bradbury (undated—probably 2 August 1914).
62. John Maynard Keynes (1883–1946). Cairncross 2004.
63. Marshall Library, Cambridge: Keynes papers. L/14. B. Blackett to J. M. Keynes, 1 August 1914.
64. Harrod 1951: 196.
65. Anon 1921: 174.
66. British Library: Ms. 88888/2/9. Diary of Sir Basil Blackett, 2 August.
67. Trinity College Library, Cambridge: Edwin Montagu papers. Montagu II C 1/118. Edwin Montagu to mother, 2 August 1914.
68. TNA: T170/14. Robert Martin-Holland to Chancellor of the Exchequer, 2 a.m. 3 August 1914; there is another copy at T170/28.
69. TNA: T170/14. Robert Martin-Holland to Chancellor of the Exchequer, 2 a.m. 3 August 1914; Lloyd George 1933: 63.
70. 'Bank Holiday Till Friday in England', The New York Times, 4 August 1914.
71. BoE: N7/156. Osborne vol. I 1926: 79.
72. Sayers 1976: 75.
73. The Baring Archive: DEP 33.16. Gaspard Farrer to Robert Winsor, Kidder, Peabody, Boston, 7 August 1914.
74. TNA: T170/24. Resolution signed by Revelstoke and Holden, 3 August 1914.
75. British Library: Ms. 88888/2/9. Diary of Sir Basil Blackett, 3 August 1914.
76. Parliamentary Archive: Samuel papers. A/157/697. 3 August 1914.
77. Pulling 1915 Proclamation dated 2 August 1914, Postponing the Payment of Certain Bills of Exchange: 18–19.
78. Lawson 1915: 105.
79. 'Good for Bill Acceptors', Evening News, 3 August 1914.
80. 'City Chatter', The Sunday Times, 9 August 1914.
81. Hansard, House of Commons Debate, 3 August 1914, cap 1807.
82. 'Chat on Change', Daily Mail, 4 August 1914.
83. 'The City and the War', Financial Times, 5 August 1914.
84. 'Banks Closed Till Friday', Daily Mail, 4 August 1914.
85. Hazlehurst 1971: 43–8.

86. 'The Proceedings in Parliament', *The Times*, 4 August 1914.
87. Quoted in Hazlehurst 1971: 43.
88. British Library: Ms. 88888/2/9. Diary of Sir Basil Blackett, 3 August 1914.
89. Riddell 1933: 7.
90. Hill et al. 1927: 12–24.
91. Hill et al. 1927: 16.
92. French 1982: 14.
93. 'Government War Risk Business. Scenes at the Cannon Street Hotel', *Financial Times*, 6 August 1914.
94. 'The City in War', *Candid Quarterly*, October 1914: 950–5.
95. Hazlehurst 1971: 101.

6

战时会议

  银行假日延长三天,于是有了从8月1日星期六下午到8月7日星期五的休息时间,从而为考虑和完成危机遏制措施赢得了时间。面对7月31日星期五和星期六的风暴,出于金融局势的需要,部长们和内阁委员会采取的措施是:停止实施银行法案(通过英格兰银行发行纸币增加流动性);(有条件地)采纳银行家们的方案,即黄金和证券存入英格兰银行,银行获得高达4 500万英镑的纸币。另外,还有英格兰银行行长提出的各种建议以及股份制银行停止金币支付(纸币对金币的可转换性)以防止黄金外流和国内提取黄金(囤积)。于是,星期日夜间政府第一个遏制危机的政策措施——票据延期支付——出台了。(证券交易所关闭是自发的。)在这样的情况下,在银行长假期间完成的危机遏制政策组合已经完全不同于最初的计划。这种转变涉及对当前局势的不同观点,不同于8月1日星期六的焦虑和沮丧,放弃了最初的承诺,采取了新的举措。为什么会发生这种变化？这种变化又是怎样发生的？

财政部的"战争会议"(1914年8月4日～6日)

持续三天财政部"战争会议"["联合战争会议"(Allied War Conference)是劳埃德·乔治在他的《战争回忆录》中使用的术语]导致了金融危机政策的变化，这是一次紧急情况下在咨询和试图达成意思一致的著名实践。[1] 会议在财政委员会会议室举行，会议分四个阶段：8月4日星期二下午5:30～6:45；8月5日星期三上午10:15～下午1:45以及下午5:30～8:15；8月6日星期四上午9:30～11:30。[2] 总的来看，这些针对性讨论和咨询持续了大约九个半小时并且字斟句酌，记录下的文字变成打印稿达到223页。经济学家马塞罗·迪·凯考对打印稿的热烈评价是：

在整个英国的金融历史上，这是最引人入胜的文件。绝对秘密地允许参会者坦率表达自己的意见，结果，会议记录读起来就像剧本。情节——金融派别之间的争斗——堪比布莱希特(Brecht)的戏剧情节。[3]

更像塞缪尔·贝克特(Samuel Beckett)的戏剧《等待戈多》(Waiting for Godot)。三天来，财政大臣担任了8个小时的会议主席，这是极其显著的，他还参加了每个上午内阁1～2个小时的会议，还有就是每天下午在众议院的重要讲话。在星期三上午劳埃德·乔治缺席的时间里，前保守党财政大臣、议员奥斯丁·张伯伦爵士担任主席，他"在星期二被找来支持财政大臣"。[4] 张伯伦，时年51岁，劳埃德·乔治表达他为了战争会议倾尽全力时,他在众议院的演讲中强调代表两党的应对战争的坚定立场。[5] 内阁委员会成员沃尔特·朗西曼观察道,"奥斯丁全程参加了会议并起到了关键的作用。"[6]

在各个阶段参加会议的人员从 20 人到 26 人不等。全部或绝大多数为重量级内阁委员会成员参会,同时,参会的还有雷丁勋爵,有时其他一些部长们也会参会。克鲁勋爵,时年 56 岁,以及普瑞维·希尔勋爵,还有首相亲密的政治支持者相继参会并支持财政大臣;他成为内阁委员会战时金融分委员会的成员。[7] 来自财政部的参会者有布拉德伯里和思灵,加之,蒙塔古于星期二参会,拉姆塞于星期四参会。赋予其他责任的布莱克特、佩什以及凯恩斯作为观察家参会。[8] 来自英格兰银行的参会者有坎利夫、纽曼(副行长)和科勒。来自伦敦清算银行常常持怀疑态度的参会者有圣·阿尔德温(St Aldwyn)、舒斯特、霍尔登、特里顿、贝尔和艾斯塔尔。来自伦敦金融城的参会者有莱威尔斯多克、罗斯柴尔德和著名股票经纪人威廉姆·考克(William Koch)。还有两位苏格兰银行家和两位爱尔兰银行家参会。另外,星期二有来自全国商会的五位"贸易商"参会,需要他们对各种事务的看法。但是,绝大多数时间里都是大臣劳埃德·乔治、雷丁以及英格兰银行行长、张伯伦与银行家们之间的对话,布莱克特记录道,对话也发生在"圣·阿尔德温勋爵(发言人)与舒斯特、霍尔登(反对派)之间"。

绝大部分的讨论是关于两个问题的:小面额纸币的发行问题和公布普遍延期支付问题。星期三,布莱克特指出,两个论题"继续被关注"。时而提及第三个问题,即停止还是继续金币支付。两次提到了英格兰银行利率水平问题。松散的，常常是不正式的讨论方式，时常突然改变论题，因而有助于达成一致意见或结束某个论题。不断重复地协商，纠缠于细节问题。关于停止实施银行法案和将黄金交付给英格兰银行的银行家方案的讨论尤其显得碎片化并且不连贯。至于关于这些问题的政策，更是在参会者中产生了激烈争论。

关于停止实施银行法案的议题和银行家方案的议题

早在星期二会议的第一阶段，霍尔登就直截了当地问财政大臣银行法案是否会被"废除"。劳埃德·乔治转移了话题。星期三上午，圣·阿尔德温告诉财政大臣说，银行家们认为当晚银行法案就会被停止实施，并且说告诉他的张伯伦也证实"财政大臣第一个宣布的将是停止实施银行法案"。"到现在什么也没有宣布，"财政大臣辩解说，"事实上，如果紧急情况出现，政府准备星期六采取行动，但是，我担心今天上午就必须采取行动。""如果今天宣布，那么，我很高兴。"舒斯特说。但是，问题有点复杂，目前倾向于宣布银行利率由10%下降到6%，而停止实施银行法案是一项与10%银行利率导致的危机相关的政策。"我给财政大臣的建议是，"坎利夫说，"今天就要宣布停止实施银行法案并且明天银行利率就要降到6%。"雷丁赞同这个建议，但是，接下来讨论的问题转变了，财政部认为采纳英格兰银行行长信中的建议是不合适的，并且违约并非必然的流行态势。

星期二或星期三银行家们没有直接提及他们用黄金向英格兰银行换纸币的方案，但是，既然停止实施银行法案是他们的方案得以操作的首要条件,那么,他们的要求无外乎就是停止实施银行法案。诚然,开始时英格兰银行行长和财政大臣已经想到讨论银行家方案。在星期二的会议上,霍尔登建议使用清算公司权证,就像1907年华尔街恐慌中所做的那样,这样可以节约银行间流转的现金。坎利夫问,"对于黄金而言,这个新的权证计划是否超越了那天所建议的老的权证计划?""我没有搞明白,"财政大臣回答说。"那就是节外生枝了?"坎利夫责问道。"我们依然坚持。"劳埃德·乔治回应道,这显然是指内阁委员会接受的银行家方案。然而,星期三,布莱克特在他的日记中记述道,"银行支付黄金给英格兰银行的想法是受背景决定的,而当前的想法是英格兰银行通过纸币按照一定的利率换取后者手中的某类证券。"接着,星期四上午,在拉姆塞办公室的部长与银行家协商的私密会议上,劳埃德·乔治有如下询问:

财政大臣:他们(银行家)将1 000万~1 500万英镑的黄金存储到英格兰银行的安排如何?

英格兰银行行长:没有进展,我不认为可行。你们的这个安排将取代其他安排。我认为,关于那样的安排,我们听不到更多的消息。

"你们的安排"——小面额英镑纸币

"这些严峻的日子里,汇票问题并不是贸易委员会最关注的问题,"劳森说,"最关注的问题是货币短缺,特别是小面额货币的短缺。"[9] "黄金已经匮乏,按照俱乐部和宾馆的规定,5英镑的纸币不可以兑换成金币。"8月2日星期日塞缪尔写给其夫人的信中说。[10] "目前，由于口袋里缺钱，大量的社会公众忍受着诸多不便。"在星期二的战争会议上张伯伦告诉银行家们说："我有 5 英镑面额的纸币，可是，不能用它来付出租车费用。"[11] "我也不能。"财政大臣小声说。解决办法是显然的，并且媒体上已经有大量讨论——发行 1 英镑小面额纸币和 10 先令以及小于 10 先令面额的纸币，从而作为主权货币或准主权货币。"我想问财政大臣，我们是否准备发行 1 英镑小面额纸币？"在会议开幕时霍尔登问道；"如果我们不能够做到，那么，我们绝对不可能进行下去。财政大臣先生，请你确切地告诉我们，我们的立场是什么？"[12] 相反，劳埃德·乔治向圣·阿尔德温说明了另一个不同的问题。但是，圣·阿尔德温又回到了同样的请求："我不认为我跑题了，我说我相信所有银行都将在星期五上午关门，除非他们获得更多的货币。关于提供更多货币，英格兰银行将做些什么？他们是否会得到你的授权发行更多的纸币？" "我认为不适宜公开讨论这个问题。"财政大臣指出。于是，讨论偏向了另一个方向。

英格兰银行发行的最小面额的纸币是 5 英镑，这是非常高面额的纸币——相当于 25 个 1 美元，1 美元是美国的基准货币——是历史遗存，并且在国际上不同寻常。这是 1826 年议会根据公众的看法做出的狂热的规制应对举措，当时公众的看法是 1 英镑纸币导致的信用扩展要对 1825 年金融危机中的繁荣破灭负责。[13] 该法案不适用于苏格兰和爱尔兰，在那里 1 英镑纸币继续流通，这也提供了小面额纸币实施可行性的旁证。"5 英镑面额的纸币无法在伦敦兑换，仅仅是因为没有 1 英镑面额的纸币去兑换它们，"劳森指出，"在爱丁堡和都柏林完全可以兑换，尽管发生战争和所谓的囤积黄金……一个大的国民银行没有小于 5 英镑面额的纸币是不合时宜的,不应该等到欧战爆发才去想到跟上时代。"[14]

银行家们设想英格兰银行会发行 1 英镑面额的纸币。[15]但是,还有另一种选择——以国家名义发行小面额纸币。加拿大常常被作为一个很好的例子。加拿大的货币就是由联邦政府发行的小面额纸币构成的——1 加元、5 角和 25 分,这些都是零售交易的主要货币——中央银行发新的大面额纸币从 5 加元开始。劳森很赞成这样的做法。

毫无疑问,国家发行小面额纸币有助于黄金更经济地使用。这可以替代一定量的主权货币和准主权货币,被替代的货币可以转化为英格兰银行或清算银行黄金储备。今后,将有利于存储黄金——更有利于增加黄金储备。经济性使用黄金的双重机制同时呈现出来——流通中的黄金被替代以及提取黄金储备更加困难。

正如劳埃德·乔治所指出的,国家发行纸币的另一个优点是,"政府可以从中获得收入",即政府向银行发行纸币收入归财政部,而不是变成英格兰银行的利息。[16]更重要的是,小面额英镑纸币可以绕开苏格兰和爱尔兰银行家们在财政部会议上所提出的难题,即他们要求发行自己的纸币。另外,与布拉德伯里和哈特利讨论此事的克莱普海姆猜测,"也许财政部有了理想的方案",格莱德斯通(Gladstone)曾写道,"在同银行打交道过程中,'财政部的主张'产生了一定的影响。"[17]关键问题是,还有一个实际问题,就是位于针线街的英格兰银行印钞部已经开始了夜以继日地工作(从 7 月 32 日到 8 月 23 日),赶印 5 英镑面额的纸币,每周印制 400 万张,这样,在 8 月 7 日前再印制出更多的纸币,机器能力达不到。诚然,英格兰银行也没有被要求这样做。[18]

8月2日星期日下午6:30内阁委员会讨论了"立即采取措施发行1英镑面额纸币的问题",但是,不清楚他们是否讨论了英格兰银行发行的纸币还是财政部发行的小面额英镑纸币,或者二者各自的优点。[19]可是,8月3日星期一推进财政部发行小面额英镑纸币已经箭在弦上。布莱克特记述道,上午内阁会议批准了以叠覆邮政汇票的形式发行1英镑面额的纸币,布拉德伯里签了字。当晚,在众议院的晚餐会上,布莱克特与布拉德伯里和拉姆塞讨论了纸币问题。那天,凯恩斯在他写的备忘录中提到小面额英镑纸币的建议。[20]"工资给付是绝对必要的,到星期五,我们应该能够从各家银行得到小面额纸币,"在星期二战争会议上,布拉德福德的生产商伊灵沃斯(Illingworth)先生说,"然而,还会有大量的麻烦……对于西区的全部工人来说,问题仍很严峻。"在贸易商和银行家的压力之下,劳埃德·乔治在8月7日星期五早晨的会议上宣布,当银行再次开业时,就会有面额为1英镑的250万英镑的纸币,"我们正在印制这些纸币。"到了星期五晚上,将会有750万英镑面额为1英镑的纸币,星期五之后,每天将又会有面额1英镑或10英镑以下面额的纸币共计500万英镑。另外,还有200万英镑的邮政汇票将依法提供。但足。财政大臣没有提及纸币从哪里来,而霍尔登要弄个明白。"我想再次问你,先生,你将从哪里拿到这些货币?"霍尔登问道。可是,劳埃德·乔治无视他,只有等到星期三上午会议开始时才有答案。

财政大臣:关于1英镑面额的新纸币,我们需要做出非常困难的决定。我担心,因为过晚做出决定而无法调整。至于1英镑面额纸币是财政部发行的小面额纸币还是英格兰银行发行的纸币,此刻我认为只要我们能够拿到1英镑面额的纸币就行。它们会便于使用,这是当然的。财政部得出的结论是,1英镑面额纸币由财政部发行则是理想的,这只是财政部的看法。

当然,有大量的理由反对这样的看法。在人们习惯使用财政部发行的小面额纸币之前,无疑,发行英格兰银行发行纸币更好……我们认为,总体上这是更好的——但是目前有顾虑——出于公共利益……发行财政部小面额纸币。这就是财政部所得出的结论。

财政部小面额纸币的发行

在星期三和星期四的会议上,大量的时间用在讨论向银行提供财政部小面额纸币的条件和细节商讨上。最终同意纸币应当由英格兰银行发行,一旦需要,最大量可以达到活期存款账户负债的20%。[21]当圣·阿尔德温提出20%时,这意味着"总量为2亿英镑(受托发行仅仅为1 850万英镑)",张伯伦做了一下深呼吸。劳埃德·乔治观察道,"这将造成很坏的影响",于是,他建议为10%。但是,英格兰银行行长和莱威尔斯多克支持发行更大的数量,后者指出,"让他们想要多少,就有多少。如果人们再来要求更多的货币,那么,对于英国政府信用来说,就是致命的"。[22]考虑到向政府提供贷款的几种证券类型,首先依法向银行资产收费得到了一致认同。纸币具体分配安排问题被提出来,但是并没有形成决定。开始时,部长们建议纸币应当兑换成黄金,从而保卫英格兰银行的黄金储备,但是,他们很快被银行家们说服,他们认为这样做,公众不会接受纸币,从而陷入折扣发行。财政部发行的小面额纸币也与英格兰银行发行的纸币一样,可以在英格兰银行兑换成黄金。

充满争议的问题是利率支付问题——霍尔登提出的"铸币税"问题。在星期二的战争会议中,劳埃德·乔治宣称,星期五英格兰银行利率从10%降低到6%,大家报以热烈的掌声。银行家们建议他们支付的利率应当是他们向储户支付的通常利率——3%,否则,他们的储户相应地会要求更大的收益。但是,英格兰银行行长坚持6%的英格兰银行利率,理由是较低的利率可能导致贴现事务所从银行借款,然后,偿付英格兰银行,从而导致对于贴现市场的管理,英格兰银行利率杠杆无效。银行家们反对说,6%的利率使他们在发放商业贷款时,必须实行更高利率,这样资金太昂贵了。霍尔登提到,贸易商憎恶高利率,他们会认为政府以牺牲他们的利益为代价而牟利。部长们的想法各不相同,但是,最终都支持英格兰银行行长。为了安抚银行家们,并在一定程度上迎合他们的观点,同意了财政大臣的建议,即如果银行顺利地重新开业,英格兰银行利率进一步从6%下降到5%。对于这种看法,银行家们再次离会,财政大臣表达了他的关注,他说"有那么一两家银行试图利用这次机会"。"换句话说,就是投机者,"莱威尔斯多克勋爵说。"即使有投机者,对于我们也无关紧要,"坎利夫宣称,"我们必须帮助他们渡过难关。我们不能让这个国家的一家银行倒闭——最小的银行也不能倒闭。"[23]

劳埃德·乔治不断重申财政部(也就是财政部官员)有责任做出

决定,即纸币应当是政府发行的纸币而不是英格兰银行发行的纸币,这一点值得关注。诚然,财政大臣本人既没有时间也没有技术能力设计这样的创新。佩什在他的备忘录中没有提到这一点,就在那个时候雷丁成为建议者。凯恩斯并不是发起人,凯恩斯写道,发行1英镑的财政部小面额纸币代替英格兰银行发行的纸币,"对于我来说,这是一项令人疑虑的政策,使目前的形势在某种程度上复杂化了,将来更加复杂……并且不存在补偿性优势"。[24] 坎利夫是强烈反对的。布拉德伯里是出谋划策者。

　　财政部发行小面额纸币之事被提出在战争会议上讨论,怀疑者关注的是传统上"我承诺支付持有人一个英镑"的原则是否仍适用,但是,据雷丁的观察,讨论沦为"文字游戏"。[25] 所以,布拉德伯里决定,采用"更为正确的表达",即"每一英镑的纸币都是法定货币"。[26] 英格兰银行的纸币需要有最高行政长官即总出纳高登·内恩(Gordon Nairne)的签名。相应地,决定财政部发行的纸币应当有最高行政长官即常务部长的签名。最重要的签名是布拉德伯里的签名,两种纸币均需要约翰·布拉德伯里的签名,因此,两种纸币有了一个流行的绰号"布拉德伯里"。

　　也许由于背后的力量,财政大臣在星期二晚上对于纸币由财政部还是英格兰银行发行表示沉默。在他得到停止实施银行法案的指示时,坎利夫预计有可能发行小面额纸币,于是,他指示准备1英镑英格兰银行纸币模具(没有现成的模具)。在委托刻印模具的过程中,英格兰银行得知商业印刷公司——沃特洛兄弟—莱顿公司(Waterlow Bros. & Layton)——印刷过邮政局的邮票,于是委托它制作

1英镑纸币的模具。英格兰银行行长低估了财政部,他极不愉快地得知,在没有任何评估的情况下,政府部门已经让一家企业印制1英镑和10先令及其以下面额的纸币了。[27]英格兰银行纸币用纸短时间内很难得到,但是,沃特洛兄弟—莱顿公司储存有水印邮票用纸,于是,就直接使用这样的纸张印制纸币。凯恩斯观察道,印制出来的纸币"表面非常粗糙(没有刻印),外行人士也自嘲说,假得就像'纪念品'。"[28]"行李标签式"的纸币显得惨不忍睹,劳森指出,"品相恶劣,毫无艺术感,如此普通以至于可以与假币媲美"。[29]看到纸币时,众议院的一位批评者描述道,"非常像彩票,或者行李寄存券"。"从艺术的视角来看,我无法说我对这样的作品感到骄傲,但是,在这样的情况下,我们已经做出了最大的努力,"劳埃德·乔治回应说,"我们必须首先考虑获得纸张,没有时间完成真正的艺术品。"[30]

坎利夫毫无隐瞒他的不悦,因为"这样的安排"侵犯了英格兰银行的垄断地位。劳埃德·乔治回忆说:

> 对于我们发行财政部小面额纸币而不是英格兰银行纸币,他表现出非常不满。他讥讽我们发行的纸币用纸质量低劣,并将他任英格兰银行行长时发行的5英镑纸币与我们发行的纸币在艺术性上加以比较(第一次发行的财政部小面额纸币是临时性纸币,是粗糙的)。
>
> 一大早晨他穿过财政委员会办公室,快步走来,给我留下深刻印象。他带着轻蔑的表情,来到了我的办公桌前嘟哝了几句祝贺的话,打开了常带在身边的文件夹,拿出一张边上有褶皱的1英镑财政部小面额纸币,尽管不够整洁但是法定货币。他说,"看看这个。就这样的东西,昨天进入了英格兰银行。我已经告诉你,纸张不好——最

好让我们去印制"。他平整了一下纸币,以减轻纸币的难看品相,试图让难堪的我高兴一下。我说不过如此,他大笑。[31]

英格兰银行行长和决策委员会拒绝接受政府永久性介入纸币发行。在危机高涨到来时的第一次会议上,英格兰银行决策委员会决议,如果小面额纸币发行成为常态,那么,应该由英格兰银行发行。最终,于1928年财政部小面额纸币被废止,英格兰银行1英镑纸币开始发行。

铸币支付体系的废止

财政部小面额纸币旨在防止公众的银行挤兑诱发国内黄金提取的威胁并满足小额支付需求。为了进一步防范国内与国外黄金提取,银行家们建议,一旦纸币能够满足需要,就废止铸币支付体系(现金支付体系)。佩什也赞成废止铸币支付体系,他在星期六早上的提示条中向劳埃德·乔治提出了这样的建议。令布拉德伯里和布莱克特震惊的是,财政大臣接受了这个建议。在布莱克特5月份为财政大臣所写的关于黄金储备的备忘录中阐述了战时伦敦面对黄金外流的脆弱性,这种脆弱性已经被解除了,因为英国是世界上最大的债权人,随着英格兰银行利率上升,黄金就会内流。然而,财政大臣还是被说服了。

布莱克特请求凯恩斯给财政大臣写一份简明的提示函,用以解释"导致废止铸币支付体系的政策的灾难性特征"。[32]凯恩斯的"反对废止铸币支付体系备忘录"是10页纸的打印文件,是运用了"大师的简洁笔调"写就的,观点明确,论争有力。[33]结论是,假设所要采取的措施是为了应对"超常的"国内货币需求(纸币需求),就对外账户而言,废止铸币支付是不必要的,因为,

> 立即发生大量的国外黄金提取是不可能的……废止铸币支付体系造成的恶果(即影响伦敦未来的地位以及货币贬值)很大,除非停止采取这样的措施,我们别无选择;立即采取这样的措施,导致的担忧或恐慌,则危害更大。
>
> 如果在绝对必要之前采取了废止铸币支付的关键步骤,如何规管货币之间的兑换、纸币对黄金在多大程度上贬值等问题需要冷静面对,并值得严肃对待。完全废止铸币支付体系必将涉及这些问题的解决方案。[34]

星期一夜间凯恩斯写就了备忘录,夜晚 11:40 布莱克特在家中读到了这份备忘录。财政大臣于 8 月 4 日星期二从他的私人秘书汉密尔顿手里拿到了这份备忘录。汉密尔顿告诉布莱克特说,劳埃德·乔治"问谁是凯恩斯,我说他是我的一位朋友,一位货币专家。(劳埃德·乔治)说财政部官员让局外人负责任是可怕的。但是,他还是读了备忘录"。[35]那晚,战争会议第一阶段前,财政大臣指出:"对于废止铸币支付体系,我们还没有做好准备。"[36]布拉德伯里补充道,鉴于银行支出 5 英镑纸币数量相当于个人囤积数量,只要人们不陷入恐慌,就没有必要废止铸币支付体系。"避免恐慌的最佳办法,"坎利夫建议,"就是像雄狮一样适应环境。"[37]

在赞成废止铸币支付体系是保卫英格兰银行黄金储备的人中,有一位银行家指出,"对于英格兰银行行长来说,他是否想让人们要

求金币,而又得不到金币。"坎利夫回击道,完全不是这回事,"不是这样。如果英格兰银行今天就开门,我无法支付黄金。如果你能够看到英格兰银行的账户,财政大臣已经看到了,你就会对于如此多的小题大做感到惊讶。"[38]事实上,三天前,坎利夫本人也要求财政大臣和首相废止铸币支付体系和银行法案,但是,或许他从劳埃德·乔治那里得到了一些暗示,或许被股份制银行家们告知他需要什么。"英格兰银行行长公告发布以后,局势发生了重大改变,"贸易商发言人默西勋爵(Lord Mersey)宣称。"如果英格兰银行向我们保证不想立即采取重大措施,我们当然也不想,因为这不是最理想的(鼓掌)。"贸易商想要的是"小额纸币……加之,不废止铸币支付体系"。"最后,劳埃德·乔治来到了右侧,并相当程度上成为一名货币专家,"布莱克特在他8月5日星期三的日记中写道,"显然,他吸取了凯恩斯备忘录中的主要意见,并坚决反对废止铸币支付体系。布拉德伯里更加希望得到这样的结果,银行假日没有出现他所担心的危害。"[39]

星期四,银行家们离开战争会议进行秘密会议,战争会议已经快结束了,坎利夫对财政大臣做了如下陈述。

英格兰银行行长:有一个相当重要的事情,我希望你让这些银行家们知晓。目前我们的黄金数量已经降低到1 000万英镑,毫无疑问,这些银行已经使自己超强大了,他们囤积黄金以应对可能的需要。

我想让你令他们知晓,尽管在他们的金库里拥有数百万金币,如果我们废止铸币支付,他们将陷入极其可怕的境地。他们必须把黄金拿出来,否则,正如我所说的,在他们囤积黄金的过程中,这个国家不得不废止铸币支付,你可以向他们保证一个非常可怕的局面将会出现……给他们一个警告是非常重要的……

雷弗尔斯托克:应对这些股份制银行,我不明白你能够带来什么具有压力的可操作的措施。

英格兰银行行长:今后,你可以征用(银行的黄金)。

雷弗尔斯托克:是的。财政大臣可以给他们一份严肃的声明。

当银行家们返回会场时,财政大臣给出了告诫,尽管他没有威胁说攫取他们的资产——英格兰银行行长的一个重要建议。劳埃德·乔治告诉银行家们说:

政府质询委员会有个强烈的感受,与其说银行没有摆正位置,不如说为了增强地位,银行正在囤积黄金。如果过分了,我们将采取措施,如你所知,不得不废止铸币支付体系,这是任何人都不愿意去做的。我们非常焦虑,这种情况本不应发生。政府对银行的支持是建立在理解的基础上的,银行也要相应地对政府提供帮助。

"我刚才说过,我们愿意将1 500万英镑的黄金送给英格兰银行,"圣·阿尔德温回应道。"我必须将这个建议提交给英格兰银行行长。"财政大臣说。"这个提议仍站得住脚吗?"然而,张伯伦将讨论引向了另一个方向,问题尚未形成答案。

"我绝大部分时间都在财政部,这个工作是令人激动的,"8月4日星期二凯恩斯在写给拥有一辆摩托车的妻弟的信中说,"当我不在那里的时候,会有一种压力袭来,因此,我非常忙碌。"[40]星期四,在财政部会议室里写的一封信中,他告诉他的父亲:

到了明天,金融危机的压力将会过去……银行家们彻底没有了主意,完全处于茫然状态,无法形成两个连贯的想法。受英格兰银行支持的铸币支付体系目前已经保住了——唇亡齿寒……我刚刚听说,他们考虑让我在阻止废止铸币支付体系方面担当重要角色,因为正是我的备忘录改变了劳埃德·乔治。[41]

凯恩斯希望得到财政部的任命,但是,任命并没有马上到来。"恐怕佩什相当看重这个职位,"8月13日星期四布莱克特写给凯恩斯的信中说,"我实话实说……这里没有你真正能够做的事情,但是,这个职位你无法做任何有用的事情。你应满足于你所具有的知识,你写的备忘录改变了劳埃德·乔治,使他从一无所知被转变成一名货币专家。"[42]

众议院(1914年8月5日)

"我们非常高效,未加讨论就对很多的事情达成一致,"关于英国于星期二晚11:00宣战后,8月5日星期三早晨内阁会议,约瑟夫·皮斯在他的内阁日记中记录道,"1英镑和10先令及其以下面额的纸币就要印刷并发行了。"[43]当天下午财政大臣在众议院第一次展示会议上做了如下陈述:

由于过去几周发生的诸多事件诱发的引人注目的、史无前例的金融局势,我履行了我的责任,在财政部召集了英国著名银行家、商人和实业家参加的会议,寻求最佳方式以应对当前局势。

紧急情况纯粹是偶发的,原因是突发因素以及来自海外的汇付中断(聆听,聆听)……没有发生信用失败(笑声)……信用体系并没有失败,但是,信用机器突然停车……这将导致极大的不便,无疑,如果不断然采取措施,在特定的情况下将导致金融崩溃。[44]

劳埃德·乔治指出,他"自豪地说",他们发现没有必要废止铸币支付体系。但是,重要的是能够得到1英镑和10先令及其以下面额的纸币,"经过非常激烈的讨论……其中的原因我无需多说,双方进行了长时间的论争,"决定是发行财政部小面额纸币,"基于政府安全信用,在英格兰银行可以转换为黄金。同时,我希望它不要被转换为黄金"。另外,汇票也将成为临时性法定货币。星期五英格兰银行利率将从10%下降到6%。星期日宣布的限制性汇票紧急延期给付将进一步扩大范围,相关细节正在讨论之中。拟采取的措施是:

有效地提供黄金。存在着一种危险,个人自私地囤积黄金。我遗憾地说,这是一个严重危险,在星期五发生的事件之后,银行家们有足够的理由做出这样的预测……我认为,对于每一个人,对于这个国家,任何人这样做都将危害他们的同胞,这一点至关重要。(笑声。)

在这场重大的斗争中,金融将扮演重要的角色。在这场焦灼的战争中,金融将是最关键的武器之一,任何人出于贪婪的自私动机、出于过度的惊恐或怯懦,试图提取黄金并为了一己之用,应当明白,他就是在支持自己祖国的敌人,可能比拿起武器支持敌人更具有杀伤力。(笑声。)当星期五银行开门时,看一看会发生什么,这是非常重要的。

普遍延期支付、货币与英格兰银行纸币法案

"1914年7月末,任何一位伦敦市民被问及延期支付是什么意

思,可能得到的答案是不知道,"哈特利·威瑟斯写道。"也许,他会说可能是一个张牙舞爪的怪物。如果,他很例外,具有很好的金融知识,他会回答说,它是经济落后国家的某种设计,目的在于使'我的'和'你的'之间界限模糊。8月2日,我们实施了汇票延期支付。8月6日,我们实施了普遍延期支付。"[45]另外一些评论者公开谴责这种做法是离经叛道。"一个黑色的早晨,我们一觉醒来发现自己顺着财政部小面额纸币延期支付的河流漂流,"劳森写道。"在英国的金融历史中,后者是新鲜事物……自恢复货币债以来,这是第一次。"[46]坎利夫也抱有敌意,在战争会议上抗议说,没有必要,而且这样做将破坏国家信用。他认为,在财政部发行小面额纸币计划中,银行获得大量的资金,在银行界足以恢复信心。至于公众,他们从没有失去信心。

对于超越特殊票据延期支付的延期支付扩大化,伦敦城出现了普遍的压力。股票交易公司和贴现事务所试图反对银行召回其短期贷款。后者于8月4日通过了一个解决方案,并派出代表去见试图实施普遍延期支付的财政大臣。[47]法瑞尔观察道,当票据延期支付获得批准时,"银行按照类似的需要,依样画瓢"。[48]当银行重新开门时,他们想要的是能够拒绝向储户给付,从而作为另一个抵御挤兑的措施。[49]他们已经获得了两条保障线,即银行假日的延长和纸币。"最值得疑虑的是,他们是否需要第三条保障线,"克莱普海姆写道,"但是,他们得到了安全,还要更加安全,这些都给予了他们。"[50]劳埃德·乔治认为,短期而有限的延期支付,加之英格兰银行利率下降到6%,将有助于提振公众信心。"你真正想要的是恢复信心(掌声),"他在财政部战争会议上说。

想给公众留下的印象是这一切仅仅是临时性安排,为了保证信用以适应当前的情况变化。事实上,这个国家不存在任何问题(掌声),绝对平安无事。但是,突然需要面对一些紧急事件……因为外国与我们的联系中断,正如现在这样,以至于我们无法从那里获得汇付。所以,我们必须适应这样的情况。[51]

至于银行体系,银行家们面临着按照通常的方式进行支票支付,客户账户一如往常为相应地借记账户和贷记账户。支票继续在清算所清算,存储在清算所的证券担保的清算所权证的使用,银行间现金清算减少了。但是,普遍延期支付使银行有权视情况决定储户可以提取多少现金,从而把资金留在银行系统。[52]有一个关注点是英格兰银行大客户的资金转移问题,除非停止铸币支付,否则,英格兰银行不能拒绝支付现金,由于遭到强烈反对,停止铸币支付似乎没有可能性。英格兰银行行长确认他们的担心并非毫无根据,据报告,英格兰银行已经向相关账户支付了100 000英镑。可是,坎利夫拒绝了这样的想法,因为"我认为,这是不公平的"。

即使银行家们对囤积或出口黄金存有疑虑,但是,首相和其他一些官员对他们关于能够限制现金提取的想法并非不同情。讨论了限制储户提取现金数量的各种措施,并不非常具体,一切尚是问题。银行家们已经预料到了,他们建议将"延期支付"适用于所有的支付,可以有特别例外,比如工资、薪酬,包括养老金等的政府债务以及税收。作为利他主义的行动,银行家们将"普遍延期支付"方案提交到战争会议。"我们认为,并且强烈地感到,"圣·阿尔德温说,"对于我们来说,要求保护自己而不要求保护其他债务人,这是不恰当的。这就是我们提出普遍延期支付的原因。"但是,后来,他向会议陈述道:"我们之所以要求普遍延期支付,是因为我们不能要求你们来救助我们自己。我们感到……也应当解决救助其他人的问题,救助普通公众,等等。"[53]这个议题是在协商基础上产生的,特别是关于豁免,莱威尔斯多克和舒斯特说出了他们的看法,但是,没有人对这个建议提出挑战,在无人反对的情况下建议被采纳。

星期三夜间,财政部战争会议的结果已经变得清晰可见,布莱克特和思灵开始起草第二天财政大臣将发布的货币与英格兰银行纸币法案。"担心匆忙起草的法案中存在漏洞,"布莱克特在他的日记中坦言道,"直到深夜12:50才回到家中。"[54]次日,他帮助佩什起草了劳埃德·乔治在众议院的陈述,"佩什做事太慢了,让他去做其他一些事情吧。讲话稿出来得太晚了"。这次"重要的讲话"之后,劳埃德·乔治告诉瑞德尔,他"非常生气",因为简单的讲话稿还没有从财政部拿来,但是,没有讲话稿,他讲得更好。[55]当天通过所有环节的法案授权发行财政部小面额纸币,并使其成为法定货币,同时,法案使财政部具有了相机抉择的权力,允许临时性地超越银行法案对英格兰银行发行纸币的限制。[56]

财政大臣还宣布了一个月的普遍延期支付,直到9月4日。延期支付适用于"所有债务凭证,极少数情况例外"。[57]他指出,政府从没有想将延期支付仅限于特定利益集团,新的安排将"保证下周五交易回到正常的轨道"。为了对这些措施表示欢迎,张伯伦宣称:

在财政大臣主持的会议和协商之后,局势完全在掌控之中了……基于每一位公民对同胞、对国家的倾力奉献,这些安排都运行顺利。无论如何强调都不过分……任何试图囤积货币或食品的人都是他的同胞的敌人。

布拉德伯里的胜利

星期三夜晚,也就是战争会议第三阶段结束,在众议院宣布了发行财政部小面额纸币、延续铸币可兑换性以及普遍延期支付之后,拉姆塞带着布拉德伯里和布莱克特到牛津与剑桥俱乐部参加晚餐会。主持人"坚持谈谈时下的商业活动"(这是违背俱乐部传统的),布莱克特在他的日记中说,"展望财政部观点的胜利。我们的情绪都很高涨"。事实上,政策措施已经发生了重大转变。星期六下午,要求停止实施银行法案的信件提交给了英格兰银行行长,举行了内阁委员会与银行家们的会议,形成了应对危机的一系列政府重要举措,包括:停止实施银行法案;采用银行家们的计划(限于环境所需);停止实施铸币的可兑换性。五天后这些措施中的每一项都被搁置。取而代之的是,重新设计的阻止危机的方案:财政部发行小面额纸币;继续实施铸币可兑换性;普遍延期支付;以及将英格兰银行利率降低到5%。其中,关键的变化是财政部发行的小面额纸币。在轻描淡写的"你的安排"中,通过无限量纸币的潜在提供,银行家们的黄金支付给英格兰银行就没有必要了。

财政部小面额纸币的发行还使得废止银行法案不再那么必要了。是否废止银行法案已经不是那么明确的问题,后来,这个问题作为众议院的议题提出来,导致首相于 1915 年 11 月发布了一份声明。

他告诉众议院,发给英格兰银行行长的信函从来没有落实,自货币与纸币法案发布以来,没有真正废止银行法案。[58] 1914年8月7日与8日财政部小面额纸币尚不充足,但是,英格兰银行纸币已经充分满足需要,临时性超额发行了550万英镑。按照负债的20%比率,银行得到了2 250万英镑的纸币。实际上,初始被提取的资金仅有130万英镑,劳埃德·乔治指出,"仅仅是货币可得性的了解便重振了信心。"[59] 年末,380万英镑的财政部小面额纸币进入流通领域。[60]

由于需要阻止国内黄金提取的可能性,加之,维持铸币的可兑换性,财政部小面额纸币得以发行。作为金本位是文明世界的货币的坚定信仰者、作为伦敦是世界最重要金融中心的支持者,除非因为极端的海外黄金囤积而出现绝对必要,否则,废止铸币可兑换性必然遭到布拉德伯里、布莱克特以及坎利夫的诅咒(凯恩斯也持这样的看法)。考虑到这种看法,财政部的观点就是一种流行的观点,布拉德伯里及其同僚们在乎的是发行财政部小面额纸币和保持铸币的可兑换性。至于战争会议上其他主要议题,比如普遍延期支付,布莱克特的日记和布拉德伯里的论文集均未说重要的财政部官员强烈感到某种程度的重要性。也许,他们认为同意银行家们关于普遍延期支付的要求是一种体面的交换,财政部观点的"胜利"才是真正重要的议题。

布莱克特参加了星期四晚上众议院会议,会上,劳埃德·乔治介绍了货币与纸币法案,这个法案是他起草的,正放在为高级官员准备的"盒子"里。这是他和他的同事们过去一周竭尽全力完成的。晚上7:00,法案的通过已经水到渠成,于是,他回家吃晚饭。到家后,他收到了布拉德伯里的一封电报,告诉他晚上 9:30 返回财政部。布莱克特、布拉德伯里和拉姆塞工作到次日上午 12:45,草拟新的货币与纸币法案实施的每一个具体细节,从而"达成同银行的有效合作安排……布拉德伯里做了所有的起草工作,对于他来说,这一天是成功的"。压力给到了蒙塔古一边,蒙塔古在写给未来的妻子维尼夏·斯坦利的信中说,"我不确定有机会见你。我整夜工作着,我准备放弃了。工作是如此可怕,以至于靠药物维持活力"。[61]布莱克特星期四的日记回忆起他与劳埃德·乔治的私人秘书 J.T. 戴维斯(J.T. Davis)的碰面,在众议院的走廊里,"快步流星,他告诉我,如果不是他催促两个法案,这两个法案现在还不可能提交各众议院。这就是我们的工作状态"。此时正是 8 月 7 日星期五一大早。几个小时后,银行重新开门,危机应对措施就要被拿来接受检验。

注释

1. Lloyd George 1933: 64.
2. TNA: T170/55. Chancellor of the Exchequer's Conference with Bankers and Traders, 4 August 1914; TNA: T170/56. Chancellor of the Exchequer's Conference with Representatives of the Banks to Discuss the New Currency Note, 5 August 1914; TNA: T170/57. Chancellor of the Exchequer's Conference with Bankers to Discuss New Currency Note, 6 August 1914.
3. de Cecco 1974: 150.
4. British Library: Ms. 88888/2/9. Diary of Sir Basil Blackett, 4 August; Chamberlain 1935: 105.
5. Sir Austen Chamberlain (1863–1937). 'Obituary: Sir Austen Chamberlain', *The Times*, 17 March 1937; Dutton 2004.
6. University of Newcastle Library Special Collections: Runciman MSS. Letter from Walter Runciman to Sir Robert Chalmers, 7 February 1915.
7. Cambridge University Library: Crewe papers. M/9(6) War Finance: Miscellaneous papers, 1914–1915; Pope-Hennessy 1955: 146.

8. British Library: Ms. 88888/2/9. Diary of Sir Basil Blackett, 4 August; LSE Archives: Sir George Paish, 'My Memoirs', c. 1950: 64.
9. Lawson 1915: 87.
10. Parliamentary Archive: Samuel Papers. A/157/697. 2 August 1914.
11. TNA: T170/55. Chancellor of the Exchequer's Conference with Bankers and Traders, 4 August 1914.
12. TNA: T170/55. Chancellor of the Exchequer's Conference with Bankers and Traders, 4 August 1914.
13. Clapham 1958: 97–106.
14. Lawson 1915: 96–7.
15. TNA: T170/14. Letter to Chancellor of the Exchequer from Robert Martin-Holland, 2 a.m. 3 August 1914.
16. TNA: T170/56. Chancellor of the Exchequer's Conference with Representatives of the Banks to Discuss the New Currency Note, 5 August 1914.
17. 'Sir John Clapham's Account of the Financial Crisis in August 1914', in Sayers 1976: 36 of Appendix 2.
18. BoE: N7/158. Osborne vol. III 1926: 105.
19. Nuffield College Library, Oxford, Archive: Gainford MSS 33/3. Cabinet diary of Jack Pease, 2 August 1914.
20. TNA: T170/14. J. M. Keynes, Memorandum Against the Suspension of Gold, 3 August 1914.
21. TNA: T170/57. Chancellor of the Exchequer's Conference with Bankers to Discuss New Currency Note, 6 August 1914.
22. TNA: T170/57. Chancellor of the Exchequer's Conference with Bankers to Discuss New Currency Note, 6 August 1914.
23. TNA: T170/57. Chancellor of the Exchequer's Conference with Bankers to Discuss New Currency Note, 6 August 1914.
24. TNA: T170/14. J. M. Keynes, Memorandum Against the Suspension of Gold, 3 August 1914.
25. TNA: T170/56. Chancellor of the Exchequer's Conference with Representatives of the Banks to Discuss the New Currency Note, 5 August 1914.
26. Leith-Ross 1968: 40.
27. BoE: N7/158. Osborne vol. III 1926: 105.
28. Keynes November 1914: 66.
29. Lawson 1915: 91.
30. Hansard (Commons): Lloyd George, 7 August 1914, col. 2197.
31. Lloyd George 1933: 69.
32. British Library: Ms. 88888/2/9. Diary of Sir Basil Blackett, 3 August 1914.
33. Harrod 1951: 197.
34. TNA: T170/14. J. M. Keynes, Memorandum Against the Suspension of Gold, 3 August 1914.

35. British Library: Ms. 88888/2/9. Diary of Sir Basil Blackett, 4 August 1914.
36. TNA: T170/55. Chancellor of the Exchequer's Conference with Bankers and Traders, 4 August 1914.
37. TNA: T170/56. Chancellor of the Exchequer's Conference with Representatives of the Banks to Discuss the New Currency Note, 5 August 1914.
38. TNA: T170/55. Chancellor of the Exchequer's Conference with Bankers and Traders, 4 August 1914.
39. British Library: Ms. 88888/2/9. Diary of Sir Basil Blackett, 5 August 1914.
40. Johnson 1971: 15.
41. Johnson 1971: 15–16.
42. Quoted by Skidelsky 1983: 293.
43. Nuffield College Library, Oxford, Archive: Gainford MSS 33/3. Cabinet diary of Jack Pease, 5 August 1914.
44. Hansard (Commons): Lloyd George, 5 August 1914.
45. Withers 1915: 1.
46. Lawson 1915: 100.
47. LMA: Ms. 24,700. Gilletts papers. A True and Faithful Account of the Crisis in the City.
48. The Baring Archive: DEP 33.16. Gaspard Farrer to Robert Winsor, Kidder, Peabody, Boston, 7 August 1914.
49. TNA: T170/56. Chancellor of the Exchequer's Conference with Representatives of the Banks to Discuss the New Currency Note, 5 August 1914.
50. 'Sir John Clapham's Account of the Financial Crisis in August 1914', in Sayers 1976: 39 of Appendix 3.
51. TNA: T170/55. Chancellor of the Exchequer's Conference with Bankers and Traders, 4 August 1914.
52. TNA: T170/56. Chancellor of the Exchequer's Conference with Representatives of the Banks to Discuss the New Currency Note, 5 August 1914.
53. TNA: T170/56. Chancellor of the Exchequer's Conference with Representatives of the Banks to Discuss the New Currency Note, 5 August 1914.
54. British Library: Ms. 88888/2/9. Diary of Sir Basil Blackett, 5 August 1914.
55. Riddell 1933: 10.
56. Pulling 1915. Currency and Bank Notes Act, 6 August 1914, pp. 1–7.
57. Hansard (Commons): Lloyd George, 6 August 1914 cols. 2101–7.
58. 'The Government and the Banks', *Financial Times*, 10 November 1915.
59. Hansard (Commons): Lloyd George, 27 November 1914 col. 1536.
60. 'Sir John Clapham's Account of the Financial Crisis in August 1914', in Sayers 1976: 38 of Appendix 3.
61. Trinity College Library, Cambridge. Edwin Montagu papers. Montagu II B1/81. J. M. Keynes to Edwin Montagu, 4 September 1914.

7

银行重新开业

伦敦金融城在急切的征询意见会议和准备会议中,银行夏季长假的四天过去了。"如果是有趣的时光,那是令人激动的,"8月6日星期四,也就是银行重新开业的前夕,劳埃德银行执行主席鲍蒙特·皮斯(Beaumont Pease)写道,"我从未想到我会有这么多银行假期,也没有想到这么多银行关注银行假日,多么可爱的假日!从早到晚乃至夜里,我都在参加大会小会。"[1]

"会议与传闻"

"8月3日星期一是银行假日,但是,这只是名义上的,"查尔斯·柯布向劳埃德银行金融委员会报告说,"伦敦城充满着焦虑的面孔,为了向各个机构和总部提供现金做着重大的筹备工作。银行家会议开了一整天,每个人都做着最坏的打算。"[2] "联合贴现事务所的会议讨论了时局,并且听闻将会增加3天银行假日。"史密斯·圣·奥本贴现事务所记录道,"暂时得救了。"[3] 碧翠丝·韦伯在她的日记中记载道,"银行关门四天,商业停顿(没有人知道是否仅限于银行关门,而且,由于没有钱付工资,大量的商业停顿)导致伦敦的商业街区一片衰败气象。"[4] "似乎每个人都去了乡下,"玛丽·艾格内斯·汉密尔顿(Mary Agnes Hamilton)的现代小说《昨日已死》(*Dead Yesterday*)中带有贵族气质的主人翁休·英菲尔德(Hugh Infield)说,这是战争爆发时的几部巨制之一。"仅有的几个人是金融家,被世界上的证券交易所倒闭惊呆了,他们相信最糟糕的情况已经发生。他们将被毁灭,国家将被毁灭,还有什么事情会比这更糟糕?"[5]

8月4日星期二是"充满会议和传闻的一天","伦敦城的大人物都参与其中。"[6] "更多的会议在联合贴现事务所召开,"史密斯·圣·奥本指出,"谈的多而落实的少。"[7] "关于商业活动,无论何种形态的商业活动,没有什么可说的,这是事实。"罗斯柴尔德合伙人们告诉其法国堂兄弟说。银行家们为了小面额纸币而"吵闹",并且"非常渴望"延期支付。[8] "主要银行家们"在坎农街酒店开会,从上午9:00一直持续到很晚。[9] 在财政部战争会议上与财政大臣面对面商讨问题的代表当日下午重回会议,离开会议的银行家们"长舒一口气,所有必要的措施都得到了认可"。[10] "受不可抗拒的期望的驱动,一人群经纪人聚集在思罗格莫顿大街,讨论着时局,"《每日镜报》报道称,"大约中午时,关于英格兰银行利率提高到15%的传言四起……大多数著名经纪人办公室到处是人,他们为了资金的安全而来。"[11] "银行和证券交易所关门,众多商业公司处于半开门状态,思罗格莫顿大街和英格兰银行附近聚集着一群又一群人,他们讨论着当日的重大新闻,整个伦敦城披上了奇怪的外衣,"《波迈公报》评论道,"一旦英格兰银行大门开启一条缝让办事情的人进入,就会有等待者从隔壁酒店里冲过来问能不能取钱。他的询问得到的是惊讶的回应。"[12]

"过去一周左右中的每一天,伦敦呈现出异常的特征,每一天的特征都很独特,并与前一天不同。昨日毫无例外地符合这个规律,一如既往的特别,"关于8月4日星期二,《金融时报》观察道:

过去一周都没有令人激荡的财经新闻,但是,银行一如既往地起着重大而关键的作用是商人在自己家中得到的消息。当然,按照银行假日延长至星期五上午的公告,所有银行都关门了。另一方面,普通商业门店还是开业的。然而,经营是困难的,因为无法获得现金,甚至为了安全放在银行的私人保险箱也拿不到。

普遍的看法是,决定银行关门是非常明智的,虽然某种程度上违背了坚持已久的银行假日做法,也有人认为这样的安排没有一点弹性,比如,应当允许客户拿到他们的私人保险箱。

茶叶市场提供了例子,说明了无法拿到存放在银行保险柜里的仓单导致的不方便。为了安全起见,夜间将茶叶仓单存放在银行是多年来的习惯。昨日,由于无法获得仓单,获得茶叶也就不可能了。[13]

倒计时

星期三,"尽管银行假日公告已经发布,一些大银行仍焦躁不安地活动着"。[14]"银行界与财政大臣召开了几次会议,直到每一件事情都满足它们的期望为止,"罗斯柴尔德合伙人在写给巴黎的信中说,"事实上,在当前的形势下,政府、英格兰银行和银行家们必须通力合作,否则,金融局势将变得更加不令人满意。"[15]《波迈公报》报道说,有几家银行呼吁给予其一些灵活性,而且"私下里向客户付钱,以满足支付工资或其他迫在眉睫的事情需要"。[16]"在伦敦的职员中,战争狂热者热血沸腾,"《星报》指出,"除了因征兵而出现职员流动,大量的银行职员也离职去应征入伍。"[17]"更多的会议,更多的讨论,"史密斯·圣·奥本指出,"几乎可以确定的是实施延期支付,并且向财政大臣发去了信函陈述其必要性。"[18]

英格兰西部诸郡的银行家们惊讶地获悉位于朴次茅斯的海军银行(Naval Bank)陷入困境,在银行假日结束后将立即停止给付。这很可能在当地的其他银行激起挤兑风潮,这些银行包括总部位于德文郡塔维斯托克的一家家族银行福克斯·富勒尔公司(Fox Flower & Co.),这家银行于1921年与劳埃德银行合并,成为放弃发行自己银行券的最后一家英国银行。福克斯先生来到伦敦,从巴克莱银行取出10万英镑金币和5英镑面额的纸币,装满了三大木箱,乘坐火车包厢回到了乡下。塞耶斯观察道,这可能是最后一搏,一位银行家从伦敦带着黄金去应对预期的挤兑。[19]由于延期支付,海军银行得救了,而在接下来的几个月里,也备受煎熬。

星期四,布莱克特意识到,"避免愚蠢的行为",在外加三天的银行假日里,邮政局要让邮政储蓄银行(Post Office Savings Bank)开门营业。星期一,他向布拉德伯里提到了邮政储蓄银行的地位,提出为了小额储户的便利,在拖延的银行假日里邮政储蓄银行应当开门营业。但是，布拉德伯里的观点是，"其他银行都关门，这样太危险了"。"幸运的是，惊人的挤兑并没有发生，"布莱克特指出，"总提款额大约为 250 万英镑——因此，总体上邮政储蓄银行的做法有益而无害。"[20]

星期五银行重新开业倒计时，情况变得紧张起来。"整整一天里，银行都在向其分支机构派送黄金，摩托车、小汽车、火车以及其他车辆在银行总部大门前装载金币成为相当普遍的景象，"《金融时报》报道说，"尽管银行外层大门向公众关闭了，但是，里面的银行职员尽可能地为重新开门做着准备。一家大银行的总部经理告诉我们的记者说，秘密准备有条不紊地进行着，现在一切就绪。"[21] "事情正在向好的方向变化，"在回应普遍延期支付公告的有关事项时，史密斯·圣·奥本指出。柯布欢迎英格兰银行利率下降到 6% 以及普遍延期支付。对于劳埃德家族来说，后者的影响是：

由于延期支付期间工资、利率等为特定例外，8 月 4 日没有超过 5 英镑的债务需要偿付。清算银行适应了规制，向所有雇主不再进行柜台现金给付，在信贷平衡的范围内用支票支付工资和薪水；其他客户的柜面现金业务不超过净贷差的 10%，最小额度为 25 英镑。

对于划线支票偿付也有相应的安排，清算系统按照通常的方式运行，商业活动有了正常的环境，但是，阻止取出现金用于囤积的企图以及阻止滥用清算公司服务也产生了负面影响。[22]

施罗德家族

"考虑到过去一两周里德国人在我们市场上采取的激进行动，一些奇怪的传闻在伦敦城流传开来,"8月5日《波迈公报》观察道,此时,英国已经介入战争。"据说,为了迫使英国不要介入战争,有实力的德国人故意破坏这里的市场。"[23] 接下来的一天,各家银行忙着准备重新开门营业,警局通知证券交易所和"伦敦城其他大机构"提供工作在那里的外国人员的名单,无论是已经入籍的,还是没有入籍的。[24] 估计,证券交易所会员中10%是"外国人",其中,大约3/4是德国人,而且许多德国人在伦敦工作。[25] 后来,在战争处于胶着状态时,媒体发表了一些难以置信的故事,故事说从3月份开始德国经纪人和银行在证券交易所抛售了价值数百万英镑的奥地利—德国证券,这些证券现在变得一文不值,同时,还有其他举动,包括对贴现市场发动"正面攻击",伦敦已经损失了1亿英镑。[26] 晚餐会后碧翠丝·韦伯在她的日记中记述道,劳埃德·乔治本人也相信"德国人已经准备既发动军事战争,也发动金融战争,并且已经成功地获得大约2亿英镑。德国的商人很富有。"[27]

  巴伦·布鲁诺·施罗德,时年47岁,是著名商人银行J. 亨利·施罗德公司(J. Henry Schröder & Co.)的高级合伙人,也是伦敦城顶级金融家。[28] 施罗德银行于1804年创立,创立者是巴伦·施罗德的叔祖父。[29] 他出生于汉堡,年轻时就加入了伦敦的家族企业,由于家庭成员分居在两个国家,他视自己为盎格鲁—德国人。"巴伦·施罗德一直拒绝加入英国国籍,"爱德华·格伦菲尔观察道,"偏向以伦敦德国人领袖自居,并且是帝国和大使的德国事务顾问。"[30] 战争爆发时,他突然认识到自己是敌对国家的人,他的公司可能被作为敌国资产而被没收。施罗德管理着伦敦第二大票据承兑事务所,没收该公司将导致贴现市场和银行持有的由其背书的高达1 100万英镑的票据一文不值。这将恶化已经虚弱的局势。

弗兰克·蒂亚克斯(Frank Tiarks),时年40岁,施罗德家族中巴伦·施罗德的合伙人,英格兰银行董事,伦敦城著名人物。[31] 蒂亚克斯告诉坎利夫形势严峻,并将问题提到了内务大臣雷金纳德·麦克肯纳(Reginald McKenna)面前,雷金纳德·麦克肯纳告诉众议院说,他得到建议:"如果巴伦·施罗德银行在次日早晨不再开门营业——无需多言——将会有一场灾难。"[32] 一位银行家兼朋友也向首相做了报告。结果是承诺立即接受归化。但是,蒂亚克斯决心做到双重确信。在伦敦斯劳特公司高级合伙人威廉姆·斯劳特(William Slaughter)和威廉姆·梅伊(William May)的支持下,他要求给巴伦·施罗德皇家授权,"在英国定居和从事贸易,以免归化被耽搁或出现非正常情况时产生问题或影响公司运作的合法性"。[33] 在克里米亚战争期间的1855年,维多利亚女王对7名俄罗斯商人也签发过类似的证书。内务部官员们持有这样的观点:证书是不必要的,但是,蒂亚克斯和斯劳特坚持这样做。他们说,"早前的顾问们给出不同的观点,现在,其他一些顾问们持相反的观点。事情太重要了,容不得怀疑。"蒂亚克斯按照他自己的办法去办。8月7日星期五,巴伦·施罗德从内务大臣手里拿到了入籍证书,以及国王乔治五世签发的定居和贸易许可证。

这无疑是对他的忠诚的挑战,巴伦·施罗德悲哀地说:"我感到,好像是我的父亲和母亲在吵架。"乔治·A.伯明翰(George A. Birmingham)出版于1915年的小说《蛛丝网》(*Gossamer*)中有一个角色叫卡尔·艾歇尔(Carl Ascher),他"是银行家,是国际金融家之一,在伦敦的机构中他管理着复杂的商业活动,普通人难以理解,由于某种原因,有一种涉外商业活动,几乎没有英国人能够承担"。[34]像巴伦·施罗德一样,艾歇尔出生在汉堡,并在那里受教育,而且"是一名英国人,至少名字像英国人"。自从他获得了德国国籍之后,他发现他的处境很尴尬。在这个故事里,艾歇尔是英国政府关键的金融顾问,但是,作为德国人,他遭受诽谤。巴伦·施罗德就是媒体和众议院[还有银行家们,最著名的就是埃德加·斯佩耶尔(Edgar Speyer)爵士]反德国势力的靶子,他可能就是小说人物艾歇尔尴尬处境的原型。他退休后回到乡下,并在那里终老。[35]

为重新开门营业做准备

在银行假日期间,各家银行伦敦总部的指示纷纷传达给分支机构经理。在劳埃德银行,亨利·贝尔命令尽管在银行假日期间,但所有员工都参与准备工作。[36]一旦开门营业,"每晚,手头上的所有现金(金币)必须送往总部";持有旧纸币,如果必要,再发行新纸币;尽可能使用纸币兑付支票。"在当前危机期间,(坚持上述做法)直到充分获得1英镑纸币的供应为止,"经理们坚持对取款人做出"恰当的提示"。总部还有通知告诉他们,"在这场危机中,伦敦城与内陆银行、国民与各郡银行以及我们之间充分理解,无论发生什么情况,相互都会提供可能的帮助,或者提出相互帮助的请求"。这"对于通常与我们友好合作的银行相关企业"也是适用的。尽管布莱克本储蓄银行(Blackburn Savings Bank)的感谢信中说8月7日和8日得到了一些帮助,但是,相互支持的政策安排还没有用上。[37]

"在英格兰银行大门关闭的情况下,应当号召你的分支机构此刻不要仅限于纸币和现金的可得数量,"8月5日巴克莱银行总经理弗雷德里克·古德诺在总部通知中指示说,"但是,客户应当得到建议,现金流转是为了满足需要……在获得新的财政部小面额纸币后,任何情况下,也无论任何目的,支票不再兑付黄金……你首先关注的应是,让客户相信因为政府提供必要的货币政策安排,银行有能力满足所有需求,从而维持客户的信心。"[38]古德诺还批准,如果需要,银行之间相互支持。8月6日,银行重新开门营业前夕,分支机构经理得到通知,"宣布延期支付的告示必须张贴在办公室里,让所有的客户都能看到"。对于如此好的措施,他总结说,"财政大臣几页纸的讲话,出纳员应当展示给客户,出纳员应考虑建议客户如何去做"。

在舒斯特的国民与各郡银行里,8月3日从总经理那里向各分支机构经理发出了指示,要求在银行假日期间职员们参与准备工作,并强调与劳埃德银行和内陆银行达成了"完全理解"。[39]至于信用问题,他们约定"在当前情况下,为了救助需要,所有报告和限制性规定沿用两个月"。8月5日星期三,银行经理们得到了大约3页纸的情况变化报告。报告提醒他们,政府已经决定宣布普遍延期支付,但是,这无论如何"要同客户联系"。大幅印刷招贴被分发给各个分支机构,标题是"私人囤积黄金",这个题目引自劳埃德·乔治在众议院中反对囤积黄金的用语。"到星期一上午,新的1英镑纸币就会分发到每一个分支机构,"8月6日通知中指出,"发行这些纸币的目的是拯救铸币支付体系,这些纸币必须进入流通领域,不得耽搁。尽可能地节约黄金使用"。[40]

"囤积的愚蠢行为"是8月4日星期二《泰晤士报》所用的标题,"没有人这样愚蠢,实际上是胆怯,以至于在危机期间,在无根据的担忧背景下囤积货币,由于自私地提取不必要的货币数量导致增大普通公众所需的金融和商业环境的困境"。也许劳埃德·乔治读到了这篇文章,当日他在财政部战争会议上说:

我们必须得到媒体支持……我建议召集一个编辑或财经编辑,或负责引导公众金融事务的人员的会议……请求他们在其报纸上发表专题文章,呼吁公众在当前支持我们,指出爱国义务不仅限于那些在海上或战场上战斗的人们(掌声)……

如果在媒体的支持下,社会中每一个部门的领导者都进行这种呼吁,我认为,这些紧急措施在星期五上午就没有必要了,但是,你们也认识到,与其说他们保持着提振信心,不如说他们任事物自由发展。[41]

在劳埃德·乔治和张伯伦在他们的演讲中发出这样信息的同时,媒体用大量的文章谴责囤积行为,并介绍新发行的财政部小面额纸币。"每一个人都应当理解这个简单的定位。所有的黄金都应该放在银行,为国家所用,"《新闻晚报》劝诫道,"一旦国家需要,人民就把自己的儿子送去战场,同样,一旦国家需要,他们应当把他们的黄金交给银行。使用同样价值的纸币,并且无论如何,尽可能使用支票进行支付。"[42]星期五的《环球》刊登了一只装置箱,标题是"每一个英国良民的责任"。"今天,当1英镑面额的纸币在各家银行备好以后,每一位英国良民都有责任拿出全部金币,每一个人和他的家庭成员都应该到附近的银行将它们兑换成 5 英镑和 1 英镑纸币,"伦敦城版面编辑赫伯特·H. 巴塞特指出,"不要仅仅让你的朋友去这样做,你自己也应当这样去做。这是责任,诚然一个人的力量虽小,但是,加总起来就能够帮助这个国家,今天你的国家是你第一个要关心的。我们所拥有的全部黄金需要用于战场上我们的军队以及从海外购买商品。"[43]

银行重新开门营业

8月7日星期五上午9:00,银行重新开门营业。通过电话和电报,各种信息如潮水般地流向财政部。"一切都进行得极其令人满意,"贝尔告诉财政大臣说,"我还没有得到偏远乡村的报告,也没有得到来自大的郡中心城市的报告,但是,在这种情况下,没有消息就是好消息。"[44] "从全国各地得到的所有信息都是令人满意的,"正在内陆银行的霍尔登说,"伦敦也是如此。我相信所有的事情都相当顺利地进行着。"多渠道得到的消息,今天的营业结果是,我们得到的现金比我们支付的现金多得多,巴克莱银行的弗朗西斯·贝文报告说,"然而,有一份报告称银币非常短缺。""没有恐慌,货币自由进入市场,"舒斯特在电话中说,他还报告说,两个小时内国民与各郡城市银行分支机构被提取的现金达到 10 000 英镑。帕尔银行报告称,除了位于杰尔西的银行因不在延期支付之列,承受"某些压力",整个安排运行得"顺畅而令人满意"。"压力"(大量取款)还发生在曼彻斯特,位于阿伯丁、格拉斯哥、赫尔、莱切斯特和利物浦的储蓄银行也报告面临"压力",但是,很快便消除了。

"当银行重新开门时,公民并没有显得焦灼不安,"当晚《环球》报道说,"星期五用纸币兑换黄金的公众,今天,他们用黄金兑换纸币。"[45]在H. G. 威尔斯(H. G. Wells)的小说《看穿一切的布瑞特林先生》(*Mr Britling Sees It Through*)中对银行重新开门的情节有描述,"当公众来到银行取新纸币时,银行抱歉地提供黄金。新纸币的供应非常不充足,黄金却是充足的"。[46]那天下午,劳埃德·乔治向众议院报告说,全国银行的汇报是"完全令人满意的"。[47]"我认为,应当向财政大臣表示祝贺,"奥斯丁·张伯伦回应说,"也应当对我们的国民表示祝贺。我敢说,两天前如果公众保持清醒的头脑,公众就是安全的。公众已经保持了清醒的头脑。"

当公众保持理智时,显然,政治家们正在失去理智,允许党派利益优先再次浮出水面。自由党政府建议继续进行充满争议的爱尔兰地方自治法案和威尔士教会法案,这些法案的讨论已经被战争危机所中断,这导致了张伯伦向劳埃德·乔治发出警告。"我认为我应该向你指出,再起国内纷争一定会导致伦敦城各机构在金融和信用方面的灾难性后果。"8月8日张伯伦写道。这将"毁掉近几天来的工作成果,并将导致一场巨大的金融崩溃"。[48]结果,因战时搁置,这些问题得以缓解。

德国银行与奥地利银行

8月7日星期五,有五家银行——德国和奥地利银行的伦敦分行——没有重新开门营业。这些历史悠久且业务繁忙的银行"构成了伦敦银行经营机制的一个重要组成部分"。[49]创立于1873年的德意志银行伦敦业务部已经成为其最重要的分支机构。在战争爆发之前的数年里,业务额迅速增长,从1900年的6.6亿英镑到1913年的12亿英镑,业务额翻了一番。[50]伦敦支行的主要业务是,"承兑汇票,尤其是为德国人和奥地利人进行账户承兑,接受来自世界各地的汇票为进出口贸易融资,"这些汇票在贴现市场卖出。[51]据估计,德国和奥地利银行的汇票负债高达1 500万～2 000万英镑,债权人为伦敦的银行和贴现事务所,而且还有对英国和中立国债权人的负债。[52]他们还向外国银行和公司提供一系列其他类型的批发金融服务业务——活期存款账户、代理客户买卖证券、代理债券发行以及外汇交易,还有,就是向伦敦的贴现事务所和股票交易公司提供短期贷款。奥地利和塞尔维亚两国的敌对状态开始之后,德意志银行伦敦支行清理了他的短期贷款,从7月29日星期三的49.5万英镑骤然下降到8月1日星期六的4.5万英镑,毫无疑问,其他业务也有相似的举动。[53]在一个星期里,各个机构遣散职员,接近200人被从一个大银行召回德国。"他们得到了英国同事的同情,"《星报》观察道,"他们提及对突然被遣散人员及其在英国处于困境中家人的同情。"[54]

英国宣战后,《波迈公报》报道称,德累斯顿银行和德意志银行"放在窗台上的信件以及其他标志"都被清除了。德意志银行大门上的告示写道,"由于战争状态,业务必须停止,直到申请获得英国政府授权被批准"。[55]"在被延长的银行假日期间,德国银行所在地均被警察严密看守,以保证没有证券、货币或其他有价值的物品被清理,"官方报告中指出,"8月7日警察控制了德国银行并进行了搜查。"[56]同日,在财政部,布莱克特与他的同事们讨论了"向伦敦支行经营授权的问题(相当复杂的问题)"……"决定次日召见威廉姆·普兰德尔(William Plender)爵士——他提供了一些帮助。"[57]普兰德尔,时年57岁,伦敦著名会计师,迪利奥特—普兰德尔—格里菲斯公司(Deloitte, Plender, Griffiths & Co.)合伙人,被任命为德国和奥地利银行伦敦分行(后来包括两家盎格鲁—土耳其银行)的官方监督人。[58] 8月10日星期一,敌国银行得到了皇家授权,重新开门营业,对于这样的变化,劳森称之为"金融危机中最重要的环节"。[59]

在普兰德尔的指导下,银行完成了正在进行中的交易,被集中起来的资产得以清算。英国延期支付措施结束时,德意志银行、迪斯康拓—格赛尔谢弗银行(Disconto-Gesellschaft)、德累斯顿银行以及盎格鲁—奥地利银行(Anglo-Austrian)的债权人均得到了全额给付。[60] 莱恩德尔银行(Laenderbank)的解决方案较为复杂,并有所拖延。由于银行利用了9月4日政府政策的优势,即英格兰银行(财政部担保)提前向银行支付以保证银行能够偿付承兑汇票(参见第8章),所以,银行能够全额给付债权人。由于敌国银行2 330万英镑的资产少于2 840万英镑的负债(德意志银行估计),英国纳税人提供了510万英镑的贷款(见表7.1)。[61]清算工作是复杂且缓慢的,从而激起《泰晤士报》和各大媒体对普兰德尔倾向德国同情心的谴责。但是,政府完全满意,并且赋予他另外一些使命。[62]

表 7.1 德国和奥地利银行伦敦支行 1914 年 8 月 4 日的资产与负债状况

单位：百万英镑

银 行	资产	负债	差额
德国银行			
德意志银行	8.9	8.8	+0.1
迪斯康拓—格赛尔谢弗银行	4.9	6.0	−1.1
德累斯顿银行	5.4	6.1	−0.7
奥地利银行			
东帝国莱恩德尔银行（Osterreische Laenderbank）	2.3	3.8	−1.5
盎格鲁—奥地利银行	1.7	3.6	−1.9
总计	23.3	28.4	−5.1

资料来源：威廉姆·普兰德尔爵士关于敌国银行（伦敦机构）的报告，1916 年 12 月 16 日，编号：8430(London：HMSO，1917)，第 8 页。

布莱克特停止撰写日记

"伦敦城的报告显示，不存在银行业恐慌。"布莱克特在 8 月 7 日的日记中记述道。"宣布为期一个月的延期支付挽救了整个金融局势，"史密斯·圣·奥本指出，"我们只是重新开门营业，其他什么也没有做。"[63] 布莱克特花去了星期五一上午的时间审阅他、布拉德伯里和雷丁勋爵前一个夜晚匆忙写就的财政部备忘录，"确保他的支持得到劳埃德·乔治的认可"。下午，他被委任为新成立的内阁战时金融事务执行委员会(继承内阁金融局势委员会)秘书。"这应该是非常棒的一份工作，"他充满着热情地说，"我推测劳埃德·乔治想让佩什做秘书,但是,大家都反对,因为他不适合做这种工作,如果他做委员会成员则可以(但是他们不要他做),而不是做秘书。奥斯丁·张伯伦和科勒要求我做秘书,并得到了布拉德伯里的支持,所以,选择了我。科尔告诉奥斯丁说,由于印度货币委员会报告的起草工作,他(奥斯丁)已经在伦敦城获得了巨大声誉。但是,他(科勒)又说,事实上是布莱克特起草的。"[64]

布莱克特、布拉德伯里和普兰德尔与3家德国银行代表之间的漫长会议占用了整个8月8日星期六,"他们都是德国人,仅有一名代表有两个继子,一个在英国陆军,一个在英国海军,"会议结束时做出安排,"同意他们在普兰德尔监督下完成已经存在的业务。""德意志银行的范拉普(Van Rapp)给我们强烈的印象是,只有他很可能带来麻烦。我们怀疑,宣战后他从事了一些非法活动。"晚上8:00,布莱克特回到了位于汉普斯特德的家中,"没有电话,星期日则在家中休息。电话没响起,所以,一觉睡到中午"。

"不再值得以这样的方式写日记,"他在星期日下午写道:

事情的解决越来越走向官方设定的路径(无论如何,是令人兴奋的那种路径)。这个日记的目的就是在恐慌或恐慌感的日子里,保存我介入其中的财政部活动的记录。

对于财政部官员,特别是对于已经成为英雄的布拉德伯里来说,结果已经是重大的胜利。英格兰银行行长和科勒先生也获得了巨大的声誉。

布莱克特最后几句话是关于"山羊"的:

劳埃德·乔治的转变是一个巨大的成功,他本人确实是一个奇迹。花了一些时间去启发他，但是，他现在承认自己已经达到了前沿金融专家水平，就其目前的知识水平，他只是对自己彻底忽视的财政工作的金融方面拥有了一点兴趣而已。[65]

事情并没有按照既定的路径发展。在接下来的几个月里，财政大臣和财政部官员们的关系严重恶化。"平常时期，你可以消磨时间，自负自大，嫉妒权力被放大的公务员——但是，没有平常时期了，"1915年1月，劳埃德·乔治对蒙塔古说：

问题出在布拉德伯里，此人自负自大。新纸币的发行使他快速提升并且名声大震，极大地冲昏了他的头脑。他昨天对我说——至少开始对我说——好像我就是备用的，并且嘲讽我说，在没有得到他的许可，踩踏了他。我马上提醒他注意我们之间的关系……布拉德伯里和拉姆塞可以下地狱了——那是大危机中最适合于奶妈抱怨的地方。[66]

这种紧张的关系也为阿斯奎斯所知晓，他告诉维尼夏·斯坦利说，"劳埃德·乔治用其古怪而无策略的方式在财政部激起哗变"。[67]关系从糟糕到更加恶化。1915年5月，根据联合政府成立时的政府重组，布拉德伯里要求首相变换他的职位，因为他不再能够与劳埃德·乔治共事。布拉德伯里说，近几个月来他很少见到财政大臣，他的地位已经由常务秘书"下降"到"低级职员"。[68]还有另一个原因就是对财政部的不满，这些原因导致劳埃德·乔治从财政部离开，到任一个新成立的军需部。[69]布拉德伯里继续留在财政部，为新任财政大臣雷金纳德·麦克肯纳工作。

注释

1. Sayers 1957: 215.
2. Lloyds Banking Group Archives: HO/T/REP/1. Lloyds Bank Limited Reports to the Finance Committee, 31 July–18 August 1914.
3. LMA: Ms. 14894/24. Smith St Aubyn Business Diary, vol. 24, 3 August 1914.
4. Cole 1956: 26. Entry for 5 August 1914.
5. Hamilton 1916: 200.
6. 'Many Conferences', *Financial Times*, 5 August 1914; 'The Financial Situation', *Evening Standard*, 4 August 1914.
7. LMA: Ms. 14,894. Smith St Aubyn Business Diary, vol. 24, 4 August 1914.
8. The Rothschild Archive: RAL XI/130A/8. 4 August 1914.
9. 'In the City', *The Globe*, 5 August 1914; 'Conference of Bankers', *Financial News*, 5 August 1914.
10. 'Bankers in Conference', *Evening News*, 5 August 1914.
11. 'No Business at the Bank', *Daily Mirror*, 5 August 1914.
12. 'Today in the City', *Pall Mall Gazette*, 4 August 1914.
13. 'Position in the City', *Financial Times*, 5 August 1914.
14. 'Bankers in Conference', *Evening News*, 5 August 1914.
15. The Rothschild Archive: RAL XI/130A/8. 5 August 1914.
16. 'The City and Crisis', *Pall Mall Gazette*, 5 August 1914.
17. 'In Martial Ranks You'll Find Them', *The Star*, 5 August 1914.
18. LMA: Ms. 14894/24. Smith St Aubyn Business Diary, vol. 24, 5 August 1914.
19. Sayers 1957: 215–16.
20. British Library: Ms. 88888/2/9. Diary of Sir Basil Blackett, Friday 7 August 1914.
21. 'Yesterday in the City', *Financial Times*, 7 August 1914.
22. Lloyds Banking Group Archives: HO/T/REP/1. Lloyds Bank Limited Reports to the Finance Committee, 31 July–18 August 1914.
23. 'Bank Rate to be Reduced', *Pall Mall Gazette*, 5 August 1914.
24. 'Bank Rate Down to 6 per cent', *Evening News*, 6 August 1914; 'Paper currency', *Pall Mall Gazette*, 6 August 1914.
25. Lawson 1915: 177.
26. For example: 'The City in War', *Candid Quarterly*, October 1914: 941–3; Lawson 1915: 176–90.
27. Cole 1956: 28. Entry for 28 August 1914.
28. Baron Bruno Schröder (1867–1940). Roberts 1984.
29. Roberts 1992.

30. LMA: Ms. 21,799. Morgan Grenfell papers. Extracts of Correspondence Etc. US Exchange: 108.
31. Frank Cyril Tiarks (1874–1952). Roberts 1984.
32. Hansard (Commons): Reginald McKenna, 26 November 1914, col. 1392.
33. TNA: HO45/10745/264030(2). Note entitled 'Licence to reside and trade granted to Baron Bruno Schröder', 8 August 1914; 'Obituary: Baron Bruno Schröder', *Daily Telegraph*, 11 December 1940.
34. Birmingham 1915: 16.
35. See Lentin 2013.
36. Lloyds Banking Group Archive: HO/CA/Ana/18. Head Office instructions, 3–6 August 1914.
37. Sayers 1957: 216.
38. Barclays Group Archives: Barclays Bank Head Office Circulars. 29/1603 (1). Circulars 4–6 August 1914.
39. RBS Group Archives: Nat/11167/8. National Provincial Bank Circulars, 3 August 1914.
40. RBS Group Archives: Nat/11167/8. National Provincial Bank Circulars, 6 August 1914.
41. TNA: T170/55. Chancellor of the Exchequer's conference with bankers and traders, 4 August 1914.
42. 'Use of the New Notes', *Evening News*, 5 August 1914.
43. 'The Duty of Every Good Britisher', *The Globe*, 7 August 1914.
44. Parliamentary Archive: Lloyd George papers. LG/C/1/1/20–26, 7 August 1914.
45. 'Banks Re-Open', *The Globe*, 7 August 1914; Horne 1947: 302–4.
46. Wells 1916: 208.
47. Hansard (Commons): Lloyd George, 7 August 1914, cols 2195, 2197.
48. Petrie 1940: 1–2.
49. 'Enemy Banks in London', *Financial Times*, 17 February 1915; *The Times* vol. I 1914: 178.
50. Pohl and Burk 1998: 41.
51. HMSO 1917: 6.
52. Brand 1921: 60.
53. Pohl and Burk 1998: 54.
54. 'The Demand for Cash', *The Star*, 5 August 1914.
55. 'Paper Currency', *Pall Mall Gazette*, 6 August 1914.
56. HMSO 1917: 3.
57. British Library: Ms. 88888/2/9. Diary of Sir Basil Blackett, Friday 7 August 1914.

58. Sir William Plender (1861–1946). Edwards 1984.
59. Lawson 1915: 140.
60. 'Enemy Banks in London', *Financial Times*, 17 February 1915.
61. Pohl and Burk 1998: 55.
62. Edwards 1984.
63. LMA: Ms. 14894/24. Smith St Aubyn Business Diary, vol. 24, 7 August 1914.
64. British Library: Ms. 88888/2/9. Diary of Sir Basil Blackett, 7 August 1914.
65. British Library: Ms. 88888/2/9. Diary of Sir Basil Blackett, 8 August 1914.
66. Parliamentary Archive: Lloyd George papers. LG C/1/2/5. Lloyd George to Montagu, 24 January 1915.
67. Brock and Brock 1982: 398.
68. Bodleian Library, Oxford: Asquith papers, vol. 14. Bradbury to Asquith, 20 May 1915.
69. Peden 2000:75.

第三部分

复　活

8

英雄般的干预

银行假日的紧急措施是起到保护作用的——拯救了银行并阻止了金融系统的进一步恶化。银行重新开门营业在即,财政大臣和他的顾问们将注意力转向了复活金融市场,开始致力于在贴现市场进行"英雄般的干预"(劳森语)。[1] 紧急行动的推动者是劳埃德·乔治,其他部长也从"贸易委员会,特别是生产商"那里得到源自于银行的信用崩溃的信息。[2] 另一个压倒性的关注点是国际贸易问题。"这是个问题,"财政大臣指出,"需要做一些事情重新启动贸易机器。"[3]

佩什—科勒计划

战前贴现市场的功能是提供世界贸易信用。战争来临时,对于一个绝大多数食品和工业原材料需要进口、进口需要出口换汇来支付的国家来说,贸易融资既可以视为一种战略,也具有经济上的重要意义。既然信用机器停顿了,就需要新的业务来获取现金。当延期支付解除时,目标就是要恢复贸易融资信用机制,以满足新的贸易需求。这就要求市场参与者、新票据的买方(即银行和贴现事务所)以及新票据背书人(即票据承兑事务所)能够履行其传统职能。然而,银行和贴现事务所资产负债表上"延期支付前"(8月4日前)的票据高达3.5亿英镑,这些是无法变现的资金,从而使其无法确定新票据是否有买家。[4] 延期支付前的一部分票据到期时将无法得到偿付,德国、奥地利和俄罗斯的票据确定无疑地得不到偿付,也许还有其他票据得不到偿付,责任都落在了票据承兑事务所身上。票据承兑事务所停止了背书新票据业务,由于已有的债务,延期支付结束时,大量公司将面临违约风险,他们的倒闭将造成持有这些公司背书票据的银行的巨大损失,进而导致无法购买新票据,特别是持有票据承兑事务所背书票据的银行。

凯恩斯和佩什分别提交了各自的复活贴现市场和救助票据承兑事务所的计划。凯恩斯的建议与其说具有可操作性,不如说是概念化的、复杂化的。[5] "这些票据中的大多数是好的,信用机器一旦重新启动,解决问题的方式很快就会出现,"8月6日佩什牛气冲天地告诉劳埃德·乔治说,"所需要做的就是要求信用机器,以及持有票据的方式直到获得货币去偿付这些票据。"[6] 佩什估计,在大约3.5亿英镑的延期支付前票据中,最大估计1亿英镑,可能仅有5 000英镑的票据是"可疑的"(估计其他一些问题票据达到1亿~1.4亿英镑)。[7] 他建议创建一个由股份制银行、贴现事务所、票据承兑事务所、英格兰银行构成的"担保辛迪加",如果有必要,财政部可以加入。当延期支付解除时,如果资金可以获得,票据将继续交给票据承兑事务所,并按照正常的方式兑付。如果得不到资金,票据可以交给辛迪加,辛迪加向票据承兑事务所提供资金用以偿付。"通过这个计划中的方式,"他总结说,"我们的票据承兑事务所可以得救,延期支付可以取消,货币市场重新启动,我们准备采取某种方式筹集巨大债务,并且维持这个国家的收入和繁荣。"佩什计划"旨在化解冰封的信用,向贴现事务所和票据承兑事务所等提供帮助"。布莱克特记述道,这个计划在财政部进行了讨论,并于8月10日和11日同英格兰银行进行了讨论。[8] 他的建议与前英格兰银行行长阿尔弗雷德·科勒关于"既有票据清算"的建议相结合,就是佩什—科勒计划,其目的正如财政大臣指出的,"让市场运行起来……摆脱3.4亿英镑票据的巨大压力。"[9]

  8月3日星期一上午11:30英格兰银行行长"邀请"著名票据承兑事务所参加在英格兰银行举行的会议,标志着对票据承兑事务所的救助开始了。[10] 这导致8月5日在弗雷德里克·哈斯公司办公室21家公司发起的会议,会议决定8月10日星期一成立票据承兑事务所委员会(AHC)同业公会。[11] 以弗雷德里克·哈斯·杰克森为首的6人小组被提名审议佩什—科勒计划,并代表票据承兑事务所委员会参加即将展开的讨论。其他人都是遭受最严重打击的公司合伙人,这些公司是施罗德公司、克莱因沃特公司(Kleinworts)、布兰德斯公司(Brandts)、弗吕林—高森公司以及汉姆布罗斯公司。8月12日星期三下午举行了财政部与票据承兑事务所委员会代表之间的会议。会议主席是财政大臣,陪同参加会议的是11名部长和内阁成员、新成立的内阁战时金融委员会的秘书布莱克特。财政部官员拉姆塞和汉密尔顿以及财政大臣私人秘书 J. T. 戴维斯也参加了会议。乔治·佩什爵士与会,佩什—科勒计划使他得到了官员职位,就在那一天官方公布了对他的委任,"协助财政部处理战时经济与金融事务"。伦敦城的编辑们感到高兴。"对于他的委任,财经杂志很高兴,"阿瑟·凯迪在《标准晚报》上撰文道。同时,《金融时报》宣称,"在从'统计学家'编辑中遴选一位担任经济顾问的主要职位过程中,财政部向所有的财经记者发出信号,大家都认识到了这个岗位所体现出来的能力和诚信。"[12]

　　基于业务特征,危机中的票据承兑事务所的情况各不相同。经营大西洋两岸业务的公司,如巴林银行、布朗—希普利公司、吉布斯公司(Gibbs)、摩根—格兰菲尔公司和塞利格曼公司(Seligmans),都存在流动性问题,但是,一旦汇兑开始后,并不存在清偿问题。爱德华·格兰菲尔指出,"涉及德国、奥地利、俄罗斯大量贸易的公司一定是经营不下去了",特别是哈斯(Huths)、克莱因沃茨、康尼格(Konig)和高森。[13]施罗德家族和布兰德特家族在同一条船上,并且至少还有两家企业——哈斯·杰克森于 7 月 29 日告诉佩什说,8 家票据承兑事务所面临灭顶之灾。另外一些公司,比如拉扎德家族和罗斯柴尔德家族,也许还包括英格兰银行行长家族企业坎利夫兄弟公司,则介于二者之间。哈斯·杰克森告诉财政大臣说,他们联合起来互相支持"不具有可能性";也许这将导致"担保辛迪加"的想法难以落实。人们预期战争不会持续太久,佩什认为票据承兑事务所只是流动性问题而不是清偿能力问题。哈斯·杰克森在会议上指出,

"有理由相信,一旦交易重新开始,当前我们负债的绝大部分都可以变现,"可是,"除非票据承兑事务所在这些票据上的负债得到及时救助,否则,他们就无法继续其承兑业务……现在,考虑他们自己的约定,我不建议免除他们所承担的债务;但是,他们应当认识到可以通过新业务获得资源。"[14] 施罗德公司的蒂亚克斯补充道,除非有一个救助计划,否则,"伦敦的世界金融中心地位将不复存在了"。票据承兑事务所赞成英格兰银行收购冻结的票据的计划,"委员会秘书布莱克特记录道。[15]

贸易商与银行家

商人和制造商团体游说财政大臣和贸易委员会,要求采取措施帮助解决现金流问题,以便能够支付工资和采购原材料。贸易的中断意味着大量的产品无法立即出售而形成库存,但是,如果贸易停止,很多事情将无法进行下去。商会主席艾格农·菲尔斯(Algernon Firth)爵士设计了一个政府借助银行帮助制造商的计划,从而实现80%的存货价值,商品最终被销售后再向银行给付。在自由党律师、政治家默西勋爵的陪同下,8月11日星期二,菲尔斯和"贸易商"代表去见财政大臣和包括蒙塔古在内的其他部长们。非尔斯的建议被认为不可行,但是,劳埃德·乔治告诉贸易商们,他已经安排次日会见银行家们,讨论他的计划,"放松贴现市场……而不是直接向银行家们提供贷款,通过某种方式,我们要清除贴现市场中的障碍,目的是释放货币,让贸易运行起来,因此,可以确信你们将不需要这种计划

(菲尔斯计划)"。[16]

奥斯丁·张伯伦没有出席同贸易商见面的会议,但是,在同银行家们的会议召开前,他给财政大臣发去了一封信:

我有一些怨言要说。对于贸易商而言,银行没有按章办事。我听说,彼尔德斯和其他贸易商按照安排支付工资而银行拒绝通常给予他们的便利签发票据;未经协商,银行就将持有票据的人们做了延期支付处理;尽管现金充足,基于他们的信用能够给付,银行仍建议人们将票据展期。我认为,当我们见面时,要好好讨论一下这些问题。[17]

关于贴现市场"自由化"的建议,8月12日星期三财政大臣再次与菲尔斯和贸易商们会谈。菲尔斯告诉他说,"银行没有完成你上个星期交给他们的任务,也没有履行你在众议院所做出的指示"。劳埃德·乔治再次向他确认新计划实施的条件是"银行家现在给出的建议是贸易商进行他们的业务"。财政大臣告诉银行家们,报告让他惊讶,"由于他们的票据无法贴现,企业处于停滞状态……他们无法支付工资……某些银行发不了内部通告……限制贷款,得不到总部批准不得发放贷款……如果银行这样做事情,这个国家就会出现严重的崩溃,因此,我们继续他们的帮助"。[18]"贸易商中存在着一种强烈的看法,"张伯伦补充道,"我们关注的是银行、经纪人和贴现事务所,我们忽视了贸易。我们与银行达成的共识是银行将为贸易做出最大的努力。"舒斯特回应道,就他所知,"不存在所提出的要求被拒绝,但是,关于未来的承诺,银行很关心"。贝尔给出了劳埃德银行特别安排的大量的实例,劳埃德·乔治发现事情"很有趣……我想知道"。

"我不是要说银行在吹嘘,"贝尔告诉财政大臣,"我们真心感激你对我们提供的帮助。"

财政大臣告诉各家银行,他已经要求税务局指示地方官员向财政部报告"全国各地的情况"。坎利夫对愚蠢的行为谴责道,"由于职员的愚蠢或错误,才出现了如此多的事情。他们懈怠了,他们不按照指示办理,也许他们并不明白其中的道理。不是银行的错。最后几天,在英格兰银行里,我们犯下了大量愚蠢的错误"。"我拿到的报告表明,有些事情过于轻率或者过于担心,"劳埃德·乔治反驳说:

> 这表明银行站在自己的角度的担心害怕,他们关心的不是当前局势,似乎一切都是完全正常的……他们(贸易商)得不到现金去从事业务活动,很大程度上是因为票据被冻结了。关于票据被冻结,银行说,"我们无法向你提供贷款从事业务活动"……我们要尽可能恢复常态,并且我们准备承担我们的责任……坦率地说,对于银行来说,相较于政府,这是更好的借口……如果我们看到了这个报告,显然,出于多种原因,我们一定会对你们施加压力。

"银行家们——因为恐慌和信用限制而受到责备——同意了针对冻结票据的解决方案。"秘书布莱克特总结说。[19]

"冷藏"(1914 年 8 月 12 日)

旨在"终结当前贴现市场死结"的新的政府计划就是"要向这个国家的贸易商提供他们所需的银行贷款安排""保证这个国家的贸易和商业恢复到正常的轨道"。当天晚上宣布了这项计划。[20] 计划是"简明扼要的",《金融时报》说。[21] 首先,英格兰银行——作为政府机构补偿损失——将从持有人手中购进延期支付前的票据。"显然,"《经济学家》观察道,这将是"对银行非常有利可图的业务"。[22] 按照惯例,英格兰银行将仅买进"最优"商业票据,但是,为了解决遗留的票据问题,"好的贸易票据以及在英国建立的外国与殖民地的公司承兑票据"都属于符合条件的票据。[23] "实际上,"威廉姆·劳森评论道,"英格兰银行将标准从一级降低到二级,甚至三级票据。"[24] 其次,英格兰银行放弃了追索票据持有人的正常权利(意味着票据的卖出方拥有了纳税人免除其责任的义务)。再次,买方出价是英格兰银行利率——到期日票据价值按照5%贴现,意味着没有收取费用,风险损失由纳税人承担。至于票据承兑事务所,他们继续对到期票据承担责任,但是,责任已经通过市场和英格兰银行而得到解除。当票据到期时,英格兰银行允许承兑人延迟支付,但是,"某种程度上硬性的利息条件"是超过英格兰银行利率2%的利率。[25]

在8月12日财政部与贸易商的会议上,默西反对免除银行和票据持有人通常持续性的关联责任,反对将风险转嫁给纳税人。[26] 劳埃德·乔治回应说:

> 现在,你面对的是紧急情况。我认同在正常情况下这个建议是非常不公正的。但是,如果没有克服所有问题,我认为不可能让贸易运转起来。所以,我们必须承担巨大的风险,必须面对大量的损失,但是,如果通过挂起这些票据,避免贸易受损,那将只是一小部分损失……
>
> 我认为,我们必须用现金购买被银行视为无希望的票据,这样更

好。我毫不怀疑我们将承担大量的损失。但是,这是国家重大要务,我们没有时间去思前想后……我们要让这个国家的贸易运转起来,我们当然要承担损失,如果这个国家的贸易停止,哪怕仅有两周或三周,损失将会更大。[27]

张伯伦告诉默西说,"我不认为我们可以背弃它"。但是,他在自己的日记中记述道:

> 财政大臣向大票据承兑事务所代表、银行家们以及贸易商解释了他的关于英格兰银行买进票据的计划。他宣称这些都是财政部与英格兰银行联合的决定……我认为,由于财政大臣已经向关注且接受的各方做出承诺,审视这个计划为时已晚。无疑,这比他们期待的更让他们满意,我认为财政大臣做过了。[28]

他要求布拉德伯里给出解释,布拉德伯里回信说:"我猜想,财政大臣意在解除银行家们的责任,考虑用票据形成必要的心理激励,为贸易商创造新的信用营造环境。我希望我们能够从银行家们那里得到大量的真金白银,而不只是合作的认可,但是,采取何种形式,我们还很难看到。"[29]

劳埃德·乔治的票据"冷藏"计划,正如他自己所谓的,"跌跌撞撞"来到伦敦城,被媒体"迷醉般"歌颂,称之为"金融天才的神来之笔"。[30]"有一个人师级的金融计划,"《每日邮报》(*Daily Mail*)宣称。"着实让观察家们停止了呼吸,"《标准晚报》说。"绝对意想不到,"《统计学家》指出。"我们相信除了英国之外的任何其他国家都想不出这样的计划来,"《泰晤士报》说,还补充了一句,"也许,法国是个例外。"[31]"如此新奇以至于众多部长对于这项措施的授权都不回避,"

《金融新闻》大为赞叹:

> 令人高兴的是,财政大臣并不缺乏勇气,惯例从来不会让他裹足不前。我们高兴的是,几年前作为贸易委员会主席的劳埃德·乔治先生又回来了,在那里他得到了金子般的意见,主要是因为他能够出奇快速地接受向他表达的观点并几乎立即付诸实践,这需要获取新的知识。[32]

这种变革的魄力不断被强调,伦敦晚报《星报》和《环球》分别称之为"有魄力,但是很必要",以及"再一次具有胆魄的变革"。[33]凯恩斯也认为这是"一次具有超常魄力的变革"。[34]

《金融时报》称赞财政大臣是"智慧的化身",《标准晚报》称这项举措为"具有政治家风格的措施",并报道称在伦敦城的效果"已经神奇了"。[35]"这是一个在紧急情况下政府与金融界、贸易界和实业界团结一致的令人倾倒的实例",《金融新闻》得出结论,尽管在职业生涯早期财政大臣是激进的,被视为伦敦城的妖孽,但是,现在已经转变成为"重要的国家栋梁"。[36]"我们急切地向你表达我们非常赞赏这次最成功的行动,你处理困难的方式在这个国家的金融历史上无与伦比,"安东尼和利奥波德·德·罗斯柴尔德(Leopold de Rothschild)写给劳埃德·乔治的信中说,"你用大师的眼光掌控着局势,你同样用大师之手解决了问题。"[37]

然而,也有一些反对的声音。"无疑,在伦敦城财政大臣变得超乎寻常的著名,"《星期日时报》独立撰稿人赫尔曼·施密特观察道。但是,他警告说:

> 在最后的成功到来之前,不溢美则更好。而且,在银行最高权威

人士看来,进一步行动将是必要的……就这项措施的特点而说该措施史无前例,很难说完全正确。据说,这项措施绝对新奇,在英国或其他国家从未采取过这样的措施。实际上,这是让英国对国际商务融资负责任而已。[38]

纳税人潜在的负担引起了《经济学家》的严重关切,它再一次坚持了批评的立场。弗朗西斯·赫斯特对劳埃德·乔治的"超常举措"提出警告,按照银行和贴现事务所的利益,"希望间接复活贸易和信用",经过他的计算,在整个战争延续期间将从公众口袋里拿出5 000万英镑到2亿英镑的资金。[39](劳埃德·乔治已经提醒内阁,损失将达到4 000万英镑,但是,"这将拯救整个国家的贸易"[40])霍尔登(秘密地写下)对计划的真实原因和目的表示不乐观。他相信,计划的自私自利的发起者是:

哈斯·杰克森以及其他围在英格兰银行桌子边上的一帮人已把财政大臣装进了自己的口袋里。正是环绕在英格兰银行周围的小圈子,他们都是票据承兑人,使那些票据处于如此境地。这些票据承兑人与其说被英格兰银行所控制,不如说被这些票据持有人(银行)所控制。[41]

买进票据

8月13日星期四,英格兰银行开始买进票据。"昨天,在伦敦城,"在8月13日星期四英格兰银行开始买进票据之后,《金融新闻》报道说,"洋溢着乐观主义的感觉,显然,这是在过去一周左右的时间里难以看到的。"[42] 史密斯·圣·奥本的一位合伙人在英格兰银行里打电话,电话中"对事情有说明"。在第一周里,卖给英格兰银行的票据达到950万英镑,第二周又增加了350万英镑,这些资金都被用来偿付短期贷款。[43] 尽管银行已经重新开门营业,劳埃德银行查尔斯·柯布所在的接待贴现事务所的部门业务仍"按兵不动"。由于贴现事务所是要从延期支付中得到好处,而不是偿付活期贷款,并且"我的账户已经关闭……这样做的结果是限制了银行资源"。[44] 冷冻计划带来了"即刻救赎"。

贴现事务所和小银行为了免除他们的责任,带着大量的票据到英格兰银行。这些票据产生于贴现事务所从银行获取贷款所存入的证券,银行重新获得资金,货币变得充足了,15日星期六货币利率下降到4.5%,18日星期二下降到4%。

票据持有人蜂拥到英格兰银行,《银行家杂志》报道称,"不只是获得必要的金融帮助,而且是为了摆脱作为票据持有人的一切责任"。第一天就有900万英镑的票据被贴现。[45] 不久,英格兰银行门前又排起了新的队列——经纪人和银行家们一个小时前就在贴现业务处提交了用来贴现的票据。"英格兰银行承受了极大的压力,每天处理大量的票据使英格兰银行职员体力难以支撑",日复一日承受压力的业务部门时开时停,登记系统也不得不如此行动。[46] 英格兰银行委员会主席科勒检查票据的合法性,"他承担了大量的工作",一家票据承兑事务所"富有经验的"合伙人提供了帮助。[47] 委员会拒绝接受查尔斯·波奇·克里斯普(Charles Birch Crisp)提交的25万英镑的票据。后者是一名"有能量的"伦敦股票经纪人和金融家,因偏爱收集票据而遭受谴责。劳埃德·乔治将这些票据视为"绝对无担保"票据而不予考虑。[48]

11月27日财政大臣向众议院报告称,最后,英格兰银行从银行和贴现事务所持有人手中买进票据总量达到1.2亿英镑——贴现市场总估值3.5亿英镑的1/3。[49]这就是在金融市场中前所未有的政府干预——1913年中央政府总支出的65%;5.3%的GDP。[50]事实上,英格兰银行获得的票据数量更大,因为在8月12日计划实施前已经贴现了一些票据。内部账户显示9月4日最高持有量达到1.33亿英镑,几乎是市场份额的2/5。[51]劳埃德·乔治告诉众议院,战争结束时他被告知,"在我称为冷藏库里"的票据大约为5 000万英镑。

发行国库券的时机

权威部门"慈善行为"(劳森语)的结果是银行通过将自己持有的票据出售给英格兰银行以及从贴现事务所召回短期贷款,积累了大量的现金。[52]在1857年、1866年、1890年以及其他"焦虑时期",银行提高其在英格兰银行储蓄的货币量,从而增大其可以得到的现金资源,进而"改善其资产负债表。"[53]危机前的一个月里,银行每日在英格兰银行的总储蓄规模大约为2 500万英镑(见图8.1)。危机期间处于崩溃状态的一个星期里,即从7月27日星期一到8月1日星期六,银行在英格兰银行的储蓄规模大约为3 100万英镑。银行重新开门营业后的8月12日上升到4 800万英镑。从冷藏计划开始的8月13日星期四到10月初,银行在英格兰银行的储蓄稳定增长到9 500万英镑,尔后,直到 11 月中旬一直徘徊在 7 500 万～8 500 万英镑。11 月中旬以后到 12 月初出现了一个高峰值 1.09 亿英镑。可是,此后便下跌到大约 6 000 万英镑,这是银行认购大规模战争贷款造成的结果。

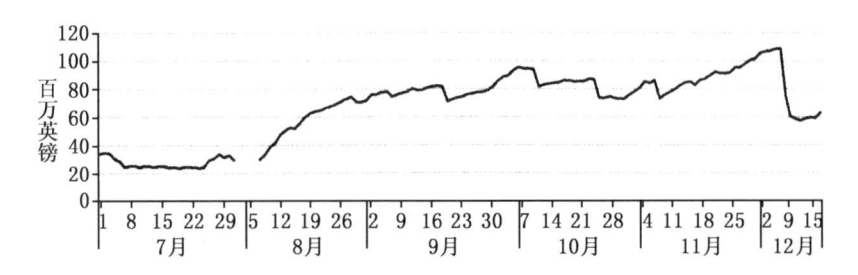

资料来源:英格兰银行档案。C1/62 副行长日志,1914 年。

图 8.1　1914 年 7 月 1 日～12 月 15 日银行家们在英格兰银行的储蓄

劳森观察道:

如果劳埃德·乔治先生没有预见到这种奇怪的结果,而他的专家顾问也没有预见到这种奇怪的结果,着实令人生疑。毕竟,他们已经测算了信用流量……并将测算结果在新的商业票据创造中加以运用了。让商业活动运行起来是他们重大的期望。

他们最不希望看到的事情是针线街出现非正常的货币积累。如果财政大臣不作为解决问题的人出面再次进行干预,那么,就很容易发生新的危机。

这一次,他不再充当救世主,而是借款人。他每天花在战争上的费用高达百万英镑,他能够做的就是发行几百万英镑的国库券。英格兰银行和财政部双方情投意合。一方的非正常资金需求与另一方非正常资金来源恰好匹配起来。[54]

8 月 7 日星期五,众议院票决英国战争融资 1 亿英镑,授权政府借款达到这个资金数量。[55]最初,政府向英格兰银行求助,英格兰银行提供了短期贷款和中期贷款。随着银行拥有大量的货币,并且大量储蓄在英格兰银行,《晨邮报》的爱德华·希尔顿—杨预测一周后就是"发行国库券的时机"。[56]在战争爆发时,贴现市场中国库券是1 500万英镑,这种情况已经存在多年了。8月19日通过公开竞拍的方式卖出新增的1 500万英镑的国库券,接着,五次追加发行,每次发行1 500万英镑,到11月初总额达到9 000万英镑。[57]"这些票据,"在第一次公开拍卖之前,《标准晚报》的基德指出,"为睡在英格兰银行里无用的货币找到了绝对理想的去处,我们期待着渴望得到它们的人展开竞争。"[58]尽管据报道新票据的公开市场利率为5.25%(英格兰银行利率为5%),但是,政府支付3.65%的收益率售出了4 200万英镑的新国库券,"仅就这一点而言,"《银行家杂志》观察道,"通过激进的政策,政府获得了巨大的优势,对货币市场形成了支持。"[59]总之,政府按照平均利率3.75%获得了资金,比没有冷藏计划必须支付的利率低了1%。[60]

银行的运营

银行的行为继续成为各位部长们严重关切的问题,他们不断听到一些抱怨。"我认为,现在重要的是同银行直接对话,"蒙塔古于8月15日写给劳埃德·乔治的信中说,"我们所得到的证据表明,他们并没有按照规则办事。他们被赋予了极大的自由,他们很可能在战争期间获得巨大的利润,我认为我们有权利要求他们做得更多。"[61]四天后,税务局以财政大臣私人秘书哈瑞斯·汉密尔顿的名义向大约1 000家企业发放了问卷,征求他们关于延期支付展期的看法(参见第10章);另外,另一个问题是战时银行服务与战前银行服务充分性的比较问题。[62]要求对这些问题立即给出回答。

信息正在被收集和整理时,财政大臣收到了银行家们要求私人会见的请求。8月24日星期一,在雷丁和坎利夫的陪同下,劳埃德·乔治接待了银行主席舒斯特、霍尔登,以及劳埃德银行的维塞尔·史密斯(Vassar Smith)、伦敦乡村和威斯敏斯特银行与国民与各郡银行董事、弗朗西斯·李商人银行(Francis Le Merchant)的高森。舒斯特开口就表达了他的惊讶,他说,星期五被大法官告知(雷丁语)政府审查"可能损害国家贸易的"银行"联合体"或"小圈子"。[63]"是的,"劳埃德·乔治回答说,"这件事情是我告诉大法官的。也是我听说的。贸易商们告诉我有银行拒绝提供帮助,从其他银行寻求帮助也没有希望,因为银行之间达成了协议,不能接管其他银行的账户。这就是一个大圈子或者就是托拉斯。"舒斯特抗议道,"协议的唯一原因是不造成因允许账户从一家银行转向另一家银行导致破坏延期支付。""你懂的,这将消除竞争,"财政大臣回应道,"这是很严重的事情。"在长时间的讨论之后,劳埃德·乔治宣称,他认为"无论此前你们之间做出过怎样的协议,现在就是结束的时候了"。然后,他直视银行家们。

我们现在的工作环境是没有先例,我们必须"摸着石头过河",谨慎行事。一个月来,你应当发现,有些建议提到了你的面前,当前不管是你还是我都不可能冷静思考,但是,我们必须面对。

除非你能够看到你的办法比现在所做的会承担更大的风险——

我确信这一点——我认为,当前政府必须介入并承担更大的风险。但是,这将会有更大的控制……我们必须拯救这个国家,为了这个国家必须采取任何必要的措施。

不要忘记:在没有实施控制的情况下,我们承担了大量的义务。如果我们更进一步,我想我们能够相互理解则更好,这意味着在控制的条件下我们还能够做一些事情,当然,我们并不想这样做——并非因为我们不要这样做,只是因为这是不好的事情,除非我们被迫这样做。那将着实改变这个国家的商业特征。[64]

不清楚劳埃德·乔治心里是怎么想的,但是,他的话着实是某种威胁,国家指导借贷?国有化?每一种选择都将是更加激进的措施。

两天后,8月26日星期三众议院举行的货币与纸币法案第二次审读过程中,劳埃德·乔治公开表达了他对银行的不满:

我认为,银行期望我们做的,我们都做到了。我们不做增强他们地位、增加他们红利的事情。我们做的是在这个困难时期增进他们为国家贸易融资的事情。如果政府和国家准备承担风险,那么,他们也必须承担风险……

我要求他们对我所听到的抱怨引起注意。我说,我的义务是向众议院报告,除非这个国家因为他们的作为得到了非常的帮助……否则,我一点也不怀疑众议院将采取措施,为了增进贸易,对这个国家的贸易实施必要的信用支持。

我很高兴地说,在认真审视之后,银行已经得出结论,他们能够更加自由地向商业融资,而不再像前两周那样去做了。

银行听从了吗?显然,并没有立即付诸行动。8月末和9月份,英格兰银行的各家银行账户额继续增加,10月和11月依然维持在高水平(见图8.1)。他们偏爱的资产是国库券而不是贷款。提供活期账户情况(信贷和支付数量的硬指标)的银行清算事务所的支票清算数量又是什么情况呢?在危机前的数周里,每天支票清算数量大约为5 000万英镑(见图8.2)。从8月10日星期一到9月中旬的数周里,仅有2 500万英镑。到10月初,不再公布日清算数据,水平上升到每日4 000万英镑,这个水平仍低于战前水平的1/5。令人吃惊的是,与抱怨相反,税务局问卷的7 310名调查对象中的6 341人认为银行服务"大致可比"战前的服务。奥斯本怀疑地评论说,"'大致可比'一词也许很难被最明确地使用"。[65] 经济学家E.维克多·摩根(E. Victor Morgan)观察道,这是"一个有趣的提示",虽然42位伦敦银行家说"是",比说"不"的33位银行家要多,他认为,这表明首都银行服务遭到的破坏比全国更加严重。[66]

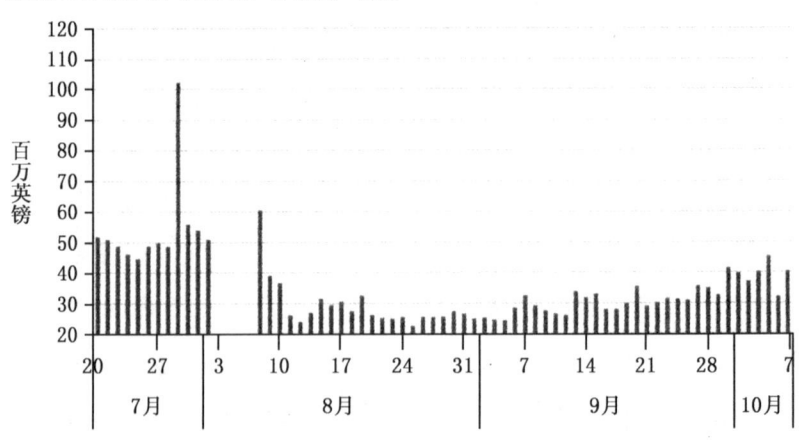

资料来源:《金融时报》。

图8.2　1914年7月20日～10月7日银行清算事务所每日支票清算总额

"扩大的计划"——1914 年 9 月 5 日

"关于伦敦城救助计划的充足性,有一些怀疑,"在计划发布后的一天,即 8 月 14 日星期五布莱克特不安地提出。[67]蒙塔古也认为有一个缺陷,在次日写给劳埃德·乔治的信中说,"如果允许我表达我的看法,我认为你必须修改你的计划,如果你希望银行和票据承兑事务所行动起来,你必须将背书人与持有人置于相同的地位。"[68]伦敦经济学派的共同创立者、费边社会主义者西德尼·韦伯(Sidney Webb)给霍尔丹留下了这样的印象,"亟须重建汇付市场,"并且反对重启延期支付,"这样,政府就被股份制银行'俘获'了。"[69]

"已经变得越来越明显,仅仅保证延期支付前票据持有人得到票据贴现是不够的,"《统计学家》杂志描述道,"那些习惯了承兑业务的人们因大战的突然到来而震惊,以至于他们害怕发挥他们的作用。"[70]"与当前的状况相比较,将票据承兑事务所置于更好的、更满意的地位是可能的,"8 月 25 日罗斯柴尔德勋爵问英格兰银行行长(他将书信转交给了财政大臣),"如果什么都不去做,显然,就票据承兑事务所而言,必须实施延期支付。"[71]

票据承兑事务所拥有的延期支付前的票据集中到了英格兰银行,而英格兰银行并不要求到期给付(收取超过英格兰银行利率 2% 的利息),对票据承兑事务所某一个方面的问题起到了稳定的作用。但是,冷藏计划对于保证他们背书"延期支付后"的新票据则无所作为。既然由于延期支付,众多票据承兑事务所具有了清偿能力,货币市场注定大量存在他们所背书的票据,从而出现"市场中新票据自由贴现困难,这些困难将由股份制银行承担。"[72] "现在,大问题正在逼近,不远的将来必须面对,"柯布告诉劳埃德银行金融委员会:

延期支付后的票据尚未出现在市场上,但是,当它们出现时,将非常有趣地看到,它们已经被接受了。如果票据承兑事务所出面,在延期支付前票据问题上他们的道德已经令人惊叹了,那么,问题就出现了:已经免除旧票据责任的我们这些银行家们就要硬着头皮接受这些新票据。如果我们拒绝,站在政府的角度,变革的整体目标会不会受挫?会不会像过去一样出现打不开的死结?[73]

由于新商业票据在贴现市场上供应不足,所以,柯布的"大问题"并没有成为现实。8月24日财政大臣和银行主席们主导的会议讨论中好几次触及了这个问题。"是不是因为票据承兑事务所不愿意承兑?"劳埃德·乔治问。[74]"不是,我们还没有得到票据,他们还没有出现,"维塞尔·史密斯回答说,意思是,问题是商业票据供给短缺,而不是缺乏承兑人(银行就能够完成)。"我知道有几家银行,我自己也在其中,过去三四天时间里要求贴现经纪人提供票据,但是,我们得不到票据,"舒斯特说,"它们还没有出现。我们已经贴现了很少的票据,但是,远远达不到我们所期望的。""这真的很严重,"劳埃德·乔治观察道。"我们已经进行了各种对话,讨论通过票据承兑事务所再行动起来,促进商业活动的最佳方式,"舒斯特指出,"如果能够去做,应该做一些事情维持商业活动按照正确的路径持续运行。"

有人建议说,新商业票据的供给不足是票据承兑事务所功能失常的结果,所以,财政大臣做出了第二次"英雄主义的干预"。在征询了"一大批"贸易商、银行家和票据承兑事务所意见并在财政部召开了四次会议之后,9月5日在媒体上宣布了"支持扩大的计划"。[75] 英格兰银行向票据承兑事务所提供贷款资金,保证其能够偿付延期支付前的票据,政府担保英格兰银行不受损失。借款人需要支付高出英格兰利率2%的利息,即在市场利率上溢价2%。英格兰银行不要求偿付,直到战争结束一年之后。至于延期支付后的票据承兑,基于票据承兑事务所资产的二次抵押获得贷款。由于潜在的新的担保,"扩大的"计划安排极大地改善了票据承兑事务所所处的地位。由于弃置票据得以偿付,票据承兑事务所更加明确地认识到他们与延期支付前票据的相关义务。通过英格兰银行向新票据的供给提供贷款,对于票据承兑事务所的声誉而言,可以预期市场信心能够得到恢复。[76]

在大西洋两岸开展业务的票据承兑事务所与业务集中在敌国和俄罗斯客户的票据承兑事务所相比,不太需要这些计划安排。由于了解到来自美国的汇付可能在某个时间恢复,安东尼—吉布斯公司的合伙人布莱恩·科凯恩关注的是从英格兰银行借款可能导致的声誉受损。"我敢说,我们应当获得这个计划安排带来的好处,"在扩大的计划协商期间,他写信给吉布斯公司的维尔帕里索说,"另一方面,我们会发现,获得该计划的好处对于我们的信用来说不太适宜,甚至说是不好的,我们应当极力避免。我们不知道是否有必要让其他人知道是否我们已经获得了这个计划安排的好处。" 且他们那样去做,他询问道,"会对我们的信用产生伤害吗?"[77]结果,吉布斯决定在有限的范围内使用贷款资金,尽可能与其他公司保持一致,而且因为"当延期支付大规模到期后,一个接着一个倒闭,几乎到处会有倒闭。所以,我们必须谨慎行事。"[78]布朗—希普利也最低限度利用这个计划安排——"仅占所需资金的2.5%。"[79]

"外汇市场的崩溃仍在造成贸易商的不便,并对贸易产生着极其有害的影响,"在向劳埃德银行金融委员会解释计划时,柯布指出。"无疑,在第一时间政府就想清楚了避免战时贸易死结的必要性,让英格兰银行(一定限度内)支持票据承兑事务所处理延期支付前票据、提振新的交易的事实表明,他们期望给予票据承兑事务所自由,推动新的商业活动。"[80]与三个星期前的冷藏计划的热情报道相比,媒体关于"扩大的计划"鲜有报道,明显保持克制。也许,过于深奥,过于技术性,不便撰写好的故事。有些报纸只是重印了官方公报,并无评论,而其他一些报纸则毫无提及。《经济学家》杂志对"扩大的计划"给予更少的关注,因为"与第一个计划安排相比,这个计划安排所增加的国家债务不会更大;有了最近的经验之后,票据承兑事务所很难急于从事高风险的商业活动,因此,他们的策略注定是谨慎的"。[81]"站在国家的立场上,至于这个策略的智慧,无论说什么,"保留意见隐藏起来的《银行家杂志》说,"无疑,该计划具有非同寻常的特点,在战争导致的世界金融危机的最独特的金融历史时期中的应用是及时的、有胆识的举动。"[82]

总体上,在扩大的计划下,7 400万英镑的贷款提供给了票据承兑事务所——相当于1913年的政府支出;GDP的3%。[83]绝大部分资金被用来偿付冷藏票据,这些票据被英格兰银行所购进。当财政大臣1914年11月27日发表陈述时,英格兰银行持有的延期支付前的票据下降到了1 250万英镑(从1.2亿英镑)。[84]获得资金偿付搁置票据的票据承兑事务所发现,从股份制银行借款的成本明显低于向英格兰银行支付的7%的利息(5%的英格兰银行利率加上2%的溢价)。所以,出现了大量偿付英格兰银行延期支付前票据贷款。到1915年8月,政府担保条件下提供的资金总额——两部分:(1)英格兰银行购进延期支付前票据的资金;与(2)英格兰银行向票据承兑事务所提供的、用以偿付延期支付前票据的贷款——从1.94亿英镑下降到3900万英镑。[85]英格兰银行延期支付前票据资产的下降反映了来自海外汇付的重新恢复,特别是来自美国和英国债务人的汇付,还有俄罗斯延期支付前票据高达800万英镑的跨国清算。[86]因此,一旦冲突结束,德国和奥地利债务人的汇付指日可待,延期支付前票据问题也可待解决。

商业票据与国库券

在票据市场上,劳埃德·乔治"英雄主义的干预"的效果是什么?[87]立即恢复商业票据创造力的期望是对贸易和实业提供融资,但是,结果令人失望。"总体来说,政府担保远没有达到在贴现市场重新启动经营活动的目的,"《经济学家》杂志在8月22日的货币市场报告中指出。银行的"怯懦"遭到了谴责,他们"仅愿意获得国库券"而不愿意获得商业票据。但是,9月份,新的商业票据仍只是"正常时期数量的很小一部分",估计10月末进入市场交易的新商业票据不到战前水平的5%。[88]现在的解释是,由于战争环境,对外贸易出现了"惊人缩减"。"票据市场的困境是症状而不是病因,"《经济学家》杂志指出,"票据市场无法成就已经消失的贸易,票据的缺乏仅仅证明了贸易的缺乏。"[89]可是,当贸易重新复苏时,新票据数量仍保持在"很小的规模上"。到了10月份,原因变得清晰了,"大部分对外和对殖民地的贸易是在没有伦敦票据支持的情况下进行的"。[90]

另外,还有一个因素。"第一眼就能够看出,商业票据的需求是与生产地区的经济活动相匹配的,解释是再简单不过了,"11月末的一份货币市场报告指出,"绝大多数工厂都是按照政府的订单生产的,有的是为我们自己的战争部门生产,有的是为我们的同盟国生产,外汇市场的困境和大范围的战争自然地将伦敦市场中的票据降低到正常数量的一小部分。"[91]在新的一年里,票据市场保持着"当然很小的规模,因为战争贸易方式对和平时期贸易方式的替代仍在持续。"[92]对于越来越多的商品,政府是"主要的买者"。[93]"政府部门有其自己的支付方式,撇开了伦巴第街。一旦他们成为产业的重要客户,以前大量的票据和承兑业务就下降了,"劳森在1915年的文章中写道,"直到贸易的新渠道被打开,汇票的新需求被创造出来,否则,恐怕伦巴第街将继续承受信用的匮乏,但是,这未必表明这个国家的痛苦未得到减缓。"[94]在财政大臣实施对贴现市场干预时,这些变化未被预见到,或许是可以预见的。正因为这些干预是英雄主义的干预,他们强调的是拟想的商业条件,很快又被新的办法所替代。

在战争期间,商业票据市场没有恢复——劳埃德·乔治想要通过其1914年8月和9月的大胆计划达到的目的。然而,通过消除市场中的搁置票据,支持市场参与者,这些措施维持了贴现市场结构,表明国库券是可以被使用的,而不是商业票据。因此,财政大臣在货币市场中的干预措施有助于金融战争取得胜利。一旦战前票据得到清偿,贴现市场就充斥着国库券,并成为财政部的战争融资工具。法国和俄罗斯也发行了国库券。[95] 在战争开始时,未清偿的国库券数量为1 500万英镑;1914年末大约为1亿英镑。[96] 1918年11月停战协议日,数量为11亿英镑(1921年中期最高峰值为12亿英镑)。在战争期间,通货膨胀水平是原先的3倍,在冲突发生之初和冲突结束时总体贴现市场规模按照实际价值核算大体相同。自1919年后,商业票据市场出现了重大恢复,数量迅速回到了3.5亿英镑(尽管只是针对通货膨胀调整后的1914年水平的一半),但是,伦敦贴现市场再也没有重新获得战前的重要地位。[97]

注释

1. Lawson 1915: 118.
2. TNA: T172/134. Conference: Between the Chancellor, members of the Cabinet and representatives of Accepting Houses; followed by Conference with the representatives of the bankers and traders already conferred with, 12 August 1914.
3. TNA: T172/136. Deputation from London Clearing Banks to Chancellor of the Exchequer, 24 August 1914.
4. 'Position of the banks', *The Economist*, 15 August 1914; 'Financial situation greatly relieved by Bank's action', *The Daily Telegraph*, 14 August 1914.
5. TNA: T171/92. The Proper Means for Enabling Discount operations to be Resumed, 5 August 1914.
6. TNA: T172/183. Memorandum by Sir George Paish on the Abolition of the Moratorium, 6 August 1914.
7. TNA: T172/134. Conference between the Chancellor of the Exchequer, Members of the Cabinet and Representatives of the Accepting Houses, 12 August 1914.
8. British Library: Ms. 88888/2/9. Diary of Sir Basil Blackett, 10–11 August 1914.
9. TNA: T172/134. Conference: Between the Chancellor, members of the Cabinet and representatives of Accepting Houses; followed by Conference with the representatives of the bankers and traders already conferred with, 12 August 1914.

10. The Baring Archive: 200821. Accepting Houses Committee 1914–16.
11. LMA: Ms. 29308/1. Accepting Houses Committee papers. Notice of meeting on 5 August; Letter from Huth Jackson about establishment of committee, 11 August 1914; Chapman 1984: 55; Roberts 1992: 153.
12. 'Sir George Paish at the Treasury', *Standard*, 14 August 1914; 'Sir George's Appointment', *Financial Times*, 14 August 1914.
13. LMA: Ms. 21, 799. Morgan Grenfell papers Extracts of Correspondence Etc. US Exchange, p. 120.
14. TNA: T172/134. Conference: Between the Chancellor, members of the Cabinet and representatives of Accepting Houses; followed by Conference with the representatives of the bankers and traders already conferred with, 12 August 1914.
15. British Library: Ms. 88888/2/9. Diary of Sir Basil Blackett, 12 August 1914.
16. TNA: T172/133. Conference between the Chancellor of the Exchequer and Representatives of the Chambers of Commerce and Manufacturers, 11 August 1914.
17. TNA: T170/28. Austen Chamberlain to Chancellor of the Exchequer, 11 August 1914.
18. TNA: T172/134. Conference between the Chancellor, members of the Cabinet and representatives of Accepting Houses; followed by Conference with the representatives of the bankers and traders already conferred with, 12 August 1914.
19. British Library Ms. 88888/2/9. Diary of Sir Basil Blackett, 14 August 1914.
20. Announcement in the *London Gazette*, 12 August 1914, quoted in 'The Great Crisis', *Bankers' Magazine*, vol. xcviii (September 1914): 333.
21. 'Restarting the credit machine', *Financial Times*, 14 August 1914.
22. 'The Money Market', *The Economist*, 15 August 1914.
23. Announcement in the *London Gazette*, 12 August 1914, quoted in 'The Great Crisis', *Bankers' Magazine*, vol. xcviii (September 1914): 333.
24. Lawson 1915: 117.
25. 'The Government and Bills', *Financial News*, 14 August 1914.
26. TNA: T172/134, Conference between the Chancellor of the Exchequer, Members of the Cabinet and Representatives of the Traders, 12 August 1914.
27. TNA: T172/134, Conference between the Chancellor of the Exchequer, Members of the Cabinet and Representatives of the Traders, 12 August 1914.
28. University of Birmingham Archive: AC 14/2/2. Austen Chamberlain Diary, 13 August 1914; Chamberlain 1935: 105–6.
29. University of Birmingham Archive: AC 14/4/4 Sir John Bradbury to Austen Chamberlain, 13 August 1914.

30. 'The Great Crisis', *Bankers' Magazine*, vol. xcviii (September 1914); Lawson 1915: 118; 'City Chatter', *The Sunday Times*, 16 August 1914.
31. 'Chat on Change', *Daily Mail*, 13 August 1914; 'Money', *The Statist*, 15 August 1914; 'Government Step to Improve Trade', *Evening Standard*, 13 August 1914; 'The Credit of London Guaranteed', *The Times*, 13 August 1914.
32. 'The Government and Bills', *Financial News*, 14 August 1914.
33. 'Bold Government Step', *The Star*, 13 August 1914; 'Bills of Exchange and Government Action', *The Globe*, 13 August 1914.
34. Keynes September 1914: 470.
35. 'Restarting the Credit Machine', *Financial Times*, 14 August 1914; 'Energetic Action', *Evening Standard*, 13 August 1914.
36. 'Effect of Step Taken by Government to Enable Country to Carry on its Business', *Financial News*, 14 August 1914.
37. Parliamentary Archives: Lloyd George papers. LG/C/11/12/2. Letter from Anthony and Leopold de Rothschild, 13 August 1914.
38. 'City Chatter', *The Sunday Times*, 16 August 1914.
39. 'The War, Trade and Finance', *The Economist*, 22 August 1914.
40. Nuffield College Library, Oxford, Archive: Gainford MSS 33/3. Cabinet diary of Jack Pease, 13 August 1914.
41. HSBC Group Archives: UK 0158/0003. Sir Edward Holden, memorandum on proposed ending of the moratorium, 24 September 1914.
42. 'Effect of steps taken by government', *Financial News*, 14 August 1914.
43. LMA: Ms. 14894/24. Smith St Aubyn Business Diary, vol. 24, 13 August 1914.
44. Lloyds Banking Group Archives: HO/T/REP/1. Lloyds Bank Limited Reports to the Finance Committee, 31 July–18 August 1914.
45. 'The Great Crisis', *Bankers' Magazine*, vol. xcviii (September 1914): 334; 'Restoring credit', *The Statist*, 12 September 1914.
46. 'The Great Crisis', *Bankers' Magazine*, vol. xcviii (September 1914): 334; Lloyds Banking Group Archives: HO/T/REP/1. Lloyds Bank Limited Reports to the Finance Committee, 31 July–16 August 1914.
47. Hansard (Commons): Government War Obligations Bill, 27 November 1914, col. 1539.
48. Kynaston vol. III 1999: 85; Hansard (Commons): Government War Obligations Bill, 27 November 1914, col.1544.
49. Hansard (Commons): Government War Obligations Bill, 27 November 1914, col. 1543.
50. Mitchell 1988: 590. Total government expenditure in 1913 was £184 million; Mitchell 1988: 836, Gross Domestic Product at current prices in 1913 was £2,244 million, in 1914 £2,278 million.
51. BoE: C 1/62. Daily Accounts Deputy Governor, 1914.

52. Lawson 1915: 118.
53. Conant 1927: 753.
54. Lawson 1915: 118.
55. 'Sinews of War', *Financial News*, 6 August 1914; 'Credit Vote Passed', *Financial Times*, 8 August 1914.
56. 'A time for Treasury bills', *Morning Post*, 15 August 1914.
57. BoE: N7/156. Osborne vol. I 1926: 486.
58. 'The New Treasury Bills', *Standard*, 19 August 1914.
59. 'The Great Crisis', *Bankers' Magazine*, vol. xcviii (September 1914): 336.
60. Lawson 1915:118.
61. TNA: T170/28, Edwin Montagu, Financial Secretary, to David Lloyd George, Chancellor of the Exchequer, 15 August 1914.
62. Hansard (Commons): Lloyd George, 26 August 1914, col. 73.
63. TNA: T172/136. Deputation from London Clearing Banks to Chancellor of the Exchequer, 24 August 1914.
64. TNA: T172/136. Deputation from London Clearing Banks to Chancellor of the Exchequer, 24 August 1914.
65. BoE: Osborne vol. I 1926: 88.
66. Morgan 1952: 24.
67. British Library: Ms. 88888/2/9. Diary of Sir Basil Blackett, 14 August 1914.
68. TNA: T170/28, Edwin Montagu, Financial Secretary, to David Lloyd George, Chancellor of the Exchequer, 15 August 1914.
69. Cole 1956: 27. Entry for 25 August 1914.
70. 'Restoring credit', *The Statist*, 12 September 1914.
71. BoE: G15/59. Letter from Lord Rothschild to Governor, 25 August 1914.
72. 'The Great Crisis II', *Bankers' Magazine*, vol. xcviii (October 1914): 445; Morgan 1952: 17.
73. Lloyds Banking Group Archives: HO/T/REP/1. Lloyds Bank Limited. Reports to the Finance Committee, 31 July–18 August 1914.
74. TNA: T172/136. Deputation from London Clearing Banks to Chancellor of the Exchequer, 24 August 1914.
75. Announcement in the *London Gazette*, 4 September, quoted in 'The Great Crisis II', *Bankers' Magazine*, vol. xcviii (October 1914): 446; Pulling 1915: 35; 'The Great Crisis IV', *Bankers' Magazine*, vol. xcviii (December 1914): 700.
76. Morgan 1952: 18.
77. LMA: Ms. 11059. Antony Gibbs papers. Cockayne to Evans, Gibbs & Co., Valparaiso, Chile, 27 August 1914.
78. LMA: Ms. 11059. Antony Gibbs papers. Cockayne to Evans, Gibbs & Co., Valparaiso, Chile, 17 September 1914.

79. Ellis 1960: 141.
80. Lloyds Banking Group Archives: HO/T/REP/1. Lloyds Bank Limited. Reports to the Finance Committee, 2–9 September 1914.
81. 'The Banks and the Accepting Houses', *The Economist*, 12 September 1914.
82. 'The Great Crisis II', *Bankers' Magazine*, vol. xcviii (October 1914): 445.
83. BoE: N7/156. Osborne vol. I 1926: 364.
84. Hansard (Commons): Mr Lloyd George, 27 November 1914, col. 1545.
85. Hansard (Commons): Statement by the Prime Minister, 21 February 1916, col. 448.
86. BoE: N7/156. Osborne vol. I 1926: 373.
87. Lawson 1915: 118.
88. 'The Money Market', *The Economist*, 12 September 1914; 'The Joint Stock Banks', *The Economist*, 24 October 1914.
89. Gibson and Kirkaldy 1921: 90; 'The Banks and the Accepting Houses', *The Economist*, 12 September 1914.
90. 'The Money Market', *The Economist*, 3 October 1914.
91. 'The Money Market', *The Economist*, 28 November 1914.
92. 'The Money Market', *The Economist*, 23 January 1915.
93. Spring Rice 1923: 427.
94. Lawson 1915: 122–3.
95. Greengrass 1931: 107.
96. Makin 1939: 400.
97. Spring Rice 1923: 427.

9

修复外汇市场

自7月27日星期一之后,货币之间的金融转换机制停止了运行。其他货币对英镑大幅贬值,以至于跌破黄金输送点。当交易系统具有功能的时候,超过黄金输送点会制造套利机会,刺激黄金运送以谋取利润,从而恢复铸币平价。但是,由于广泛实施延期支付,禁止了黄金出口,加之,海运的可能性和价格问题以及战争保险问题,套利机制不起作用了。很快,公布出来的汇率仅仅是名义上的。

1921年出版了研究英国战时金融重要著作的作者A. H. 吉布森(A. H. Gibson)和A. W. 科尔凯尔迪(A. W. Kirkaldy)对于"汇兑机器的崩溃"给出了6个原因:(1)银行和金融公司的海外资产普遍"召回"。(2)海外贸易商需要英镑外汇清偿在伦敦的到期债务。要满足突发的大量需求,英镑就显得不充足了。(3)向银行提供英镑资金的伦敦"金融票据"市场停滞(并且,也没有新的商业票据)。(4)与敌国的外汇交易市场不可避免地崩溃了,"由于不同的外汇市场具有相互依赖性,敌国立即在同其他国家的汇兑中做出反应。"(5)证券交易所关闭。(6)各国对黄金出口的限制。[1]

1914年,在伦敦城进行国际结算主要有四种方式:通过英镑票据结算;通过"外国票据"(以外国货币为单位,但可在伦敦偿付的票据)结算;通过黄金运送结算;通过银行分支机构之间的电汇或者通过代理银行结算。1914年,71家外国银行在伦敦设立了分行,并且英国各大银行形成了遍布欧洲、北美和世界各地的业务代理网络。[2] 通过票据和黄金进行汇付的问题已经讨论过了(参见第2章)。由于速度比电汇慢且不像汇票那样能够提供信用安排,所以,支票很少用于国际结算。由于票据和运送黄金的保障存在问题,所以,危机期间电汇比战前得到了更加广泛的运用。例如,11月11日《金融时报》报道称,"业务限于电汇"。[3] 尽管有这样的服务,许多来自非英国贸易伙伴的票据也得不到出票人(借款人)的到期承兑。商业活动的普遍中断是一个因素,但是,"过高的汇率"致使债务人拒绝支付。[4] 当时的人们已经习惯了不超过铸币平价2%的黄金输送点内的汇率波动,并相应地进行国际贸易定价。除了法国法郎之外,自7月27日以来每一种货币都对英镑汇率下跌,有些货币对英镑汇率下跌严重以至于从盈利转变为损失。对英镑的货币"急剧贬值"严重"影响向伦敦的汇付,"威廉姆·劳森指出,"在有些情况下,贬值达到5%或更高,外国债务人找各种借口不再汇付。如果他是非常诚实的人,他会向当地银行支付债务额以待战争发起,并将银行凭据寄给英国的债权人。"[5] 显然,在俄罗斯存在许多这样的例子。相反,在美国,在不当的汇率条件下,债务人直接拒绝汇付,可以想见,英国延期支付政策就是不立即支付的授权证书。

英国银行和外国银行的外汇市场委员会

在银行重新开门营业之后,随着成立英国银行和外国银行外汇市场委员会的建议提交给财政大臣,8月8日开始了恢复国际支付体系功能的努力。发起人是伦敦乡村和威斯敏斯特银行副行长 E. F. 戴维斯(E. F. Davis),委员会的构成人员包括伦敦城9家著名商人银行外汇业务部的领导人。[6] 其他参与者是:霍尔登的内陆银行;伦敦城商人银行塞缪尔·蒙塔古和布朗—希普利;帝国银行汇丰银行和麦加利银行(Chartered Bank of India, Australia, and China)等;以及洲际银行里昂信贷银行(Credit Lyonnais)、瑞士银行(Swiss Bankverein)和意大利商人银行(Banca Commerciale Italiana)。[7] 8月10日星期一,委员会发布了第一份通告,强调外国货币为单位的汇票和支票可以在伦敦清偿。由于没有了汇率报价,如何确定外国货币兑换英镑的基准呢?委员会提供了用于13种关键外国货币的固定汇率,这些外国货币是奥匈帝国、比利时、加拿大、法国、德国、荷兰、意大利、葡萄牙、俄罗斯、西班牙、瑞典、瑞士和美国的货币。

"由于银行家们和其他人所持有的大量的票据在英国之外的其他国家可以清偿,伦敦外汇市场出现了重大困难,"8月17日外汇交易委员会第二次通告中指出。[8] 国家被分为三种类型:第一类是不可能获得清偿的国家。对于这些国家,委员会建议将票据放在伦敦。这些国家是比利时、意大利、俄罗斯和瑞士。第二类是"没有危险但风险足够大的国家",建议保存公证书。这些国家是埃及、荷兰、葡萄牙、斯堪的纳维亚和西班牙。第三类是邮政系统正在运行但是托收工作面临问题的国家,它们是加拿大、法国和美国。在旨在恢复贴现市场的劳埃德·乔治冷藏计划出台后,通告发布了四天。"显然,存在诸多困难,延期支付或其他人为救助措施都难以解决,"劳森观察道,"外国票据贴现是一个方面,而海外票据托收是另一个方面……在这个危机时期全世界仅有两个或三个国家的票据可以安全托收。这很可能成为外汇市场恢复的重大障碍,这个障碍比目前贴现市场中断形成的障碍大得多。乐观主义者忽视了这一点,或者说,他们忽视了这个问题的存在,接着便对他们的英雄主义救助措施的缓慢效果非常失望。"[9]

8月18日媒体恢复了对英镑兑美元汇率的发布,接下来的几周里,其他货币汇率也都重新得以发布。[10] 尔后,9月17日星期四,皇家交易所双周外国票据市场重新开启。"无需强调这项举措的重要性,"《金融时报》观察道,"外汇市场的崩溃已经成为保持我国对外商务的最严重的障碍。"[11] 除了已经引起人们的"充分关注",没有新票据被贴现,"但是,希望接下来的票据贴现业务呈现出来"。[12]

海外黄金储备

战时运送黄金的困难导致了不涉及黄金运往伦敦的新的清算安排。8月8日星期六在蒙特利尔发起了新的清算设计,蒙特利尔银行(Bank of Montreal)和摩根—格兰菲尔提供帮助,允许北美债务人用黄金清算伦敦的债务,按照金铸币平价借记摩根—格兰菲尔在英格兰银行开立的账户。[13]这个企业家的新创意于8月10日被英格兰银行官方计划所取代,在位于渥太华的加拿大财政部的黄金储户可以获得英格兰银行的英镑授信,并可用于伦敦清偿债务。[14]从8月12日到最后委托日12月16日,渥太华方面受托288单,黄金总量高达1.04亿美元(2 100万英镑)。[15]

南非生产了英国2/3的黄金。[16]按照8月14日同南非政府的协议,英格兰银行是这个国家金矿开采公司全部黄金产出的唯一买方,买入价是在金平价之上溢价2.3%。[17]1914年,按照8月协议,买进南非黄金1 600万英镑,随着战争推进,买进的黄金更多。[18]这是英国增加黄金供给的关键资源,也是稳定英镑的关键资源。印度的黄金开采公司和黄金海岸(加纳)保证按照南非生产者同样的条件提供黄金,但是,1914年他们几乎没有生产。1914年与澳大利亚和新西兰生产者的协议买进黄金分别为130万英镑和30万英镑。[19]渥太华和南非黄金安排是近期英格兰银行持有的黄金数量(金块加上金币)翻了3倍的关键因素,从8月7日2 600万英镑的低水平到12月份的7 300万英镑,这是"绝对前所未有的数量"(凯恩斯语)。[20]

英镑—美元汇兑问题

由于美元,最难解决的外汇问题出现了。英镑—美元的金平价是1英镑=4.866 5美元,"超过"黄金输送点(上限)4.89美元,这会激起从纽约向伦敦运送黄金;"低于"黄金输送点(下限)4.84美元,会导致黄金从伦敦运往纽约。[21]美国是英国最重要的贸易伙伴国、大规模贸易信贷和资本流动的接受国,战争前夕英国在美国的投资总量估计达到8.35亿英镑(41亿美元)。[22]纽约至伦敦存在着一个稳定的资金流,服务于投资并偿付信贷。基于美国农产品出口的年度周期性,资金流也存在具有规律性的季节性上下浮动,通常在夏季美国对伦敦负债,此时美国银行外汇账户的资金额就变小。[23]美国银行通过取款和贴现秋季出售粮食和棉花才能清算的金融票据获取英镑资金,但是,金融票据贴现业务的停滞切断了运营资本的正常来源。[24]另外,欧洲投资者大量卖出证券,创造了对于汇兑服务的非正常的额外需求。摩根—格兰菲尔公司高级合伙人、华尔街投资银行 J. P. 摩根的伦敦合伙人、盎格鲁—美国金融领域的重量级人物之一爱德华·格兰菲尔提醒他的美国伙伴说,"在伦敦,大量的到期票据无法汇兑"。[25]所有这些会导致美元崩溃,7月31日星期四汇率已经触及黄金输送点上限,7月23日提高到黄金输送点之上。周末《金融时报》美元兑英镑的报价是6美元兑换1英镑,同时,还有6.5美元和7美元的报道。[26]直到11月中旬,英镑—美元汇率保持在4.89美元以上,这是由英镑票据匮乏和汇兑机器失去功能导致的。

1914年7月美国正在创建中央银行的过程中,财政部部长威廉姆·G. 麦卡杜(William G. McAdoo)和纽约的银行家们管理着金融危机。在伦敦证券交易所关闭之后,7月31日星期五纽约证券交易所被关闭,而且一切按照麦卡杜的紧急指示行事(参见第11章)。为了应对可能出现的国内取款,财政部向银行投放了已经印制好的应急货币,还可以用清算所贷款权证结算银行间债务,以节约货币使用

(正如1907年金融大恐慌中的做法)。

英镑—美元结算已经确立的特征是,在伦敦卖出美国商品,获得英镑,进而拥有英镑外汇,用以满足美国的英镑义务。缺口则通过运送黄金加以结算。战争爆发导致出口中断,不再有销售商品所得,大量的黄金结算成为必要。按照佩什的说法,1914年秋季的各方面情况是,接下来的几个月美国到期英镑偿付义务为9 000万英镑(4.5亿美元),而英国对美国的负债为3 000万英镑(1.5亿美元),需要用黄金结算的差额为6 000万英镑(3亿美元)。[27]自1914年开始,美国已经出口了1亿美元的黄金,麦卡杜关心的是进一步的海外提款将危及美国坚持的金本位制,破坏正在孕育的联邦储备系统,纽约银行的黄金储备被提取将会触发银行恐慌。

8月10日英格兰银行在渥太华的黄金储备做法的开启提供了向伦敦债权人贷记结算的黄金支付方式,但是,资金流动"并没有预想的那样快",8月仅有1 400万美元,9月仅有2 300万美元。[28]伦敦的企业和银行"正在从东方获得一些汇付,"8月24日霍尔登告诉财政大臣说,"但是,他们无法获得欧洲大陆的汇付,也无法获得美国和加拿大的汇付。""这是我所不能够理解的,"劳埃德·乔治回应说,"当前这个国家和美国没有了交易关系,只是时而有那么一点点交易,但是,我们从美国那里还得不到汇付。"[29]"问题是,我们要做一些事情重新开启贸易机器。"财政大臣指出。"我们已经同纽约国民城市银行(National City Bank of New York)达成协议,借给他们100万英镑用于联合外汇账户,对外汇机器的工作提供帮助,"9月柯布告诉劳埃德银行金融委员会说,"另一方面,对于一些客户,我们用纽约美元储蓄账户,承兑了三月期票据。"[30]

9月份,纽约银行界形成了一个计划,即建立1亿美元的黄金池(资金池),以满足到期时美国的英镑偿付义务之需。[31]任何额外增加的黄金支付职能从美国财政部黄金储备中获得。但是,麦卡杜认为,这会破坏人们对美元的信心,并不准备这样做。英国驻华盛顿大使塞舌尔·斯普林·瑞思(Cecil Spring Rice)爵士向伦敦报告称,"实际上,这个国家已经宣布不再用商品偿付,也不再用黄金偿付"。[32] 9月21日,麦卡杜批准了银行家们的黄金池计划,但是,同时,他告诉斯普林·瑞思说:

(黄金池)将充分满足各种交易,除非出口大量增加,尤其是棉花的出口……这里,将会出现非常令人担心的局面,除非为满足11月及其后交易做出一些安排……

如果黄金进出口持续,会有恐慌,政府必须采取措施。要么增加出口,要么通过不用黄金结算的一些办法对在伦敦的债务清算做出安排。由于上述原因,非常期待英国的专家到美国来商谈。[33]

雷丁勋爵被建议出访美国,但是,麦卡杜认为,大法官是"一个重要的人物,会引起极大关注,这是危险的。他倾向选择佩什,因为他在美国工作过,他的到来会被认为是很自然的事情"。[34]这样,按照美国财政部的要求,乔治·佩什爵士作为特使,与美国政府讨论英镑—美元汇付的未决问题。英国财政部指派布莱克特陪同前往。"我的任务是看住佩什,"布莱克特在他的旅行日记中写道,"我们的指针是弄明白一些情况,不做建议,也不做承诺。担心佩什说话太多……主要的问题是美国欠我们的钱,并且只能用黄金给付。美国政府担心,如果更多的黄金输送出去,美国将会发生银行恐慌。解决办法必须是尽可能地不使用黄金,从而不对美国造成打击。"[35]

佩什与布莱克特华盛顿之行的任务

10月1日星期四,劳埃德·乔治明确了佩什的使命,并告诉他准备星期六出发。此前,也就是明天,他需要一份美国所持的、呈现在财政部和英格兰银行面前的立场的报告。"无论如何,如此短时间内,这都是一个艰难任务,"佩什观察道,但是,在格兰菲尔的帮助下(按照布莱克特的说法,从上午6:00开始写),按时完成了任务。"[36]法瑞报告称,他和莱威尔斯多克勋爵:

第一时间被召唤到英格兰银行,到了那里发现已经聚集了盎格鲁—美国事务所的大约十几位代表……英格兰银行行长向我们解释道,一个小时前他得到财政大臣的通知,说他已经决定派乔治·佩什爵士赴美国商讨两国金融关系……英格兰银行行长还告诉我们说,乔治·佩什爵士准备了一份相关问题的备忘录,他会读给我们听。[37]

佩什的备忘录中明确提出,英格兰银行做出3 000万英镑(1.5亿美元)的信贷安排,提供给纽约的银行,以保证他们能够满足到期偿付英镑债务,从而无需使用黄金支付。[38]法瑞指出,佩什提醒道,"单边汇付压力涉及黄金出口,将会导致世界恐慌"。

"英格兰银行决策委员会非常震惊,提醒我们不要赴美,"布莱克特记录道,"认为美国作为债务人应当派专家到伦敦来。"英格兰银行行长、莱威尔斯多克、法瑞和格兰菲尔也这样认为,并反对这项任务,他们相信这样会被误认为英国寻求向美国借款,尽管事实恰恰相反。但是,考虑到麦卡杜的请求,他们已经被财政大臣和外交大臣所掌控了。"佩什是足以令人满意的,但是,他没有实际商业经验,"法瑞在写给基德·皮博迪的信中说,"实际上,一无所知,无论如何他都不是伦敦城的代表。"布朗—希普利公司的蒙塔古·诺曼也反对佩什的建议并反对此次访问,10月6日在他写给纽约合伙人的信中说:

尽管强烈主张,这样的做法既没有必要,也是不明智的……按照美国政府的要求,乔治·佩什爵士和布莱克特先生即将赴美,去探究你方关于棉花贸易和债务问题的立场……我们期望不要因为这些绅士们的会面而出台过激的金融计划,我们相信,那将是没有充分依据的。[39]

"棉花贸易,"《泰晤士报》观察道,"由于战争,成为最令人担忧的问题,不仅对兰开夏郡产生了压力,而且对美国和两国关系产生了重大影响。"[40]战争伊始国际贸易的中断导致棉花价格崩溃,美国南部极度恐慌,国会要求政府向棉农提供支持。"我已经度过了很多不眠之夜,思考我们不得不面对的棉花问题,"10月麦卡杜写道。已经筋疲力尽,11月30日他同意美国政府支持银行建立棉花贷款基金,按照6%的利率向棉农发放贷款。[41]正是在美国焦急不安和棉花问题一次次被提及的时候,佩什和布莱克特出使美国。美国希望重新恢复对兰开夏郡棉商的棉花运输——1913年8月进口数量为185 000包,而1914年8月仅有17 000包,这样获得的英镑收入有助于美元购买力,也有助于美国向伦敦汇付。[42]在利物浦,出发之前,佩什和布莱克特得到了棉纺产业经理人们关于生产情况的介绍。了解了战争影响棉花远期合约的问题之后,佩什表示财政部将保证能够获得贷款。布莱克特吃惊了,指出他们没有得到授权做出这样的承诺。

他们最终于10月7日星期三乘船去美国。在船上,布莱克特阅读了艾斯肯·查尔德(Erskine Childer)的《沙岸之谜》(Riddle of the Sands),这是一本关于德国间谍("令人着迷的")的现代惊险小说;还同佩什讨论了"当前所有问题",包括"劳埃德·乔治与社会变革"以及"伦敦主教应当结婚吗?"10月16日船到纽约港,他们即刻前往华盛顿,晚饭时分到达英国大使馆。他们的到来受到斯普林·瑞思的热情欢迎,后来,斯普林·瑞思告诉伦敦,"也许,他们的出现阻止了危机。"[43] 接下来一周内,佩什和布莱克特参加预备会议以及同政治家们社会交往,包括拜见伍德罗·威尔逊总统、高级官员和银行家。每一次活动的话题都会转到棉花问题上。银行家们向英国"施加强大的压力",希望英国接受贷记账户结算方式,不要采用黄金运送方式进行棉花票据结算,但是,佩什和布莱克特坚持采用美国国库券结算。[44] 根据斯普林·瑞思的报告,他们听说:

> 由于缺乏资源和责任感,英国金融界受到抨击……对于伦敦汇票匮乏,伦敦银行家们负有责任,而不考虑美国利益,加之商业上的自私自利,又备受谴责,显然,这是因为在英格兰银行的惊人储蓄没有被用来拯救国际汇兑市场。[45]

最终于10月23日,与麦卡杜、联邦储备委员会成员以及25位银行家们举行了正式会议。与此同时,格兰菲尔在佩什和布莱克特之后来到美国,"向纽约银行家们说明真实情况,并对接下来的汇兑市场提出建议"。[46] "纽约的银行家们尽管听到了我们此行是不必要的，"布莱克特记录道，"但是，他们还是热切盼望我们对棉花贸易提供帮助，同时，我们成功地给他们留下印象：8月以来英国政府采取了强有力的行动，我们决心使用我们的黄金而不是囤积黄金。"[47] "最后，言归正传，"10月31日布莱克特写道。美国银行家们提出了2 000万英镑（1亿美元）的计划，由英格兰银行和英国的银行管理这些信用，"一旦现有黄金不足，则可被用于弥补外汇缺口。"[48] （这听起来好像是佩什的建议，而与英格兰银行决策委员会不一致，但是，没有提及这是佩什的方案。）由于急于达成协议，关于英国要求的担保问题，佩什做出了让步，由政府债券转变为第一级信用的股票（但是，不包括棉花票据）。11月5日，麦卡杜批准了计划，在伦敦的英国财政大臣也签了字。佩什和布莱克特在电报中说，"调节外汇市场已经具有了可能性，对信用和信心的普遍恢复具有极其有利的影响"。[49] 事实上，《金融新闻》来自纽约的报道称，"伦敦的银行要求纽约的银行不要偿付债务，因为在伦敦货币几乎毫无用处。这正是黄金运送中断的关键……这些会议形成了这样的信念，即通过自然的贸易渠道，美国的海外债务可以得到调节"。[50] 诚然，10月份恢复了美国农产品大量运往欧洲，恢复了英镑收入现金流。

财政大臣还有其他一些声明需要去关注，同时，他必须等待佩什和布莱克特的电报。布拉德伯里因为怠慢而道歉，并承诺11月17日预算做出后立即回应。[51] 财政大臣面对市场，没有做出任何决策。11月13日伦敦英镑—美元汇率下降到4.89美元，该月剩余时间里徘徊在或低于黄金输送点下限。《金融时报》报道称，英镑—美元汇率正在"接近正常水平"（参见图9.1）。[52] "我很高兴地看到，汇兑减弱了,"那天法瑞在给温瑟尔和皮博迪的电报中说,"看到你方惊人数量的买进,现在棉花贸易变化似乎开始了。我可以想象,外汇市场的变化将达到一个更低的基准点。"[53] "自从上个月的这个时候纽约外汇交易下降了10%,或许大约为2.5%,"11月19日柯布告诉劳埃德银行金融委员会,"这样的市场改善对于英国贸易来说极其重要,由于现在纽约有了伦敦票据的充分供给,这种情况一定能够持久。"[54] 尽管斯普林·瑞思称赞为支撑性的计划,但是,这样一来,美国银行家们的计划就没有必要了。11月21日佩什和布莱克特得到指示,立即返回,并与财政大臣"私下商讨"美元汇兑形势。[55] 12月汇率又回到了4.86美元的金平价水平。

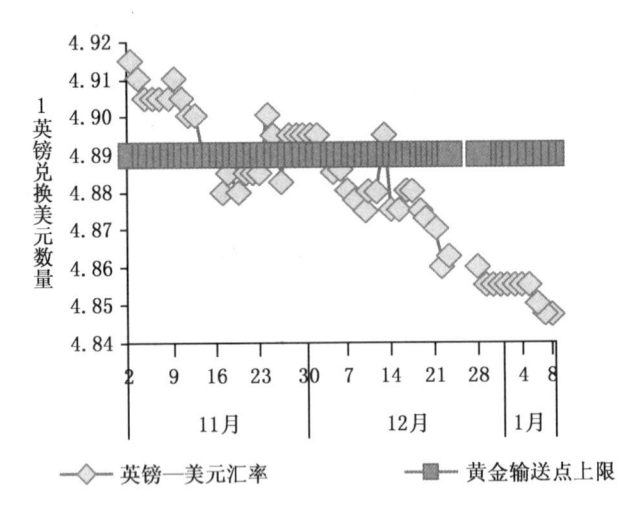

资料来源:《金融时报》。

图9.1 英镑—美元汇率(1914年11月2日~1915年1月8日)

"对于我来说,有必要指出,自担负英国使命来到美国以来,两国

金融关系发生了重大改善，"斯普林·瑞思在 11 月 27 日发给伦敦的电报中说，

在这里有一点苦涩的感觉，缘起于美国拒绝向英国全额偿付债务，后果可能在纽约激起金融恐慌。

现在有一种感觉……危机已经过去，履行使命的特别安排已经不再是必要的了。

我大胆地认为，在这里当前的使命、行动以及对话对于信心起到了极大的作用。[56]

布莱克特记录道，在协议达成之前被召回，佩什感到"有点失望和失落"。[57] "本人相当怀疑我们此次访问的真正目的，怀疑所取得的成果或仅是增进了与美国的情感"。然而，增进与美国政府和纽约银行家们的感情，对于英国来说并不重要，英国已经开始大量买入美国的食品和工业制品。正如佩什回到英国向首相报告的那样，"如果真正持续下去，无论如何，无论何种方式，我们都不可能得到既定数量的金融支持"。[58] 实际上，从 1915 年起，英国在华尔街筹集了大量的贷款。国际经济任务是非同寻常的外交使命，佩什和布莱克特在美国的表现引起了媒体的广泛关注，尽管没有解说和评论。反对他们访问的格兰菲尔也不得不策略性地保证完成作为英国政府在美国重要的买方 J. P. 摩根交代的任务，这是大使斯普林·瑞思的建议。摩根合伙人亨利·P. 戴维森（Henry P. Davison）与佩什、布莱克特乘坐同一艘船来到英国，一到达英国，便同英国政府签订协议，1915 年 1 月协议赋予该企业关键的变化就是为了战争而付出努力。[59]

当佩什和布莱克特为了美元和棉花而绞尽脑汁时，10 月和 11 月

其他货币汇率回到了中心平价的"理性区间"。[60]值得注意的例外是俄罗斯卢布持续走弱。为了战争供给,11月做出安排,800万英镑的俄罗斯黄金出口到伦敦,换取2 000万英镑的信用额度,在伦敦发行俄罗斯国库券来筹集资金。[61]对于美国、法国、欧洲中立国和英国属国来说,英镑汇率已经接近金平价,1915年1月16日财政部发布公告说,外汇市场"不再需要政府进一步关注。"[62]

最后的干预

对英国商人提供支持是英国政府最后干预的关注点。经过商会、财政部和银行之间漫长的协商,形成了11月3日宣布的"贸易商"救助计划。[63]这项"推动贸易的新计划",考虑战争因素,通过免于外债支付,向商人提供支持。[64]符合条件的申请人可以向银行申请贷款,额度可以达到海外负债的50%,还款可以推迟到战争结束后的一年内。贷款损失的75%由政府承担,25%由借款银行承担。"我们倾向于不再像其他计划提出时那样给政府提建议,"《银行家杂志》宣称。[65]该计划因"不公正和不准确"而备受批评,与"金融界其他部门的支持计划"相比,给予商人的支持水平不够慷慨,同时,与冷藏计划中英格兰银行全部承担责任相比,苛求银行承担部分损失。"显而易见的是,很少有贸易商获得该计划的好处,"《泰晤士报》报道称,要求贷款数量只有90万英镑。[66]

最后的紧急措施是安排重启整个金融崩溃期间关闭了的利物浦棉花交易所(Liverpool Cotton Exchange),与纽约交易所和新奥尔良棉花交易所11月16日重新开门营业保持同步。[67]兰开夏郡棉花商人被敌国客户拖欠数百万英镑。按照该计划,11月12日达成协议,政府提供50%的银行贷款损失担保[利物浦棉花协会(Liverpool Cotton Association)和利物浦银行各自承担25%],向当前无法按照棉花期货合约偿付债务的棉花商人进行贷款,从而按时重新开启市场。[68](这个问题导致了赴美前夜在利物浦佩什的财政部承诺)。一个星期后,战争结束一年偿还的贷款申请量达到16万英镑。在众议院,劳埃德·乔治吹捧利物浦棉花交易所重新开门营业为"兰开夏郡的一件大事"。[69]危机干预到此结束了。但是,重大挑战仍存在——伦敦证券交易所有待重新启动。

注释

1. Gibson and Kirkaldy 1921: 331. Gibson was a manager at Anglo-South American Bank; Adam Willis Kirkaldy (1867–1934) was professor of economics at University College, Nottingham. *The Economist Banking Supplement*, 24 October 1914.
2. Michie 2007: 41–79.
3. 'Foreign Exchange', *Financial Times*, 11 November 1914.
4. 'After the Moratorium', *The Times*, 21 October 1914.
5. Lawson 1915: 29.
6. Lawson 1915: 29–39, 85–6.
7. TNA: T172/141. War Conferences 1914. List of persons Invited.
8. The Baring Archive: 200821. Special File: War, European Situation. Circular No. 2. To the English and Foreign Banks. Re Foreign Exchange. 17 August 1914.
9. Lawson 1915: 38.
10. Morgan 1952: 19.
11. 'The Royal Exchange', *Financial Times*, 16 September 1914.
12. 'Resumption of Royal Exchange Business', *Financial Times*, 18 September 1914.

13. BoE: N7/157. Osborne vol. II 1926: 242.
14. BoE: N7/157. Osborne vol. II 1926: 46–51.
15. Brown 1940; BoE: N7/157. Osborne vol. II 1926: 249.
16. Ally 1991: 221–38.
17. BoE: N7/157. Osborne vol. II 1926: 309.
18. BoE: N7/157. Osborne vol. II 1926: 316.
19. BoE: N7/157. Osborne vol. II 1926: 367, 386.
20. Keynes December 1914: 628; BoE: C 1/62. Daily Account 1914. Deputy Governor; Sayers 1976: 78.
21. Evitt 1936: 115–18.
22. Burk 1985: 55.
23. Sprague 1915: 500; Morgan 1952: 21.
24. Brown 1940: 16.
25. LMA: Ms. 21,799. Morgan Grenfell papers. Extracts of Correspondence Etc. US Exchange:98.
26. LMA: Ms. 21,799. Morgan Grenfell papers. Extracts of Correspondence Etc. US Exchange:97; Sayers 1976: 87; Greengrass 1931: 102.
27. LSE Archives: Sir George Paish, 'My Memoirs', c.1950: 68.
28. BoE: N7/157. Osborne vol. II 1926: 249.
29. TNA: T172/136. Deputation from the London Clearing Banks, 24 August 1914.
30. Lloyds Banking Group Archives: HO/T/REP/1. Lloyds Bank Limited. Reports to the Finance Committee, 9–16 September 1914.
31. Brown 1940: 19.
32. TNA: FO 368/1159. Spring Rice to Sir Edward Grey, Foreign Secretary, 27 November 1914.
33. TNA: FO 368/1159. Spring Rice to Foreign Office 28 September 1914; McAdoo made the request for a British expert to Spring Rice on 19 September 1914.
34. TNA: FO 368/1159. Spring Rice to Foreign Office, 29 September 1914.
35. British Library: Ms. 88888/2/10. Diary of Sir Basil Blackett, 2 October 1914.
36. LSE Archives: Sir George Paish, 'My Memoirs', c.1950: 65.
37. The Baring Archives: DEP 33.16. Gaspard Farrer to Robert Winsor, Kidder, Peabody, Boston, 7 October 1914.
38. British Library: Ms. 88888/2/10. Diary of Sir Basil Blackett, 2 October 1914; Sayers 1976: 87; LMA: Ms. 21,799. Morgan Grenfell papers. Extracts of Correspondence Etc. US Exchange: 98. No copy of Paish's memo has come to light in the Treasury records, at the Bank of England Archive, among Lloyd George's papers or Paish's papers.
39. Sayers 1976: 86.
40. 'The Financial Outlook', *The Times*, 11 November 1914.

41. Link 1971: 317; Burk 1985: 56.
42. TNA: FO 368/1159. Spring Rice, Washington, to Foreign Office, 22 September 1914.
43. TNA: FO 368/1159. Spring Rice, Washington, to Foreign Office, 1 December 1914.
44. British Library: Ms. No. 88888/2/10. Diary of Sir Basil Blackett, 19 October 1914.
45. TNA: FO 368/1159. Memorandum. British Embassy, Washington, 5 October 1914.
46. LMA: Ms. 21,799. Morgan Grenfell papers. Extracts of Correspondence Etc. US Exchange: 98.
47. British Library: Ms. 88888/2/10. Diary of Sir Basil Blackett, 23 October 1914.
48. British Library: Ms. 88888/2/10. Diary of Sir Basil Blackett, 31 October 1914; Burk 1985: 59.
49. TNA: FO 368/1159. Spring Rice, Washington, to Foreign Office, 5 November 1914.
50. 'New York Exchange Questions', *Financial News*, 6 November 1914.
51. TNA: FO 368/1159. Sir John Bradbury, 14 November 1914.
52. 'Exchange Rates: New York Approaching the Normal', *Financial Times*, 13 November 1914.
53. The Baring Archive: DEP 33.16. Gaspard Farrer to Robert Winsor, Kidder, Peabody, Boston, 13 November 1914.
54. Lloyds Banking Group Archives: HO/T/REP/1. Lloyds Bank Limited. Reports to the Finance Committee, 12–19 November 1914.
55. TNA: FO 368/1159. Spring Rice, Washington, to Foreign Office, 20 November 1914.
56. TNA: FO 368/1159. Spring Rice to Sir Edward Grey, Foreign Secretary, 27 November 1914.
57. British Library: Ms. 88888/2/10. Diary of Sir Basil Blackett, 20 November 1914.
58. Bodleian Library, Oxford: Asquith papers. vol. 26, fos. 188–193E. Memorandum from Paish, n d
59. Burk 1985: 18; Sayers 1976: 86.
60. Gibson and Kirkaldy 1921: 332.
61. Morgan 1952: 23.
62. Morgan 1952: 22.
63. Lloyds Banking Group Archives: HO/T/REP/1. Lloyds Bank Limited. Reports to the Finance Committee, 5–12 November 1914.
64. 'The New Scheme for Pushing Trade', *The Statist*, 7 November 1914.
65. 'The Great Crisis IV', *Bankers' Magazine*, vol. xcviii (December 1914): 705.

66. 'The Government and Business', *The Times*, 22 January 1915; Lawson 1915: 251; Morgan 1952: 28.
67. 'Liverpool Cotton Exchange', *Financial News*, 16 November 1914; 'The Great Crisis IV', *Bankers' Magazine*, vol. xcviii (December 1914): 707–8; Lawson 1915: 250.
68. Bodleian Library, Oxford: Harcourt Ms. Dep. 591. Liverpool Cotton Association to Walter Runciman, President of the Board of Trade, 30 October 1914; Lloyds Banking Group Archives: HO/T/REP/1. Lloyds Bank Limited. Reports to the Finance Committee, 12–19 November 1914.
69. 'Triumph of British Credit', *Financial Times*, 28 November 1914.

10

（伦敦证券）交易所重新开业

尽管仍处在战时环境,按照正常的商业路径,汇付商业活动要求终结三种限制性延期支付安排,即在股票交易方面,7月31日交易所关闭;在到期汇票给付方面,因8月2日出台的延期支付措施而暂停;在清算方面,因8月6日普遍延期支付措施而中断。"在金融危机第一阶段里实施的紧急措施中,延期支付导致对商业活动的最大干扰,"劳森指出,"这是我们的商业史中史无前例的……自流动债务托收恢复以来,第一次出现这样的干扰。"[1]

在英国,1914年延期支付尚不被大众所知。显然,早在1600年（英国）尾闾议会(Rump Parliament)就采取了类似的措施,但却是已发生的古代轶事。[2] 关于普遍延期支付,《金融新闻》给出了指导意见:

权威人士所表述的货币法则,按照《法学杂志》(*Law Journal*)的说法,"紧急时期通过的法,将汇票和其他义务的到期日推迟一定时期。"依法进行的拖后或展期就是"延期支付",延期支付有两个层级：较小层级与较大层级、较小层级的"延期支付"仅适用于汇票，较大层级的"延期支付"使用对象包括汇票以及债务人在确定时间负有偿付义务的所有其他合约。

一旦宣布延期支付，通常会连续展期，直到度过导致事件发生的紧急时期……危机的严重程度是实施全面延期支付的理由，它能够对所有的货币合约提供临时救助。[3]

延期支付措施的发布或修订经历了皇家6次公告——8月2日、6日和12日以及9月1日、3日和30日，此外还有议会的两个法案。[4]8月3日星期一，议会匆忙通过的《延迟支付法案》(The Postponement of Payment Act)追溯批准了票据延期支付，并为接下来的公告提供了法律基础。按照财政大臣的说法，政府从来没有想过将延期支付仅限于票据市场，所以，第二次公告将延期支付扩展到其他支付方式。9月3日的公告将延期支付展期一个月，直到10月4日；而9月30日的公告将票据延期支付展期两周，直到10月18日，普遍延期支付展期一个月，直到11月4日。[5]雷丁起草的8月31日的《法院(紧急权力法案)》[The Courts(Emergency Powers)Act]，通过赋予法院推迟破产裁定的相机抉择权力，向因战争而无法偿付债务的债务人提供救助。[6]"实际上，这个法案体现了对8月4日前发生的绝大多数债务视情况进行延期支付展期，"一名当时的明白人指出。[7]直到战争结束的6个月，法案仍在实施之中。

劳埃德·乔治在贴现市场实施的"英雄主义的干预"使继续实施票据延期支付已经没有必要了。8月12日的冷藏计划确保所有存疑票据终结于英格兰银行，它们都在政府担保下被储藏起来。被劳埃德银行的查尔斯·柯布描述为"实质上的延期支付展期"的9月4日的举措向8月2日票据延期支付的票据承兑事务所提供了不必要的特别保护。10月19日恢复到期汇票支付要求，没有出现"任何大惊小怪的情况"。[8]

"延期支付是这个国家金融和商业的里程碑，"厄内斯特·塞克斯在《银行业与货币》一书中宣称：

> 当每一项努力都在保持货币流通时，它却阻止了货币流通。更重要的是，它导致了许多滥用政策的情况，银行家中就有大量滥用延期支付的例子，尽管他们的财务状况一点也没有受到战争的影响。[9]

即使是在紧急情况下使用，普遍延期支付也潜在地限制了经济活动，阻碍了经济活动按照正常轨道运行。实际上，银行和企业为申请救助，明显进行经济活动的自我限制。"尽管英国的延期支付政策尚在运行，人们只是以惊人的宽容态度对待它，"劳森观察道，"公共媒体得到的批评意见往往是原则性的、温和的、宽容的。商会不仅赞同，而且承担了大量的麻烦向会员们解释，并在其他方面助推这项政策的实施。"[10]然而，延期支付造成了企业极其严重的现金流问题，因为他们有义务支付工资和税收，但是，他们得不到其所拥有的全额货币。"有一位受访者告诉我们，无论何时，也无论何事，他要得到给付，都会被告知延期支付了，"《经济学家》报道称，"但是，当他要求申请对他未支付的义务享受同样的免责时，他会被告知不适用延期支付！"[11]艾格农·菲尔斯爵士提醒政府注意生产者问题以及对于就业的后续威胁。因此，他向政府提出计划，向存货提供融资，这个计划于8月11日财政部会议上被讨论，但是，被认为没有可操作性。[12]私下里,商业领袖们对银行的行为提出了尖锐的批评,也有对财政大臣的不满(参见第8章)。

8月19日税务局向企业发出10 000份问卷,询问在9月4日到期日到来时,他们是否赞成保留或取消延期支付。在8月27日收到的8 256份答卷中,4 653份答卷(56%)赞成取消,3 603份答卷(44%)希望保留。[13]"关于延期支付展期的观点都是基于个人所从事的业务表达的看法,"官方调查总结中指出,"生产者、普通商人以及零售商赞成不再延续延期支付,而金融利益集团和外贸利益集团则赞成继续实施延期支付。"[14]事实上,81位伦敦银行家中的78位赞成继续实施延期支付,227位伦敦出口贸易商中的157位持相同主张,2 897位各郡生产商中仅有973位持相同看法。诚然,许多生产商彻底醒悟了。

大量的生产商相信延期支付政策被有支付能力的贸易商滥用了,还有,银行家们劝他们的客户使用延期支付……还有一些人自由表达了自己的观点,如艾格农·菲尔斯爵士,认为这是对银行家有利、对贸易商不利的政策。[15]

8月24日财政大臣会见银行家们时,他尚未得到完整的质询结果,但是,已经清楚,大多数人反对延续延期支付政策。[16]舒斯特说,银行不再"获得延期支付的好处",事实上,9月初所有提取存款的限制都已经取消。可是,银行家们建议,考虑到战争局势的不确定性,延期支付应当维持下去。担心的是,如果战场形势逆转,就会发生挤兑。"现在取消延期支付而后又实施,将是致命的,"舒斯特说。取消延期支付还与重启证券交易所、发行战争债交织在一起。"如果证券交易所不关闭,每个大证券交易所都将倒闭,"舒斯特说。"他们没有延期支付,证券交易所不也关闭吗?"财政大臣反问道。舒斯特回答说,这不适用于外部索取权。"谁将致使他们倒闭?"坎利夫要求回答。舒斯特说,"向他们发放贷款的人。"坎利夫说:"也就是说,银行将使他们倒闭。"舒斯特说:"不止是银行。"坎利夫说:"实际上就是银行。"霍尔登说,"如果开启证券交易所,外国公司就会抛售所有股票,英国储户将买进它们。""这是我思考的问题之一,这是我所不希望的,理由很充分,"劳埃德·乔治宣称,"我希望首先考虑战争债的发行。"

　　财政大臣还在他的亲密顾问中征询意见。"延期支付至少再延续一个月,这是绝对必要的,"罗斯柴尔德勋爵提出这样的观点,"如果不再延续,结果将是灾难性的……海外贸易和商业将立即停止。没有人会关注新票据并承担新负债。我不能将我相信的观点强加给你,停止延期支付我们将承担惊人的后果。"[17] "恰逢其时地收到你的信,"劳埃德·乔治回信说,"讨论延期支付问题的内阁委员会议上拿到你的信……我采纳了你在信中极力提出的观点,我们已经决定将延期支付推迟一个月。"[18] 因此,8月31日星期一,财政大臣告诉众议院,基于各种原因,延期支付政策展期到10月4日。"我们很遗憾,政府决定继续在更大范围内实施延期支付,"一如既往的反对者、《经济学家》杂志的赫斯特指出,"我们的观点是,展期是完全没有必要的。"[19] 约翰·彼得斯(John Peters)认为,延期支付展期表明,英国政府一直将伦敦城的利益置于制造业和商业利益之上。[20] 更重要的是,对于普遍延期支付的胆怯与贴现市场的铁血干预形成了鲜明对比。但是，在不断升温的战争过程中，由于金融危机尚未解决，使用延期支付措施优先保护银行（而不是伦敦城）是可以理解的。

媒体报道了 9 月 30 日第二次的最后一个月展期延期支付的公告以及展期到 11 月 4 日结束，但是，未加任何评论。媒体的实际观点，正如《经济学家》杂志建议的那样，延期支付终结之后，考虑到战争环境，如果债务人无法履行义务，可以寻求《法院法案（紧急权力法案）》的保护，该法案设定了"对债权人权利履行的检查，不仅仅是关于延期支付所涵盖的债务。"[21] 最终，终结普遍延期支付的信号并没有造成银行和贸易商什么样问题的报告。11 月 10 日在市政厅的宴会上，首相简单评价了政府、银行家、商人采取的措施，认为战争爆发导致了金融错配，出现了金融困境，而所采取的措施克服了"前所未有的金融困境"。[22] 由于延期制度提供了"喘息机会"，"紧急措施"的"初期阶段"得以完成，结果是"非常令人满意的"。他宣称，鉴于在"国家极其危机"时期他的工作，授予沃尔特·坎利夫贵族头衔，英格兰银行行长得到如此高的荣誉还是第一次。[23] 遗憾的是，按照爱德华·格兰菲尔的说法，在他得到梦寐以求的头衔之后，坎利夫的"糟糕素质"却提升了，"没有人向他提建议，认为自己是无所不能的唯一人物。"由于 1916 年《财政大臣博纳尔法案》（Chancellor Bonar Law），他受到压制，他"几乎让政府将英格兰银行国有化了"。[24]

股票交易贷款

"虽然没有最严峻的问题需要财政部和伦敦城银行家们去面对，

但目前最复杂的问题就是股票交易问题。"劳森观察道。[25]《正直季刊》这样说,"在英国金融历史上所呈现的问题没有哪一个问题堪比证券交易所重启问题,造成了如此的不抱希望的意见多元化"。[26]纷乱复杂而又让人备受折磨的问题表明,在得到政府支持的情况下,最简单的办法就是让证券交易所关闭着。最大的问题是伦敦和各郡股票交易公司未偿付的短期债务问题,"竭尽全力的调查"后,发现伦敦和各郡股票交易公司未偿付的短期债务分别达到8 100万英镑和1 100万英镑。[27]普遍延期支付的终结对股票交易公司之间批发业务形成威胁,因为,虽然经纪人可以在《法院(紧急权力)法案》下寻求保护,但是,银行具有收回贷款的法定权利。然而,令人害怕的是,为了偿还贷款,大量证券的"强制性变现"会导致价格严重下跌和大量的违约。[28]"这里有种非常可怕的情况,"经济学家E. 维克多·摩根观察道,"很可能失去控制,造成恐慌。"[29]证券交易所、银行、财政部之间的讨论"令人遗憾地拖延着",《银行家杂志》评论道,"以至于方案被大家了解之前,普遍延期支付截止日已经到了"。

"协商情况表明,政府极不情愿直接支持证券交易所,"《泰晤士报》指出,"理由是,这将是向投机者群体提供帮助,而他们必须对自己所处的境地负责。"[30]相反,财政部对银行施加压力,要求他们对政府货币安排计划下得到的贷款进行补偿。相应地,银行决定,正如一家银行提出的那样,"像天使般对待他们的股票交易客户"。[31]10月31日的股票交易计划解决了贷款问题,收取国库券的银行承担贷款,直到战争结束一年后才收回贷款——但是,不再像对英格兰银行、出口商和棉花经纪人那样,没有政府的损失担保。没有得到国库券的、拥有未清偿贷款半数的小银行发放贷款时,有资格从英格兰银行获得贷款,并且得到英格兰银行对最终损失60%的担保。"财政部,"11月7日《经济学家》杂志评论道,"尽可能不去做任何事情,让证券交易所自我救赎。"[32]最终,这至少是最有利于政府的计划。英格兰银行提供的贷款总额仅有52万英镑。

财政部批准计划的条件是同意被要求的证券交易所重新开业,但是,对于政府和银行家们来说,重启证券交易所仍超越了底线。"在战争仍充满不确定性的时候,银行家们不希望看到证券交易所重新开门营业,"一位著名银行家、也是银行紧急事务委员会成员告诉《金融时报》说,"任何(军事上)的逆转都将导致卖出的想法,从而带来价格重新下跌……一旦这样的情况出现,只有一种可能,就是金融自杀行为。他认为,在国家战争债流动起来之前,重启证券交易所没有必要。"[33]

战争贷款

11月17日财政大臣介绍了战争预算情况。他要求对2.25亿英镑的追加信用投票。所得税翻了一番,每品脱啤酒追加了1便士税收,每磅茶叶追加了3便士税收,税收的总体增加预计可以带来额外6 600万英镑的税收收入。[34]但是,劳埃德·乔治为战争提供"银弹"的主要措施是3.5亿英镑的战争贷款计划。"这是世界历史上筹集的最大一笔贷款,"他告诉众议院说。[35]条件是3.5%的贴息,发行价为95英镑,赎回期限是1925～1928年。11月18日在媒体发布了招募说明书,并发布了公告。最小面额的债券为100英镑,发行的目标群体并非是小额储户。"劳埃德·乔治先生的大规模贷款计划,"《经济学家》杂志观察道,"意在求得富人和银行家们的帮助。"[36]财政大臣告诉众议院,涉及小储户仅仅消耗了邮政储蓄银行的储蓄额,"当前,对政府没有太大帮助。"[37]

11月12日财政部与伦敦清算银行委员会之间开始讨论银行预定贷款的事宜。在伯恩茅斯的霍尔登正患感冒,但是,他使用电报保持对话。他的副行长谈到劳埃德银行的亨利·贝尔:

(他)要我晚上7:00去见他。他告诉我说,他们见了财政大臣,刚刚回来……财政大臣要求,银行承担任何必要的认购数量,他说他希望银行做得漂亮一些。当他被告知有一两位不能立即回答这样的问题时,他开玩笑说,"如果你自己不能回答,可以互相代替回答"……

贝尔先生进一步指出,离开财政大臣之后,银行家们交谈了几句。里夫(Leaf,伦敦乡村与威斯敏思特银行主席)说,他的银行认购500万英镑,但是,其他人没有表态。贝尔对着维塞尔·史密斯(劳埃德银行主席)说了一些话,而后者提出,至于劳埃德银行是否认购500万英镑的问题,他们应当思考一夜。贝尔采纳了他的主席的意见,像这样大的额度,他们不应当提出意见。[38]

达到3.5亿英镑只是有节制的步骤,参加讨论的人均来自这个国家的大银行,对世界秘而不宣。贝尔说,财政大臣"似乎相当郁闷,他态度不明确,没有做出清晰的规划"。劳埃德银行领导人不确定"认购1.5亿英镑会更好。"在与财政部深入交换意见之后,在圣·阿尔德温勋爵的促动下,伦敦清算银行委员会承担认购量等于其活期存款账户的10%,总量为7 000万英镑。"我迫使他们让清算银行购买10%,"圣·阿尔德温勋爵写道。"霍尔登很有趣。他所认购的部分没有劳埃德银行认购的数量多。但是,当劳埃德银行报出其认购数量时,他却要坚持买入同样的数量。"[39]内陆银行和劳埃德银行——英国的两家最大的银行——每家率先认购1 000万英镑。估计非伦敦清算银行委员会会员银行将认购大约2 500万英镑(例如,史密斯·圣·奥本认购100万英镑)。[40]为了鼓励投资公共事业,招募公告明确了1亿英镑的债券销售已经有了着落,意即银行已经全额认购。银行的认购显著削减了其在英格兰银行的储蓄。

"我们请求公众帮助的结果是什么?我们请求这个国家大的金融利益集团帮助的结果是什么?"在11月27日众议院会议上财政大臣雄辩地说,"我们还没有筹集到全部贷款,但是,认购贷款已经超额完成了,最值得关注的事情不仅仅是大金融利益集团提供帮助——我非常高兴地看到他们有一种精神,他们给予我们所有的帮助。这项贷款有一个特点,就是大量的小额申请人站了出来……他们大约有100 000人。"[41]劳埃德·乔治的陈述是公然失实的。战争贷款是完全失败的。各家银行认购了1.06亿英镑,英格兰银行认购了4 000万英镑,但是,普通公众仅认购9 100万英镑,尚存缺口1.13亿英镑。为了掩盖失败,作为"心照不宣的承销人",英格兰银行安排行政兼出纳以及他的代理人私人认购余下的额度,资金来自于英格兰银行的秘密贷款。[42]在英格兰银行的公开账户中,这些安排被隐藏了。早期,财政部对英格兰银行还承担着救助义务。财政部经济学家R. G. 哈特利(R. G. Hawtrey)半个世纪后观察道,骗局就是"财政部最黑的秘密"。[43]史密斯·圣·奥本似乎也表示怀疑:"战争贷款完成了——超额认购,市场这么说的?"[44]杰里米·沃莫梅对于战争贷款原因的分析揭示了很多错误:发盘规模,基于预期支出而不是市场借款能力;在股票市场关闭的情况下,"在真空中"定价;复杂而混乱的结构安排,变动赎回期限的折扣发行;在展示和时机选择上本来可以避免的错误。[45]最后,遗憾的是第一个认购日,即11月18日,正是伦敦证券交易所"严峻的"、焦虑的清算日,这是伦敦证券交易所三个半月以来的第一个清算日。[46]

(伦敦证券)交易所开门营业

伦敦证券交易所重新开门营业带给5 000名个人会员的躁动逐步增加,他们越来越对站立在思罗格莫顿大街上感到不满——正如为人们所知的"战壕"——"为了捡拾到商业碎片"。"即使当他们被允许体面地从坚固的办公室里拿出他们自己的箱子,他们感觉更像是德国间谍,而不是'伦敦第二最佳俱乐部'的荣誉会员,这里假设众议院是第一最佳俱乐部,"10月初《金融时报》报道称,"幸运的是,天气条件令人相当满意。但是……荒唐的是,现在的现金处理系统很大程度上取决于好天气……非常多的人相信公开叫价是无害的,他们聚集在楼下的清算室,进行现金交易的讨价还价,而现在每天可以在大街上协商,也可以通过'电话'协商。"[47]此外,各郡交易所开始出现了非正式交易,从交易所会员手中抢走了业务。[48]

另一个不令人满意的地方是众多不同的私人现金交易集会,卖出是通过公开拍卖进行的,各大宾馆都开宣讲会,业绩最卓越的股票通过《每日邮报》公报。1912 年,由于伦敦证券交易所收取固定的经纪人佣金,《每日电讯》伦敦城编辑查尔斯·杜吉德发起了"《每日邮报》交易所"(Daily Mail Exchange),通过报纸的伦敦城版面上的小广告栏目匹配证券的买卖双方,降低了交易服务价格。杜吉德,时年 50 岁,大众金融新闻学的开创者之一,《波迈公报》伦敦城编辑,使《波迈公报》具有金融批评和评论的特点,他的畅销书《如何阅读关于货币的文章》(How to Read the Money Article)已经大量再版。[49] 1906 年诺斯克利夫勋爵(Lord Northcliffe)加盟《每日邮报》,他还担任《泰晤士报》和《观察家》的财经编辑顾问,还有诺斯克利夫给予的头衔。经营者不仅给予杜吉德的每日邮报交易所支持,而且使他成为联合报业(Associated Newspaper)的董事。[50] 1914 年 8 月 1 日星期六,《金融时报》和《金融新闻》用半个广告版面宣称:"由于证券交易所关闭了,《每日邮报》交易所向读者提供比过去更有价值的服务。希望将所持有的证券卖出去的买者和希望在当前的低价位获得证券并准备付钱的买者,都可以利用《每日邮报》交易所。写下股票名称、数量和报价,每一笔交易附加邮资 2/6 角。"《每日邮报》交易所业务繁忙,直到 1915 年 8 月停止了业务,"因为战争环境压倒一切,股票和债券交易停滞,而且战争新闻占据了我们所有版面。"[51]

1914 年 11 月采取了一个重大步骤,重启伦敦证券交易所——清算被搁置的 8 月中旬账户。有些会员和财政部迫切要求清算,而其他一些会员"强烈要求"推迟这项行动,证券交易委员会出现了分裂。[52]最后,经过"冗长的讨论",11月10日午夜做出决定,11月18日星期三进行"重大的"清算。《金融新闻》称这次"非常可怕的"清算为"最具历史意义的清算日"。[53]同时,劳埃德·乔治的大规模战争贷款计划在同日发布。"也许,这刚好有了一个沉默和对话的可选择话题,"媒体观察道,"但是,正如所发生的那样,清算比过去担心的要顺利得多,紧张的神经可以放松了。"清算"比任何人预想的都要轻松",当日仅有一家公司濒于倒闭,《经济学家》报道称。[54]

12月初,街面市场上的证券价格明显上升,提高到大约相当于证券交易所关闭时的水平。[55]市场恢复缓解了过早重启市场对银行的威胁,这种威胁可能源于作为贷款担保的证券大幅贬值。劳森在《金融时报》上撰文说,主张继续关闭交易所的人们转变成为"证券交易所的抗议者……四个月在思罗格莫顿大街的战壕里承受大风雪产生了一种好斗的精神"。[56]"有一个大心脏和大脑袋的"威廉姆·考克领导着股票交易谈判专家们与财政部、英格兰银行一起形成了重启证券交易所计划。[57]最终,12月23日宣布财政部批准新年开始时重启证券交易所。但是,交易受财政部的"严格"限制。所有交易只能是现金交易。对于证券有最低限制价格,以防止价格下跌对银行的威胁。参加重启的证券交易所交易资格仅限于英国出生和入籍的会员和职员。原籍为敌国的入籍会员必须满足证券交易委员会关于"放弃原国籍"的要求。[58]

"在战争金融史上,今天开启了一个新的时期,"1月4日星期一,《泰晤士报》宣称。[59]"交易所关闭持续了157天,它的终结上演了交易所大厅里一场爱国主义的表演,"《金融时报》报道说:

上午10：15一队队会员们集合起来了，又一次等待着进入大楼，那是5个月来被拒绝进入的大楼。门一开，他们便匆忙进入，重新熟悉过去的老地方。11：00，业务开始的固定时间，会员们聚集在像个大箱子的交易市场上，"查理"·克拉克（"Charlie" Clarke）先生站在一个台子上，手里拿着指挥棒，唱国歌它是关键的工具。在他身边聚集了几位交易所合唱协会成员，他们领唱……三个版本的国歌全部唱了，并且最后向国王山呼万岁。

　　参加者的数量比预想的要多得多。交易所里的反应向人们发出了战争号令，并得到了交易所开门时穿着咔叽布衣裳的大量会员们的支持……众多已经从交易业务中隐退的老会员也被告知参与活动，他们还保持着会员资格，希望他们出现在伦敦经历了大危机之后交易所重启时如此盛大的爱国主义的活动中。[60]

　　重新开门后的交易所第一笔交易是战争债交易。[61]随着证券交易所开业，作为《银行家杂志》标志性的月度报告"大危机"也就结束了。伦敦城完好无损，但是，伦敦城的业务已经转型，从为全球经济融资转向为英国和协约国战争融资。并且，还将有大量的事情会发生。

注释

1. Lawson 1915: 101.
2. Lawson 1915: 106.
3. 'The Moratorium', *Financial News*, 8 August 1914.
4. Pulling 1915: 18–28.'What the Moratorium Means', *The Economist*, 19 September 1914.
5. 'Moratorium Proclamation. The Final Extension', *The Times*, 1 October 1914.
6. Morgan 1952: 23.
7. Fisk 1920: 38.
8. Lloyds Banking Group Archives: HO/T/REP/1. Lloyds Bank Limited. Reports to the Finance Committee, 24 September–1 October 1914; Morgan 1952: 23.

9. Sykes 1937: 262.
10. Lawson 1915: 109.
11. 'What the Moratorium Means', *The Economist*, 19 September 1914.
12. TNA: T172/133. Conference with members of the Cabinet, representatives of Chambers of Commerce, and manufacturers, 11 August 1914.
13. HMSO 1914.
14. TNA: T172/162. Reports on the Advisability of Continuing the Moratorium: General Summary of Remarks.
15. TNA: T172/162. Reports on the Advisability of Continuing the Moratorium: Manufacturers, Provincial.
16. TNA: T172/136. Deputation from the London Clearing Banks, 24 August 1914.
17. TNA: 170/25. Lord Rothschild to the Chancellor of the Exchequer, 28 August 1914.
18. TNA: 170/25. Chancellor of the Exchequer to Lord Rothschild, 28 August 1914.
19. 'Extension of the Moratorium', *The Economist*, 5 September 1914.
20. Peters 1993: 142–7.
21. 'Ending the Moratorium and Protecting Debtors', *The Economist*, 3 October 1914.
22. 'The Financial Outlook', *The Times*, 11 November 1914.
23. 'Ministers and the War', *Financial Times*, 10 November 1914.
24. LMA: Ms. 21,799. Morgan Grenfell papers. Extracts of Correspondence Etc. US Exchange: 121–2.
25. Lawson 1915: 124.
26. 'The City in War', *Candid Quarterly*, November 1914: 942.
27. 'The Great Crisis IV', *Bankers' Magazine*, vol. xcviii (December 1914): 701; Morgan 1952: 26.
28. Lloyds Banking Group Archives: HO/T/REP/1. Lloyds Bank Limited. Reports to the Finance Committee. 30 October–5 November 1914.
29. Morgan 1952: 25.
30. 'The Stock Exchange. An Unprecedented Year', *The Times*, 22 January 1915.
31. 'The Great Crisis IV', *Bankers' Magazine*, vol. xcviii (December 1914): 125.
32. 'Stock Exchange Scheme', *The Economist*, 7 November 1914.
33. 'Stock Exchange Loans', *Financial Times*, 3 November 1914.
34. 'The War Budget', *The Statist*, 21 November 1914.
35. 'Chancellor Formulates a Bold and Vigorous Policy of War Finance', *Financial News*, 18 November 1914; Hansard (Commons): Lloyd George, 27 November 1914, col. 1553.
36. 'The War Loan', *The Economist*, 5 December 1914.
37. Hansard (Commons): Lloyd George, 17 November 1914, col. 374.
38. HSBC Group Archives: UK 158/6. Samuel B. Murray to Sir Edward Holden,

12 November 1914.
39. Hicks Beach 1932: 320–1.
40. LMA: Ms. 14894/24. Smith St Aubyn Business Diary, vol. 24, 18 November 1914.
41. Hansard (Commons): Lloyd George, 27 November 1914, col. 1554.
42. Sayers 1976: 81.
43. Peden 2000: 86.
44. LMA: Ms. 14894/24. Smith St Aubyn Business Diary, vol. 24, 23 November 1914.
45. Wormell 2000: 85–7.
46. 'The Critical Stock Exchange Settlement', *The Economist*, 14 November 1914.
47. 'The House-man in the Street', *Financial Times*, 3 October 1914.
48. 'Stock Exchange. Scenes at the Re-opening', *The Times*, 5 January 1915; Michie 1999: 148.
49. Charles Duguid (1864–1923). 'Mr Charles Duguid: Obituary', *The Times*, 15 December 1923.
50. British Library: Ms. 62202. Northcliffe papers, vol. L. Charles Duguid to Lord Northcliffe, 6 June 1912.
51. British Library: Ms. 62202. Northcliffe papers, vol. L. Lord Northcliffe to Charles Duguid, 24 August 1915.
52. 'The Critical Stock Exchange Settlement', *The Economist*, 14 November 1914.
53. 'Much-Dreaded Pay-Day', *Financial News*, 19 November 1914.
54. 'The Stock Exchange Settlement', *The Economist*, 21 November 1914; 'We Are Officially Informed that... Williams and Wimbrush Yesterday Ceased to be Members of the Stock Exchange', *Financial Times*, 19 November 1914.
55. Morgan 1952: 27.
56. 'Stock Exchange Revolt', *Financial Times*, 21 December 1914.
57. 'Obituary: Death of Mr Koch de Gooreynd', *Financial Times*, 7 February 1919.
58. 'The Great Financial Crisis VII', *Bankers' Magazine*, vol. xcix (February 1915): 216.
59. 'The Stock Exchange Reopens', *The Times*, 4 January 1915.
60. 'Reopening of the Stock Exchange', *Financial Times*, 5 January 1915.
61. 'Stock Exchange. Scenes at the Re-opening', *The Times*, 5 January 1915.

第四部分

前 瞻

11

全球金融危机

　　战争来临在全球大约50个国家诱发了金融危机。在类似"美食之旅"节目风格的这一章里,按照大地理区域顺序来概述这些金融危机:协约国及其欧洲联盟、同盟国(the Central Powers)、欧洲未参战国家、美国、英国、拉美和亚洲。关于危机的碎片化信息的关键资源来自于《贸易局杂志》(*Board of Trade Journal*),关于从8月13日星期四以来的情况形成了"延期支付法案与其他金融措施"的报告,报告对一个又一个国家发生的危机以及不断采取的危机应对措施进行了介绍。英国在全世界的大使馆和领事馆官员提供了信息,目的在于告诉贸易商和生产商海外市场上的经济和商业环境。各种各样的战争"日记"也是相关信息的补充(当时详细编年记录),这些"日记"发表在《经济学家》和《统计学家》杂志上,也有发表在其他出版物上的,尤其是《商会期刊》(*Chamber of Commerce Journal*)、《金融时报》和《金融新闻》。上述信息与海外报纸的报道、证券交易所的历史以及各种其他类型的记述结合起来,集腋成裘,形成了1914年全球危机的印象,尽管缺乏国别金融经济史。

在战前的几十年里,国际经济迅速扩张,被称为全球化的第一个时期——1914年59个国家实行的是金本位制。[1] 北美和欧洲国家是完全成熟的国际经济参与者,而拉美的绝大多数国家、亚洲的部分国家和南非通过其初级产品出口部门参与到国际经济中来,它们还是进口市场以及资金流动的接受者。第一次世界大战的来临,对于参与国际经济的参战国和中立国来说都是一场经济灾难。由于国有化和贸易、金融活动的中断,参战国的经济崩溃了。由于运输和资金流动的停滞,中立国也受到了打击。1914年8月出口急剧下降导致美国南部、埃及、印度的棉花生产者,巴西的咖啡生产者,马来西亚的橡胶种植者,智利的硝酸盐产业以及瑞士的旅游贸易普遍艰难和失业严重。随着皇家海军肃清了德国海上偷袭者以及各种海战保障计划的实施,对欧洲的出口在高昂的价格条件下得以恢复,从1915年开始到战争结束,许多参与国际经济的中立国迎来了经济繁荣。

战争爆发时国际经济的参与国经历了一场金融危机。金融危机的共同特征是抢夺现金——青睐的是黄金——造成的恐慌。这就导致了储户的银行挤兑和证券交易所的证券倾销。断崖式的储蓄下降和证券价格的急剧下跌预示着停业和倒闭。银行倒闭对整个经济体的债务违约造成威胁,导致健康的企业破产和严重失业。作为金本位制的一个关键特征,大规模地将纸币全部转换成黄金,对中央银行的黄金储备耗竭形成威胁,而中央银行的黄金储备是货币和金融信心稳定的基础。对于参战国来说,金融体系崩溃会造成战争融资更加困难。

在全世界,就像在伦敦一样,金融危机的到来"像晴天霹雳",立刻造成了严重破坏。至于危机应对,没有留给财政部长们和各国中央银行进行国际协商的时间,没有证据表明存在这样的国际接触。然而,全世界采取的措施存在明显的相似性,但是,也有一些显著的不同。1914年金融危机应对的最重要的措施是延期支付——现代美国法学家的定义是:

> 特定时期推迟进行偿付的一项法律授权,在这个特定时期债务托收无法维持。其设计是通过推迟债务到期日,保护债务人;通过暂时停止或延迟对第三方保有的权利的操作,保护债权人……

> 延期支付,可以是小范围的,也可以是大范围的。小范围的延期支付仅适用于汇票;大范围的延期支付包括除了那些被明确排除在外的所有债务。

> 宣布延期支付的权威源自特权,或来自于法律授权,这样的授权颁布在实行民法体系的欧洲大陆国家和拉美国家要比实行普通法系的英国和美国更加频繁。[2]

延期支付的目的是防止或限制支付违约,而支付违约则会诱发进一步的违约、证券价格崩溃以及造成信心和金融稳定恢复的不确定性的银行账户清空。一般而言,大范围的延期支付授权银行对储户的取款行为施加限制措施。应对危机的货币政策构成是终止纸币兑换金属货币(暂停金本位制)以及紧急现钞发行,通常是小面额的,以应对黄金囤积,满足对小面额钞票的需求。中央银行提高利率,保持或吸引黄金,限制黄金出口或造成黄金出口困难。欧洲主要国家的中央银行通过贴现和贷款方式向主要银行和商人提供大规模的支持。有时,政府也向困境中的银行提供贷款。

延期支付有四种主要形式:(1)"小范围的"或"汇票延期支付",推迟已经到了支付日期的清算日至将来的某一日。(2)"大范围的"或"普遍的延期支付",具有多种形式和规模,对于合约和债务广泛使用,被排除的例外,且视情况和时间变化而有所变化。还有中断支付的方式,尽管被《贸易局杂志》称为"其他金融措施",实质上就是延期支付。(3)"节假日",它中断了支付和合约,停止某个时段的商业活动(有时,依法仅适用于银行的"银行假日"具有相同的效果)。(4)证券交易所关闭或停业,将证券交易停止在备案的价格水平上,这样就终止了官方价格进一步下跌。这几种延期支付措施在效果上相辅相成。汇票延期支付和普遍延期支付既可应用于国内债务,也可应用于对外债务(或同时应用于两者)。第一次设定一个限定时期,通常为1周或1个月,汇票延期支付和普遍延期支付经常被不断续期。它们打断了商业和经济活动,商业界和公众会强烈要求取消,尽管要求保持下去的银行会形成反作用力。在一些国家,当局势被视为合适时,就会终结普遍延期支付。在其他一些国家,每一次续期措施,条件都会逐步提高。在有些国家,多次续期之后,"战争持续期间"它们成为永久特征(阿根廷、意大利和尼加拉瓜),或者,"无限期的措施"(比利时、保加利亚和罗马尼亚)。

媒体在评论中指出,金融评论家,也许是政策制定者,了解在1870~1871年法国—普鲁士战争期间法国重复使用的延期支付措施。另一个先行者是1912年巴尔干战争中的希腊,1914年9月的措施仅仅是 1912 年延期支付法案的复活。[3] 1910 年和 1912 年在海牙召开的关于汇票和支票的国际会议上,赋予"延期支付效果的法律和正式地位"问题经过长时间讨论。[4] 出席会议的英国代表包括不知疲倦的弗雷德里克·哈斯·杰克森。在 1912 年的会议结束时,20 个欧洲和拉美国家签订了协议,形成了一个监管汇票的统一国际法,但是,批准因战争而受阻。[5] 法国和德国是签字国,而英国和美国不是签字国。或许,这些都提醒财政部和中央银行,延期支付可以作为危机应对措施。

1914 年金融危机期间,有 9 个欧洲和中东参战国:"三个协约国"——法国、俄罗斯和英国,以及他们的联盟:比利时、塞尔维亚、黑山共和国,这是一个阵营;另一个阵营是德国、奥匈帝国,加上 11 月初介入战争的土耳其,构成了"同盟国"。在广阔的世界范围内,英国的领地和殖民地——澳大利亚、加拿大、印度、新西兰和南非,法国属地和德国属地都拿起了武器,1914 年 8 月 23 日,日本站到了协约国一边。

协约国及其欧洲联盟

"在混乱状态下",7 月 27 日星期一巴黎证券交易所外的"非官方的"或称为"外部的"市场关闭了。[6] 官方交易所仍保持开门营业,但是,业务处于停滞状态,7 月 30 日星期四决定延迟清算,时间为自次日到 8 月末(这就触发了伦敦证券交易所的关闭)。巴黎交易所保持开门营业状态是政治性的决定,会员受财政部"规则"的约束。[7] 金币和银币已经在流通中消失,法国银行承受着"货币需求的巨大压力。"[8] 巴黎拉扎德公司(Lazard Freres,即雷达飞瑞公司。——译者注)的安德烈·拉扎德(Andre Lazard)写信给公司纽约合作伙伴说:"就我们看来,如果希望避免光荣而保守的交易所的大量倒闭,不可能不在48小时内出台延期支付措施……塞利格曼(Seligman)、法兰西银行、北方银行都处于困境之中。公众大量提取储蓄存款,里昂信贷银行也处在风雨飘摇之中……普遍冲击的结果是,货币被囤积,50法郎或100法郎的纸币很难找零。"[9]

7月31日星期五,法兰西银行宣布向银行发行20法郎和5法郎的小面额法定纸币,这些纸币早就印制,存放在法兰西银行位于各地分行的金库里,作为应急防范措施。[10] 那日,政府还宣布票据延期支付(阿尔及利亚和突尼斯同样适用)。另外,还规定了银行账户的取款限额,不得超过250法郎(10英镑)以及账户余额的5%,每两周从邮政储蓄银行取款不得超过50法郎(2英镑)。8月1日星期六,法国进行了全国总动员。8月3日星期一德国宣战。

法国立即动员300万人,"无数家庭放弃了正常的营生,导致产业和商业活动的全面停顿,"《经济学家》指出,"铁路运输出现了阻塞,在巴黎不得不宣布实施戒严令。"[11] 额外的混乱是,8月10日颁布了总统令,实施涵盖各种支付的延期支付措施,即"全面影响的"延期支付措施。[12] 同时,8月6日法兰西银行停止铸币支付并且纸币发行从680万法郎(2.72亿英镑)提高到120亿法郎(4.8亿英镑)。法兰西银行关注的是提高贴现规模并向银行贷款,希望接受贷款的银行将获贷资金的大部分为国家提供融资。因此,8月10日法兰西银行收紧了向银行提供帮助的条件。另外,银行受到财政部关于限制贷款的严格指示。[13]"这些措施的效果是,至少三个月的时间里信用体系几乎完全崩溃,"凯恩斯在 1915 年 1 月为财政大臣所写的备忘录"法国金融提示"中写道,"银行全部停止发放贷款……到 8 月末,法国形势已经变得极其严峻……产业已经完全失序,失业达到了危险的水平。然而,所有这些情况都没有能够被国家信用措施所阻止……诚然,信用崩溃扩大了事态。"[14]

法兰西银行将 41 亿法郎(1.65 亿英镑)的黄金储备投入战争,其中的 4.75 亿法郎(1 900万英镑)是 1914 年前 6 个月内筹集的。"第一要务"就是进一步增大纸币发行,从而保持或增加黄金储备。[15]凯恩斯对法兰西银行的"极端保守主义"提出批评,从 7 月中旬到 10 月,法兰西银行的贴现和贷款从 15 亿法郎(6 000万英镑)提高到 45 亿法郎(1.8 亿英镑)。德国军队进攻到距离巴黎仅有 40 公里的地方,这导致 9 月 2 日政府迁往波尔多,巴黎证券交易所关闭。[16]交易所在波尔多又重新开门营业,"但是,标价在很大程度上是人为的,交易量极其受限。"[17] 12 月 7 日,政府重回首都巴黎,巴黎交易所重新开门营业。开始时"实质阻碍了"商业活动的普遍延期支付措施在秋季开始松动了,8 月 20 日释放了 15% 的储蓄,9 月 30 日释放了 40% 的储蓄,12 月 31 日释放了 100% 的储蓄,"这极大缓解了局势。"[18]但是,延期支付的彻底消除是不可能的,因为它可以对服务军队的机构提供保护。[19]

在比利时,布鲁塞尔交易所和安特卫普交易所于 7 月 29 日星期三关闭。8 月 2 日星期日发布公告,实施票据延期支付,限制从银行提取现金。8月3日德国入侵引发了对金融危机的担忧,不久,全国被德国占领。在俄罗斯,7月30日圣彼得堡交易所关闭,8月2日星期日发布公告实施票据延期支付。这项措施在10月中旬还延展到"普通合约产生的债务"。[20]俄罗斯进入战争时,在所有国家中拥有最高水平的黄金储备,然而,很快便"陷入金融困境"。[21]延期支付措施不断被修改和展期。最终,圣彼得堡证券交易所于1916年12月才重新开门营业。

同盟国与土耳其

萨拉热窝谋杀案发生后的数周里,因担心发生战争,维也纳交易所变得"相当低迷"。7月23日星期四,奥地利向塞尔维亚发出最后通牒之前,就有大量的卖出行为,通过"转换成奥地利纸币",内部人开始变现。[22]见证人记述道,新闻触发了立即争抢黄金、白银,甚至辅币。[23]通过维也纳交易所和布达佩斯交易所,这样的情况"向电流冲击一样传递着",7月26日星期日下午这两家交易所委员会决定关闭。街道上的场外证券交易也被严格禁止。[24]奥匈帝国银行(The Austro-Hungarian Bank),即中央银行,对紧急事态的反应是,7月26日利率从4%提高到5%,8月2日提高到8%。因应新闻的英格兰银行将英格兰银行利率提高到"令人眩晕的"10%。[25]由于不断提高的危机水平使公众恐慌达到了顶点,损害了产业和商业活动,奥匈帝国银行后来提升利率的措施遭到批评,抱怨与对于英格兰银行的抱怨相似。"奥匈帝国银行无需保护黄金,因为无票据可得,"奥地利的《奥地利国民经济》(*Oesterreichische Volkswirt*)指出,"黄金不会离开国家,任何利率提高也不会使之进入这个国家"。[26]但是,国内取款消耗了黄金存量,票据和纸币的流通量飙升。

7月31日宣布实施涵盖票据和银行账户的延期支付措施,同日,奥地利进行了全国战争动员。为了阻止银行挤兑,银行被允许将取款限制为储蓄存款的3%,每日最大取款额度为200克朗。锁定公众储蓄存款导致不安全感,有时还伴随着恐慌。继纸币发行扩张之后,发行的纸币的40%由黄金担保的法定要求于8月4日暂停执行。因此,增加发行的纸币的担保采取了国家贷款的形式。8月20日中央银行的利率降低到6%,1915年春季降低到5%。但是,企业无法获得信用,导致企业倒闭和失业。军事动员和交通混乱加剧了经济下滑和经济困难。开始时,政府通过向银行借入短期贷款来满足战争花费,而银行通过中央银行借款来满足需要。英国战争债发行的前一天,11月16日奥地利和匈牙利两国进行了大规模的战争债券发行,从具有爱国主义热情的公众那里和强制性安排的银行那里筹集所需资金。

在德国,7月中旬因其盟友维也纳导致的战争焦虑,柏林交易所"很受影响"。[27]另一个因素是7月18日德累斯顿银行卖出证券并诱发了"极大混乱",后来,爱德华·霍尔登爵士称之为"欧洲战火的第一次半官方宣告"。[28]7月24日星期五,奥地利最后通牒发出后的一天,出现了大量抛售,价格下跌因希望交易所继续经营的银行集团的买入而有所缓解。[29]银行集团很快便承受不住了,奥地利向塞尔维亚宣战后的7月29日星期三,报价和账户交易停止了。7月31日星期五,现金业务停止,尽管交易所为了会员们使用仍维持开门。德国交易所最终于 1917 年 12 月才重新开门营业。[30]

在 1911 年阿加迪尔危机期间,柏林经历了严重的金融混乱,当时,现金需求推动帝国银行的纸币发行超出了法定黄金偿付比率规定的上限(在政府默许的情况下)。此后,由于战争恐惧,如何准备应对战争危机在德国银行家和经济学家中引起了"巨大争论"[31],金融历史学家杰拉德·费尔德曼(Gerald Feldman)称帝国银行的战争计划"堪比施里芬计划"。[32]其策略是为了得到允许大规模发行纸币,尽量积累黄金,在不破坏 1/3 黄金偿付比率的条件下,满足政府战争支出的需求。增加中央银行铸币持有量的一种方式是,在德国每天的交易中用小额现钞替换构成流通中货币 2/3 的金币。这种方式之所以能够实行,是因为战前发行了小面额帝国纸币和帝国财政部纸币(国家法定货币)。1914 年初,帝国银行的黄金储备是 120 亿马克(6 000 万英镑)。此外,还有政府"战争基金"1.2 亿马克的黄金,即存放在施潘道塔楼中 1871 年法国战败的赔款。作为预防措施,帝国银行印制了小面额纸币存放起来,以备应急使用,并且要求各家银行增加其黄金储备。

从 7 月 27 日开始,德国银行经历了"非常严重的"挤兑,出现了普遍的黄金囤积,总体上储蓄下降了 20%。[33]对于银行为贴现和贷款增加的资金需求,帝国银行的应对措施是于 7 月 28 日星期二将利率提高到 6%。[34]经历了高水平的存款提取,银行按照纸币账户余额的 20%定额向储户提供黄金,这也回应了英格兰银行的行为。帝国银行"被急于将纸币兑换成黄金的人群包围了"。[35]《经济学家》驻柏林记

11 全球金融危机

者报道说,7月31日星期五政府的战争警报激起了"剧烈的货币恐慌"。[36]那天,在支出1.63亿马克黄金之后,帝国银行停止了纸币与黄金的可兑换性,私人银行也如法炮制。[37]柏林的军事长官发布命令指出,纸币是法定货币,任何人不得拒绝,否则,予以惩罚。[38]可是,8月2日星期日,当国会议员彼得·汉森(Peter Hanssen)在餐馆坐下来时,"非常激动的"服务员提醒他,他们无法找零,"大票子……每个人来这里都带着100马克的纸币"。[39]次日,汉森尝试着用20马克纸币付款。"你有没有银币?"服务员抱怨着,然后去换零钱。15分钟后他回来,空手而归。汉森只得挂账。[40]"特别值得欣慰的是,政治危机的高潮仅仅持续了5天,"帝国银行行长鲁道夫·冯·哈芬斯坦因(Rudolf von Havenstein)观察道,"如果持续数周,危机和恐慌将慢慢遍及全国,将严重削弱帝国银行的实力。"[41]

为了准备同俄罗斯和法国的战争,8月4日星期二,德国实施了5个战争金融法律,这是危机前帝国银行已经准备好的,这些法律规定了战时金融秩序。[42]最重要的是暂停中央银行业务法律,解除了帝国银行接受纸币、兑换黄金的义务(对于自7月31日以来的做法进行了追溯批准)。为了战争需要,帝国银行被批准进行短期帝国财政库券的贴现,对于商业票据亦如此,以达到投放纸币的目的。相应地,政府向帝国银行转移了战争黄金基金的控制权,以增加帝国银行的黄金储备。为了解决小面额纸币的稀缺问题,各种纸币均被宣布为法定货币,低面额纸币和银币的新供给"快速增加"。[43]另外,创建了新的信用贷款银行(战争信贷银行),与帝国银行一起,以"货币权证"的形式向小商业和公众提供贷款。[44]初始计划发行15亿马克(7 500

万英镑),到 9 月便提高到了 30 亿马克。"不仅在股票市场上增强了贷款可得性,而且在各类非耐用品市场上也增强了贷款可得性,贷款业务可以小到 5 英镑。"《泰晤士报》指出。"贷款"权证几乎视同纸币,尽管公众并无义务在支付中接受它们。这样做的主要目的之一就是基于公众已有投资资产,增加他们的借款能力,旨在获得新的战争贷款。[45] 总体结果是德国纸币发行量的"惊人"增长以及马克对中立国货币的"显著贬值"。[46]

在战争爆发时,所有交战国中唯有德国没有实施普遍债务延期支付措施,尽管存在着各种利益集团和商会的压力。然而,支票和汇票行为的严格监管得以改变,允许因战争而导致的延期。但是,帝国银行赋予的使命是,德国经济活动不应因普遍延期支付而受到拖累,而按照帝国银行设计的金融法,实施延期支付是可能的。9 月末,哈芬斯坦因指出:

> 全世界没有哪一个民族像德国那样,信用水平那么好;也没有哪一个国家像我们一样,经济进步依靠信用及其维护……在任何情况下,我们都必须维护债务偿付和偿债义务。所有金融动员的准备都要基于此,这也高度证明了,也是我们真正感到骄傲的,我们是这个地球上最具有生产力的国家,能够卓然而立,即使不采取延期支付,也能够渡过难关……

经济活动延续的前提条件是原有的信用资源最大化地扩展,基于战争财政资源的缓慢增加,帝国银行慷慨提供信用,以及最初需要的战争法案提供的扩大了的信用弹性……[47]

随着秋季的储蓄恢复,金融恐慌是短期的。12 月帝国银行将其利率降低到5%。由于抑制了储蓄给付和对信用的限制,银行的行为遭到了公众批评。就银行体系总体而言,可以说,鉴于1907年和1911年的经历,对危机的抑制比预想的要好,"英国经济学家P.巴瑞特·维尔(P. Barrett Whale)在战后所写的著作中观察道,"初看起来似乎相反,在某种程度上1914年形势被解说得异常严峻。"[48]

战争使德国产业和商业中的问题大量涌现。承担了70%德国贸易的海上运输停顿——英国海军的封锁以及百万之众的军事动员,造成经济严重破坏。与依赖进口原材料的产业一样,出口"彻底被摧毁"。[49]起初,除了战争产品和农业,其他经济活动停顿,并伴有大量裁员。但是,充沛的纸币很快缓解了信用问题,没有采用延期支付作为阻止金融危机的措施,而帝国银行战时货币政策措施的通货膨胀后果是将来的一个大问题。

从1912年和1913年巴尔干战争以来,土耳其的金融就是无序的,金融危机爆发触发了"惊人的恐慌"。8月2日,君士坦丁堡的绝大多数银行都关闭了。《金融时报》"巴尔干地区的特邀记者"J.B.布兰德瑞斯(J.B. Brandreth)眼见为实地记述道:

恐慌开始于维也纳银行联盟(Wiener Bank Verein)君士坦丁堡支行遭到的严重挤兑,最终被迫停止给付。当前一晚土耳其政府发布公告宣布对所有票据和到期债务延迟一个月支付、禁止黄金出口时,极度恐慌的气氛就弥漫开来……今日上午这种情况达到顶点,银行承受了暴风骤雨般的冲击。奥斯曼帝国银行(Imperial Ottoman Bank)、东德意志银行(Oriental Deutschebank)、里昂信贷银行、萨洛尼卡银行(Bank of Salonika)、土耳其国家银行(National Bank of

Turkey)以及其他金融机构一开门,愤怒、恐慌的土耳其人、黎凡特人、欧洲人构成的人群便冲向其大门。

警察和保安努力维护秩序。东德意志银行很快便关闭大门,由于没有黄金满足汹涌的挤兑,停止了给付。里昂信贷银行……将黄金全部支付给了储户。带着恐惧和兴奋的人们,脸上流满了汗水,扛走了一包一包的黄金,对于小偷来说那里是极易犯罪的地方。绝大多数其他著名银行,无论是土耳其的银行,还是外国银行,很快便放弃获得现金流的希望,寻求延期支付的保护,立即停止了支付,并关闭了大门。

那一日,议会通过了所有债务普遍延期支付一个月的法案,银行纸币与铸币的可兑换性被终止,并且,银行取款额被限制在存款账户额的15%。[50]一周后,奥斯曼帝国银行发行了小面额纸币。[51]《贸易局杂志》在10月报告说,限制措施的影响是,对于任何储蓄账户,没有银行支付额超过10英镑,借款出现阻碍。"在这样的环境下,"驻士麦那(土耳其西部港市)的总领事写道,"商业突然出现死亡般的停滞,士麦那的大量企业破产,大量的雇员被解雇。"[52] 1914年11月土耳其进入战争,金融与经济形势更加恶化,延期支付措施在1915年及以后不断被展期。

欧洲未参战国家

欧洲和环地中海的未参战国家的所有证券交易所关闭,"以免受到冲击,一旦受到冲击,将万劫不复"。[53]其中,10个国家采取了某种类型的延期支付措施,它们是保加利亚、塞浦路斯、丹麦、希腊、意大利、挪威、葡萄牙、罗马尼亚、瑞典和瑞士。除荷兰外,货币与贵金属货币可兑换的国家停止了铸币支付。由于船运出现问题、市场错配以及来自伦敦的贸易融资消失,所有中立国家的出口产业在战争的前几个月里均受到严重影响。结果是到处呈现失业和经济困难的景象。

"在所有中立国家中,瑞士可能是受战争冲击最严重的国家,"1914年12月《经济学家》指出,"似乎损失的最多而获得的最少。仅当他们把自己的命运与比利时人和波兰人的命运比较时,瑞士人才感谢上帝。"[54]危机诱发了银行挤兑,7月30日停止了纸币与黄金的兑换。8月2日实施了票据延期支付和实质上银行业的延期支付,活期账户取款仅限于200瑞士法郎,储蓄账户取款仅限于50瑞士法郎。法院被赋予了保护因战争处于困境的债务人的权力。瑞士的延期支付政策于10月1日结束。[55]瑞士旅游产业遭到"严重破坏",政府建立了贷款办公室,瑞士国民银行向瑞士的商业实体提供贷款。巴塞尔、伯尔尼、日内瓦和苏黎世证券交易所在7月30日关闭。有趣的是,日内瓦交易所早在8月20日重新开门时进行了债券交易,然而,直到1916年中期,瑞士证券交易所却一直关闭着。[56]

斯堪的纳维亚半岛的中立国家忍受了出口的崩溃,因为北海的"残酷的海战方式"(矿产品和其出口物品作为"违禁品"扣押)以及缺乏贸易融资。[57]挪威和瑞典建立起国家海洋保障计划。哥本哈根、克里斯提娜(奥斯陆)、斯德哥尔摩证券交易所在7月27日星期一危机开始时关闭。接着,实行了普遍延期支付,续期到1915年。丹麦的延期支付措施仅适用于对外负债,瑞典也实行了差别对待措施。但是,没有出现银行危机,以及"尽管银行业和贸易受到严重干扰,没有出现恐慌"。[58]

在意大利,"8月份布满了恐慌气氛。"[59]街面上的非官方市场证券价格"严重下跌"并出现"剧烈波动"。忙乱地宣告实施延期支付和救助措施。投放货币的三家银行被授权增加1/3的纸币发行量。[60]遭受"信任危机"的其他银行被允许将支付限定在储蓄额的5%。[61]采用延期支付措施的银行备受公众责备:

> 不是保护公众,而是保护他们自己,获得通常信用的困难增加了商业资源的错配,并立即破坏了对外贸易。政府通过增大货币发行量出面实施救助,为国内交易提供了流通媒介,然而,有时满足需要黄金偿付的外债支付仍相当困难。到10月中旬,由于从货币发行机构获得了贴现政策的支持,银行不同程度上恢复正常。[62]

在危机发生的最初时期,葡萄牙经历了"里斯本小恐慌"的煎熬,但是,通过"逮捕操纵局势的一些人,并且通过拥有充足铸币的葡萄牙银行应对储户的短促挤兑",局势得到了控制。[63]战争爆发导致西班牙"前所未有的恐慌"。在时尚休闲胜地圣塞巴斯蒂安,拒绝接受英国法定货币。"我第一次见到身无分文的百万富翁,人们拒绝接受黄金。"困惑不解的英国记者报道说。[64]

从7月28日开始,荷兰的银行经历了数日的"讨厌的挤兑",邮政储蓄银行暂时使用了对储户为时两周的延期支付权利,这样做"造成了极大的不便,也遭到了批评"。[65]银币被普遍囤积,造成了零钱短缺。有传言说,荷兰银行,即中央银行不得不停止纸币兑换黄金,却导致人们拒绝用于支付,人们带着椅子和草席在银行门前排起长队。阿姆斯特丹银行(Amsterdan Bank)、英卡所银行(Incasso-Bank)和鹿特丹银行(Rotterdam Bank)每家银行的取款都达到了其一半的总资产。[66]在黑市上,具有更强烈的银币需求愿望,10荷兰盾钞票仅仅买到8荷兰盾银币。商会开始发行自己的紧急代用券,用来支付工资。尽管坚持纸币的法定地位,但是,为了满足公众对银币的需求,中央银行和各家银行在政府担保下发行了弥补银币不足的小面额银券,名曰"银票",8月7日进入流通过程。[67]

关于荷兰的商业活动,《经济学家》观察道,"已经完全失去了方向",7月29日星期三,阿姆斯特丹证券交易所关闭,而交易所承担着交易所和货币市场双重功能。[68]荷兰企业习惯于利用剩余资金向经纪人发放短期贷款。现在,他们发现自己的现金被锁定了,另外一些企业也难以获得传统上的短期商业信贷。[69]荷兰银行建议超发2亿弗罗林(货币名称。——译者注),通过贴现和贷款,提供流动性,部分损失可以由受救助的银行集团补偿。为了实施这个计划,政府降低了中央银行法定黄金准备的要求,从纸币发行量的40%降到了20%,禁止黄金出口,这样,尽管没有完全放弃金本位制,但是,已经有了重大改变。该计划成功地缓解了救助需要。现金支付没有完全停止,但是仅有铸币支付与小面额纸巾支付,比例为一半对一半。荷兰没有实施延期支付,但是,有这样应对"严重逆反局势"的法案,即允许应"当前非正常形势"而处于临时财务困境的债务人从法院获得其债务展期的权利。[70]证券交易所置于政府的监管之下。"受到媒体赞扬而得到支持的"各项措施成功地稳定了局势。

美　国

　　7月30日星期四,纽约证券交易所见证了"一次惊人的交易活动……伴随着价格剧烈下跌"。纽约证券交易所总裁亨利·诺布尔(Henry Noble)指出。[71]下午,证券交易所官员和著名银行家召开会议讨论关闭市场问题,那日证券价格下跌了6%,自星期一以来下跌了10%。[72]但是,银行家们反对关闭,因为,保持开门营业,纽约就有机会成为"世界金融中心",诺布尔说,此外,还因为他们并不相信将会发生价格崩溃。[73]次日上午9:15纽约证券交易所监管委员会召开会议,开市锣声敲响前45分钟传来了伦敦交易所关闭的消息,诺布尔回忆会员们报告称:

　　全世界的卖单潮水般涌来,价格是毁灭性的。全国证券持有人都处于恐慌状态。无法描述当时的紧张状态,相互询问的50人左右的一群人显得非常激动,在45分钟里他们被难解的灾难造成的压迫感控制了……

　　证券交易所里的人们被要求等待参会银行家们的口信。在没有得到任何口信的时候,纽约证券交易所已经决定采取行动:

　　厄内斯特·格罗斯贝克(Ernest Groesbeck)先生推动交易所关闭,直到有进一步的公告。这项动议被采纳,并非无记名投票表决,但是,绝大多数人赞成……这时离10:00差4分钟……这个信息传给了报价员,公布在行情消息中。这样,10:00之前,交易大厅焦急的经纪人们便得到了信息……得到了赞许的欢呼声……

> 这些事情在焦灼的几个小时内集中发生……对于参与其中的人来说,与其说是真实的,不如说是一场梦魇。[74]

金融史学家威廉姆·希尔博(William Silber)强调的另一个因素是来自华盛顿关闭大盘的指示。[75]财政部长威廉姆·G.麦卡杜担心欧洲证券在纽约证券交易所的大规模抛售会触发美国银行的倒闭,迫使美国终止金本位制。据估计,欧洲拥有超过40亿美元的美国证券。美国国民银行(在华盛顿的货币监理署注册)拥有10亿美元的黄金储备。这意味着,如果欧洲卖出40亿美元证券的25%,并要求黄金支付,由于在金本位制下银行有义务这样做,那么,美国主要银行的黄金储备就会一扫而空。仅仅拥有3亿美元黄金储备的纽约各银行地位非常脆弱,在黄金外流的压力下,绝大多数纽约的银行必将倒闭。一个可行的解决方案是停止美元兑换黄金,但是,这恰恰是麦卡杜想要避免的(见第9章)。美国正在创设中央银行——联邦储备系统——的过程中,受1907年金融大恐慌的警示,其旨在增进货币稳定性,在这个体系运行之前,美国货币失去信用则会颠覆这项事业。更重要的是,终止美元兑换黄金则是对美国政治家、银行家用美元抗衡英镑、纽约与伦敦争夺国际金融领袖地位的抱负的严重挫败。正如凯恩斯提醒劳埃德·乔治那样,终止英镑的可兑换性将违背伦敦作为金融中心的卓越地位,财政部长麦卡杜相信终止美元的可兑换性将毁掉美国的机会。关闭证券交易所,使欧洲人失去卖出证券的机会,保护了美国,避免了黄金外流。

麦卡杜鼓励并采取了其他措施以稳定金融局势。为了应对国内提取黄金,7月31日他援引了1907年金融大恐慌背景下通过的、

1908年《奥德利奇—瑞兰法案》(Aldrich-Vreeland Act)，批准了高达5亿美元紧急货币发行，提供给各家银行。[76]纸币已经印好，存放在位于华盛顿特区财政部的特别金库里，将从那里发送到全国各地财政部的分支机构。8月3日，在武装押运下，涌来"20辆邮政大卡车装运"，新货币到达了纽约，《纽约时报》报道说，"吸引了大量的关注"。[77]美国国民银行发行的银行券的持有人有权利换取黄金，向财政部各分支机构运送的钞票也具有同样的意义。到8月末，2亿美元的应急货币提供给了银行，代表着国民银行的银行券增加了25％。[78]通过清算所贷款权证的发行，银行进一步增加了流动性，这是1907年金融大恐慌中他们得到的许可，有助于在银行间结清债务，节约货币使用。[79]9月，2.1亿美元的银行间权证在流通过程中。应急货币和清算所权证明显地缓解了形势，到9月中旬，银行危机过去了，没有实施延期支付政策。

美国中央银行的组建与金融危机交叠在一起，从而影响了证券交易所重启的时间表。创建联邦储备系统是国会于1913年12月批准的，但是实施中因不同意见而受到阻碍，进展缓慢。危机发生时，联邦储备委员会的5位外部成员被提名，但尚未得到国会的确认。联邦储备委员会于8月10日开始工作。麦卡杜落实了建立12个区域性联邦储备银行的工作，但是，还有一些实际问题，如高级金融管理者尚待确定、新体系的功能尚待决议。特别是有一种担心，尽管相对于英镑，美元高于黄金输出点，但是，会员商业银行会持有其黄金，而不持纸币。如果这样，在开始时就会破坏联邦储备系统的权威性。[80]麦卡杜希望10月2日开始运作，但是，不得不在11月6日解决问题。11月11日纽约市场上英镑下跌到4.89美元——黄金输出点,次日触及4.86美元的金平价,清算就处在这样的范围内。"外汇市场崩溃了,"《华尔街日报》(*The Wall Street Journal*)报道称,"自宣战以来,汇率的当前水平是市场可及的最低点,标志着常态的恢复。"[81]这样就消除了商业银行囤积黄金的激励因素。它们申购联邦储备银行资本的80%为黄金。

美元—英镑汇率恢复到正常水平缘于美国大量黄金海外给付,从8月到10月总计海外支付黄金为7 800万美元,但是,主要原因是恢复了农产品向英国、法国和欧洲中立国(德国被封锁了)的海上运输。[82]由于战争风险导致的海运和保险问题,8月份跨大西洋的贸易停止了。作为因应措施,美国财政部成立了战争险保险委员会,向通过战区的美国船运公司提供低成本的保险,9月28日开展业务。到了10月中旬,英国肃清了大西洋上的德国掠夺者,10月26日英国大使照会国务院说,棉花不再被视为禁运品,不会被皇家海军掠走。棉花和其他产品向欧洲的海运恢复了,对美国的支付额提升,从而校正了汇率。

在创建联邦储备系统和汇率正常化的过程中,华盛顿要求重启美国证券交易所,以"缓解国家货币体系的紧张局势"。[83]7月31日,纽约证券交易所关闭,接着,全国证券交易所关闭,仅有一个例外,就是丹佛的科罗拉多矿物交易所,当地的采矿公司是上市公司。[84]证券不在纽约证券交易所交易的纽约股票场外交易市场(美国证券交易所的先驱)位于百老汇大街之外,也在此列。纽约证券交易所委员会尽可能地监管着会员们和其他成员执行停止交易的决定。[85]然而,仍然有人想买卖证券,于是,非官方市场交易——拍卖和店头交易——立即涌现出来。[86]亨利·诺布尔回忆道,"像谜一样的人"被注意到,"在位于纽约证券交易所背后的新街走走停停……偷偷摸摸的一小群人变成了一大群人,10:00开始交易,交易一直持续到下午3:00结束。"[87]纽约的媒体提及过新街市场,但是,只有《清晨电讯报》(Morning Telegraph)公布了新街市场交易价格。纽约证券交易所对这个"忽明忽暗的市场"的回应是,从8月12日开始允许经纽约证券交易所清算所进行严格限制现金基准的小规模交易。[88]希尔博的计算表明,绕过交易限制的欧洲证券交易数量也许是纽约证券交易所没有在7月31日如期关闭的变现数量的1/6。

英 国

8月4日,由于"母国"实质进入战争,英国的所有属国(地区)成为参战国。本节评论的是加拿大、南非、马耳他以及埃及的危机,澳大利亚、新西兰、中国香港、新加坡和印度的危机在关于亚洲一节里加以评论。8月4日之前,所有国家(地区)均受到普遍的恐慌和伦敦证券交易所关闭的影响,因为它们之间的交易紧密相关。在加拿大,7月27日星期一,大陆交易所的关闭触发了"欧洲金融中心的卖出行为",导致多伦多和蒙特利尔证券交易所于7月28日星期二关闭。[89]因为上市的是大量的加拿大背景的证券,比如"加拿大系"(加拿大太平洋铁路公司股票)和"巴西系"[巴西牵引公司股票(Brazilian Traction)],所以,加拿大交易所尤其关注卖方。10分钟后,多伦多证券交易所关闭。[90]在蒙特利尔，两小时的上午交易环节见证了"强加的损失"，多伦多报纸《环球》报道称。[91]股票遭大规模抛售，蒙特利尔证券交易所总裁宣称，"中午，加拿大太平洋铁路公司股票在纽约市场跌破 13 个点，这里充斥了卖单，伦敦和其他外部金融中心将这里作为股票倾销之地。下午的开市招致了加拿大股票持有人的攻击。"多伦多、蒙特利尔、温哥华和温尼伯的证券交易所关闭了。

当危机爆发时，加拿大财政部长威廉姆·怀特（William White）正在新罕布什尔州的夏季海滨度假胜地度假。新闻传递得很慢而且存在空白，但是，他变得不安起来，8 月 2 日星期日他便返回奥特瓦。

第二天，情况的严重程度已经变得非常明显了。全国出现了银行挤兑，多伦多和蒙特利尔出现了特别严重的取款现象，每一个客户的取款都要求提取黄金，显然，公众变得异常恐慌。

为了把从银行提取的黄金囤积起来，多伦多和蒙特利尔两地对保险箱的需求非常活跃。从多伦多银行我得到了一份报告。一位最佳客户，多伦多的一位著名市民，储蓄额超过 100 万美元，召见总经理并告诉他说，必须对他及其家人公正，提取全部黄金，因为他相信将发生金融恐慌，所有银行都将关门。

告诉他以下情况是徒劳的。如果全国储户都保持冷静，局势就能够平稳度过，否则，如果他们都像他一样要求提取黄金，灾难就会快速到来。这个人坚持要得到他锁在保险柜里的黄金。[92]

政府基于主权的应对措施就是出台一系列公告：停止政府主权货币与铸币的可兑换性；授权银行向储户支付其自己发行的银行券；政府以证券存款为抵押所发行的钞票向银行贷款，利率 5%（与英格兰银行利率相同）。"银行的形势很好，"《经济学家》评论道，主权钞票很少使用。"没有实施延期支付，也没有恐慌。加拿大人习惯了用主权货币和银行券从事商业活动，没有因为暂停获得黄金的权力而受到干扰。"[93]应急措施相继通过法案赋予了法律地位，从而"保护了加拿大的商业和金融利益。"虽然没有实施延期支付，艾伯塔省、安大略省、曼尼托巴省、萨斯喀彻温省四地政府出台了房地产抵押贷款延期支付政策，避免了因战争而出现企业倒闭。[94]他们被要求保护农业生产者。新西兰也采取了抵押贷款延期支付措施。

在南非，得到伦敦证券交易所关闭的电报后，开普敦、德班、伊丽莎白港以及比勒陀利亚的证券交易所于7月31日星期五关闭。最重要的约翰内斯堡交易所委员会迟疑了，但是，在征询了"本市著名金融权威的意见"之后，星期六交易所也关闭了。"这里，人们认识到关闭交易所的困难在于它剥夺了会员们生活的方式，"主席说，"但是，如果交易所维持开门，那么，约翰内斯堡交易所就会成为全世界的股票倾销之地。约翰内斯堡是一个富有的社会，但是，在这样的环境下，它的购买力将迅速失去，价值将被贬低，对于大众来说将是毁灭性的。"[95]活跃的街面市场交易立即涌现出来，还有经纪人办公室的私人交易，以及媒体提示的交易。[96]在南非，没有发生银行危机，也没有实施票据延期支付和普遍延期支付。然而，法院赋予债务人权力，尤其是军事人员，可以基于"战时状态"而得到救助。[97]防范措施使流通中的所有银行券成为法定货币，规定了额外发行纸币的条件，但是，显然与任何地方相比，黄金是较少关注的问题。[98]

8月1日星期六，马耳他出现了"重大的银行挤兑问题"。[99]罗马银行(Banco di Roma)是具有影响力的银行之一,自1904年以来,环地中海的分支银行网络包括巴塞罗那、马耳他、班加西、的黎波里、君士坦丁堡以及开罗分行。[100] 该银行与教会有着紧密的关系,吸引了基督教徒的储蓄和银行业务。在埃及,关注的是棉花贸易融资。尽管名义上埃及是奥斯曼帝国的一部分,但是,1914年8月处于英国政府的控制之下。"欧洲形势导致了"亚历山大和开罗的证券交易所于7月30日星期四关闭。[101] 8月3日星期一,中央新闻社报道:

存在一些恐慌,特别是,国民涌入银行要求提取存款。黄金变得稀缺,财政部发布公告,埃及国民银行发行的银行券成为法定货币。对此,国民不能够理解,有些人等在银行大门外,用5镑的银行券换取4镑的黄金。

德意志东方银行和罗马银行的当地分行立即关闭。上个星期一就有银行大门紧闭了,对此,前几天就有了传言,但是,并没有加剧恐慌。

几乎所有的当地宗教机构都在罗马银行里有存款,当货币稀缺的传言出现后,他们都提取了存款。可是,意大利银行保证满足所有储蓄账户取款,所以,没有形成不稳定。[102]

意大利中央银行对罗马银行储户进行担保是仅有的储蓄担保案例,并用作1914年危机发生时的危机控制措施。

埃及政府宣布了戒严令、延期支付措施以及停止埃及国家银行发行的银行券的可兑换性。一个月的延期支付将取款限制在储蓄的5%,最大限度取款额为300镑。[103] 在第一次续期时,取款的储蓄比提高到了15%,但是,最大取款额降低为200镑。同时,政府声明准备接受某种方式纳税——用黄金首饰纳税。战争爆发导致了主要出口商品棉花价格的急剧下跌,当时,当英国军队进驻该区域后,棉花价格提高,经济繁荣起来。在土耳其进入战争之后,英国于1914年12月宣布对埃及实施保护。1915年12月,开罗和亚历山大的证券交易所重新开门营业。[104]

拉丁美洲

拉美国家出口的主要是食料商品和矿物,主要出口对象是欧洲,也出口北美洲。相应地,从那里进口工业制成品和奢侈品。贸易完全依赖欧洲船运、贸易融资以及海上保险。欧洲还对其经济发展提供银行服务和资本,尤其是铁路建设以及对当地政府的帮助。战争爆发无疑对于这块次大陆来说是猛烈的一记重拳,出口、进口、国际信贷以及资本流动停止。船运崩溃,港口货物腐烂了。出口商的收入下降,出现大量解雇工人现象,呈现出普遍困境。伦敦的金融危机导致伦敦金融机构收回其向拉美借款人发放的贷款,迫使其拉美分支机构汇付。[105]金融危机席卷南美大陆的银行和证券交易所。

欧洲关于战争的展望以及证券交易所关闭的消息在拉美所有国家到处激发了对现金的争抢。[106]抛售证券与提取存款导致这块次大陆8家交易所于7月30日关闭,并宣布延长银行假期。[107] 11个国家实施了延期支付,分别是阿根廷、玻利维亚、巴西、智利、哥斯达黎加、厄瓜多尔、海地、尼加拉瓜、巴拉圭、萨尔瓦多和乌拉圭。[108]在实行金本位的国家里,配合使用了停止银行券可兑换性措施并限制黄金出口。采取不同方式发行了应急纸币。这样的特点相继出现在一个又一个国家,包括四个主要经济体,即阿根廷、巴西、智利和秘鲁。[109]第五个国家——墨西哥——被革命的"无政府环境"所包围,以至于几乎远离全球金融危机。[110]

在阿根廷,7月份的最后几天里出现了公众大量的银行取款和囤积黄金的现象。《布宜诺斯艾利斯先驱报》(*Buenos Aires Herald*)报道称,8月1日星期六看到的景象是:

10:00银行门前聚集了非同往常的一大群人,带着装备、徒步而行的特警被召来控制人群,人群情绪极其激动,他们有的取钱,有的将纸币账户转换成见票即付的黄金账户。[111]

政府宣布从8月3日星期一起放假一周(延长假日两天,因为总统犯了心脏病)。《布宜诺斯艾利斯先驱报》赞许这样的变动,但是,"全国震惊了",这给"每个人冷静思考银行和商业企业如何采取必要措施应对欧洲战争带来的极其新奇的环境"。在假日结束时,政府实施了国内延期支付措施,此后,几次续期,也采取了国际债务延期支付,直到战争结束时为止。货币当局发行的钞票暂停兑换黄金,尽管其持有的黄金数量4 000万英镑超过英格兰银行的黄金储备。货币当局被授权增大银行券发行量。银行被允许限制取款,取款额为储蓄的20%。"在大规模临时性、或多或少的权宜之计下,金融危机的真正后果消解了,"《经济学家》观察道,"用同样的方式,产业和商业灾难无法得到同等程度的消解。"[112]

"在中立国中,"1914年11月一名里约的记者说,"巴西过去是现在依然是最受欧洲战争波及的国家。"[113]巴西金融危机的应对措施是

8月4日～15日的银行假期,接着,采取了普遍延期支付,续期到1915年。出口收入、关税收入和外资流入的崩溃导致外债给付的立即停止,这已经"为欧洲所知"。[114] 随着出口崩溃,在战争开始时的几个月里,智利承受了严重的经济紧缩。银行经历了储蓄提取,意大利银行(Banco Italiano)关门。由于智利比索失去了可兑换性,银行挤兑就是恐慌的外在表现。"囤积银行券,"《南太平洋邮报》(*South Pacific Mail*)观察道,"它却没有任何真实价值,并且无法在任何价格条件下兑换成黄金,因此,毫无好处。"[115] 银行要求货币发行机构提供流动性,货币发行机构提供了应急货币,取得了5 500万比索的黄金储备。[116] 另外的银行救助措施是发行小面额财政部纸币(额外的国家法定货币)。"通过财政部发行纸币,增加了储备,有助于保证银行度过因储户挤兑造成的金融危机。"美国的访问经济学者里奥·罗维(Leo Rowe)报告称。[117] 危机将比索可兑换性的计划延迟到1915年。

在秘鲁,总统刚刚通过军事政变获得政权,罗维指出,"在最不令人满意的经济、金融和政府局面下,应对欧洲战争带来的压力"。[118] 7月3日星期五和8月1日的金融恐慌"对秘鲁所有银行的清偿能力造成了威胁。"秘鲁银行、伦敦的银行和德国的银行出现的严重挤兑引起了对"普遍金融危机"的担忧,但是,《商会杂志》报告称:

庆幸的是,8月2日星期日秘鲁和伦敦银行(Bank of Peru and London)总裁约瑟·帕亚(Jose Payan)先生以及秘鲁的著名金融专家们结束欧洲访问回到利马。他立即参加了总统、部长和各银行经理参加的会议,星期日夜里发布了公告,星期一、星期二和星期三被宣布为法定假日。本周早前又有公告发布,秘鲁全国实行30天的延期支付。星期四银行重新开业,按照5%的储蓄额取款。[119]

罗维观察道:

延期支付有助于金融机构免遭毁灭,但是,它们更加感觉到不稳定性和惊讶,并重视囤积黄金的趋势。全国出现了保险箱的非正常需求。流通媒介的缺乏非常明显,银行要求政府挽救局势,因为没有救助措施,它们无法满足延期支付到期时其承担的义务。

银行采用流转支票(cheque circulare)的方式发行了250万英镑的秘鲁应急纸币,支持纸币发行的是35%的黄金持有量(很快便削减到20%),其余部分以其他资产、不动产、抵押物和仓库作为担保。[120]秘鲁长期实行金本位制,人们对新的纸币保有怀疑。"自从这些支票发行后,零售商极其勉强接受,很大程度上的原因是公众对银行的信心受到损害,"罗维写道,"在这个国家的各个地区,劳动者绝对拒绝接受这样的纸币,要求用银币支付工资,这是他们已经习惯的支付方式。"[121]尽管海运匮乏,但很难获得巨大收益,毕竟由于8月秘鲁主要出口商品之一甘蔗糖伦敦价格翻倍,秘鲁的困境得到缓解。1915年,出口收入增加,环境普遍得到改善,秘鲁的延期支付慢慢取消。

1915年拉美出口收入出现了突然而急速的恢复,商业开始繁荣,一直持续到1920年。[122]来自盟国和美国的需求导致商品价格提高,船运也变得容易。金融危机时期采取的应急措施维持了当地的金融结构,有助于生产者,但是,必须寻求贸易融资和资本输入的新渠道,最初主要依靠纽约和美国银行分支机构的建立。[123]"考虑到危机的严重性,也许有一件事情是值得庆贺的……外国债券的持有人遭受的损失并不是很大,"1915年,作为英国投资者的"看门狗"外国债券持有人委员会(Council of Foreign Bondholders)指出。"很满意地见证了一些西班牙—美洲共和国通过委员会所希望的债务安排,在困难的环境下保持了他们的信用。"[124] 当哥斯达黎加因战争和金融危机向其他拉美国家政府提出"临时救助"时,哥斯达黎加被建议采取"特别措施"。例外是 1914 年 7 月陷入"全面违约"的墨西哥,但是,这是同墨西哥革命动荡相一致的——并非金融危机导致的后果。

亚 洲

在亚洲,发生了银行挤兑、证券交易所关闭以及商业停滞。然而,一般认为,金融危机是恐慌输入传递来的,并且很少依赖延期支付措施。战争爆发时,亚洲有 28 家证券交易所,其中,23 家在英国的属国。[125] 在最著名的金融中心上海,利益集团最关注战争对白银国际价格和汇率变动的影响,而不是亚洲股市公开发行的证券。[126] 然而,为了因应对于当地货币市场价格和存在问题的焦虑,7 月 30 日星期四上海证券交易所关闭了。[127] 同日,新加坡经纪人停止了报价,那里的交易是在新加坡商业委员会的交易办公室进行的。这样,外汇和股票经纪人梅瑟尔斯·莱奥和艾维特(Messrs Lyall and Evatt)给出的买卖价格就"仅仅是名义上的了"。[128] 几天后,当地重要的银行中国商业银行(Chinese Commercial Bank)出现了挤兑。"在战争恐慌到来前,它的交易是成功而又安全的,"《海峡时报》(*Straits Times*)报告称,它的停止支付对"当地的信心造成了巨大的冲击"。[129] 审查了银行账户之后,政府提供了大量的支持并发布公告证明银行的稳健性。[130]

在中国香港,白银价格再一次成为最感兴趣的问题,股票市场既交易当地证券,也交易英镑证券。"我们的市场,"《南华早报》(South China Morning)在7月28日的市场报告中指出,"至于英镑股票,预计已经达到了交易价格的最高点,原因是如此具有吸引力的政治局势极少出现。受伦敦证券交易所以及各地恐慌的影响,英镑价格严重下挫。"[131]诚然,那日香港市场上壳牌运输和贸易公司(Shell Transport and Trading)的股票从90先令下跌到65先令。可是,亚洲证券在"当地市场"上依然"稳定"。此后,8月1日星期六,受伦敦证券交易所关闭的暗示,香港经纪人停止了英镑股票和当地股票的报价。欧洲传来的消息还推升了银行挤兑。"由于国民焦虑而出现的银行挤兑是极其愚蠢的行为,"《南华早报》说,"无疑,银行是有能力顶住压力的,也有能力承担巨大损失,按照当前的汇率拿出白银储备。"[132]由于全世界都需求白银,香港的白银货币减少了,这就导致了香港政府限制了白银出口。[133]

与伦敦证券交易所有着紧密关系的澳大利亚证券交易所也受到了思罗格莫顿大街的暗示。悉尼、墨尔本和阿德莱德证券交易所决定8月3日星期一的公共假日后不再开门营业,9家小规模交易所紧随其后。8月4日和5日,新南威尔士州储蓄银行出现了"小规模挤兑",州政府宣布延期支付,但是并没有实施。[134]印度和斯里兰卡的5家证券交易所在危机开始时就已经关闭,《经济学家》指出,"没有与欧洲具有如此重要的金融关系,任何其他国家在危机的前几日里如此好地应对紧张局面",他们没有实施延期支付。[135]然而,面对卢比兑换成白银的"压力",印度的银行经历了"焦灼的时期",上印度银行(Bank of Upper India)倒闭了,印度国家银行(National Bank of India)和其他银行遭遇了"严重的"提款现象,例如,印度商业银行(Mercantile Bank of India)加尔各答支行损失了1/3的存款。[136]但是,金融当局"头脑清醒",环境很快便恢复到正常状态。[137]

在荷兰殖民地巴达维亚,战争恐慌使佳瓦银行(Java Bank)的储户揪心,8月初,"岛上的每一家银行机构都挤满了人,这些人急于将储蓄账户中所有的钱提取出来,当得知银行马上将停止给付,最严重的恐惧弥漫开来"。佳瓦银行,即政府的银行,继续给付,但是,也对取款数额加以限制。其他银行拒绝提供信贷,导致证券交易的"全面停滞"。岛上的股票经纪人停业一周。"整个货币市场停止运行,没有任何业务",8月6日《海峡时报》记者从苏腊巴亚报道称,"绝大多数店主拒绝接受纸币,仅仅接受黄金和白银。在焦虑和恐慌中,有不少例子表明一张10盾的钞票按照20%的折扣兑换"。[138]面对"全面崩溃",总督宣布实行全面延期支付。这显然取得了奇效。"现在,两周前的恐慌几乎已经成为过去的事情,"8月20日记者报道称,"实际上,佳瓦恢复到了正常的状态。"[139]

日本依赖伦敦贴现市场为其出口贸易融资,在战前,政府通过伦敦证券交易所筹集了大量的贷款。由于外汇交易市场崩溃,需要大量汇付的两种借款类型不再能够利用。"战争初期我们这些负有金融义务的人清晰地记得,"横滨铸币银行(Yokohama Specie Bank)总裁井上准之助(Junnosuke Inouye)指出,"这是从未有过的紧张经历,我们真的认为这个国家已经走上了破产之路,我绝不夸张,我想告诉你,日本幸运地——极其幸运——地度过了这次危机,没有出现违约。先生们,这是一场难耐的梦魇,有关记忆仍旧进入梦境中。"[140] 伦敦证券交易所关闭的消息触发了东京证券交易所投资者与空方之间的竞争。"市场交易一开始,交易所股票就被多方买进,接着,空方卖出,"《日本时报》(*Japan Times*')在8月3日的市场报告中指出,"价格一路暴跌,多方的财务实力显然脆弱,无法应对沉重的打击……最终,努力是白费力气,市场陷入无序状态,交易所当局坚持当时关闭市场。"[141]

次日,8月4日星期二东京证券交易所重新开门时,"报价全面提高"。[142]所以,就像坐上过山车一样。8月7日星期五,市场"看涨,恢复上一次战争后的繁荣"。但是,8月11日星期二,市场又陷入"迟钝"。然后,8月16日,日本政府对德国发出最后通牒后,东京市场"价格向上飙升"。两天后,大阪银行宣布停止给付,大阪证券交易所经纪人和投资者的主要资金来源就是大阪银行,于是激发了大阪证券交易所关闭。但是,东京市场"由于对当前战争预期而狂喜",呈现出"一派繁荣"。8月23日日本加入战争,关注的是攫取德国在青岛的特许权。在开始的欢欣鼓舞之后,8月28日,由于战争预期影响,东京市场出现"低迷",9月13日,"像天空一样阴沉""价格变动毫无生气。"那时,其他证券交易所也都重新开业。与欧洲、北美、拉美和亚洲其他地区的证券交易所相比,整个危机期间东京证券交易所始终开门营业(仅有半天临时性紧急停业)。另外,日本没有实施延期支付。

新西兰政府应对欧洲金融市场崩溃的措施是,禁止黄金出口,避免黄金外流,使银行券成为法定货币以保证银行应对挤兑。[143]邮政储蓄银行的储户提取超过 2 英镑的存款要提前两日申请。丧失抵押物赎回权的抵押人受到保护,保护器直到战争结束后的 6 个月。[144] 8 月初,该国 4 家证券交易所"实际死亡",但是,没有出现挤兑导致流动性危机。危机期间,新西兰"处于相当令人满意的状态",只是当年农产品价格水平很高,公众花钱如流水。"卖方抛售股票,或不再接受规定的报价,"达尼丁(Dunedin)《晚邮报》(*Evening Post*)指出,"但是,没有买方。"8 月 4 日星期二公共假日后,新西兰交易所重新开门营业,会员们辩论是否继续交易。"无需停止业务,"奥克兰证券交易所总裁宣称。"他敦促会员们努力保持冷静对待担惊受怕的持股人。主席讲话后,国歌唱起,发自内心地欢呼。"[145]基督教堂、达尼丁以及惠灵顿交易所的会员们得出了相同的结论——"商业活动一如往常"。1914 年金融危机传染病在东京和新西兰治愈了——在国际电报表述中最低调地结束了。

全世界的股票市场重启

当证券交易所被关闭时,证券交易仍在继续进行着,基于现金的私人交易在经纪人办公室进行着,也在街道上进行着,通过报纸的小广告栏目进行着,也通过拍卖方式进行着。后者的交易方式绕开了证券交易所经纪人,经纪人劝说交易所重新开门,以便能够在交易所进行现金的讨价还价交易,尽管恢复账户交易是远期展望。[146]证券交易所重启始于亚洲。布里斯班证券交易所于 9 月 14 日星期一"战争长假结束"时重启。那天,在新加坡,外汇和股票经纪人梅瑟尔斯·莱奥和艾维特恢复了当地的股票报价(但是,没有英镑股票报价),《经济学家》记者报道称,"交易活动正在慢慢向正常渠道恢复"。[147]阿德莱德、朗塞斯顿、悉尼的证券交易所里的经纪人和投资者已经急不可耐了,9月21日重启;墨尔本交易所于9月28日重启。在限制条件下,澳大利亚交易所重启。悉尼交易所禁止"远期"、"定期"和"卖空"交易,以防止来自伦敦的"倾销"。[148]"尽查凡事,"《悉尼先驱晨报》(*Sydney Morning Herald*)观察道,重启的价格得到了"非常好的保持",并且"没有明显的恐慌感"。智利圣地亚哥、瓦尔帕莱索证券交易所在没有任何迹象的情况下于10月1日重启。[149]在新加坡的中国商业银行也于10月1日重新开业。"马来西亚的警察已经严阵以待,准备应对急于提取存款的储户的拥挤场面,"《海峡时报》报告称,"前五分钟,一如往常上午的业务正常进行,收进来的储蓄大于支付。"[150]上海证券交易所的关闭导致活跃的证券场外交易,《华北先驱报》(*North China Herald*)报道称,"已经和正在从事的证券交易"都是现金交易。[151]交易所会员强烈要求重新开业,日期确定为10月7日,但是,遭到银行的阻挠,它们担心价格急剧下跌。在中国香港,1914年11月23日,当地证券交易报价恢复。两天后,上海证券交易所出现跳水,仅有现金交易并且是在最低限价条件下进行交易,"与其相反的是,几乎没有卖方"。[152]

多伦多证券交易所于10月26日重启,是北美重启的第一家证券交易所。加拿大的其他证券交易所紧随其后,温尼伯证券交易所是最后一家重启的证券交易所,于1915年2月重新开业。由于来自英国的资本已经枯竭,加拿大企业和政府在纽约寻求帮助,但是,1915年"最显著的"变化是通过成功发放总量为2 000万英镑的政府贷款,国内资本市场得以扩张,其中很大一部分出借给了英国。"因此,在年复一年作为稳定而又重要的债务人后,加拿大突然转变为英国的债权人,"1915年12月《经济学家》观察道,"也许,这是战争带来的令人惊讶的经济现象。"[153]

在美国,11月23日芝加哥和克利夫兰证券交易所最先开始重启。从11月28日开始,纽约证券交易所开始了有限制的债券交易。另外,11月份美国商品交易所重启,包括纽约棉花交易所、新奥尔良棉花交易所和纽约咖啡交易所。"华尔街迅速重新开展业务,"《金融时报》报道12月12日纽约证券交易所有限的股票交易恢复时说,"不再有可怕的资产变现行为……关于股票交易和金融形势的变化,华尔街一片欢呼。"[154] 12月15日在一定的限制条件下全部股票都恢复了交易,1915年4月1日股票交易回到了危机前的基本状态。[155]

到那时,伦敦市场着重于英国政府的战争融资,加拿大和拉美国家转向华尔街寻求贷款,这意味着华尔街已经取代了伦敦城,成为世界最重要的国际资本市场。1915年10月英国变成了客户,战争期间在美国借入大量的美元。[156]尤其是,新成立的纽约联邦储备银行积极鼓励美国的银行在纽约发展美元承兑市场,提供贸易融资,挑战伦敦长期拥有的垄断地位。[157]因战争导致的英国、法国和德国出口和金融服务的实质消失为美国在加拿大、拉美和亚洲开展商业和银行服务提供了巨大的机会。

12月7日巴黎交易所重启,这是第一个欧洲主要证券交易所重新开业。但是,商业活动受到"现金"限制,《金融时报》提醒说,"对于这项举措赋予重大意义是不明智的……另一方面……虽然很难预期出现大量的商业活动,交易所的重启——至少从乐观的角度来看——是一个指标,标志着事情不会像四个月前那样糟糕"。[158]秋季,约翰内斯堡证券交易所似乎因为遥远以至于考虑将场地出租给汽车公司作仓库。[159]1915年1月4日伦敦证券交易所最终重启时,约翰内斯堡交易所步其后尘,于次日重新启动。"就当地而言,感觉是乐观的,"约翰内斯堡的《星报》(*The Star*)报道称,"但是,尚存在观望,观望伦敦交易者是否准备接受市场标价没有下降的股票。"[160]

1915年2月9日阿姆斯特丹证券交易所的重启具有超越当地意义的重要意义。荷兰的中立国地位使阿姆斯特丹成为德国、英国、法国、美国和更大世界范围内的国际金融中转之地。[161]阿姆斯特丹的银行从事证券发行,向德国和英国客户提供借贷。1915年间,他们承担了大量的德国和奥地利持有美元证券的投资者变现业务。美元证券——无记名形式的——被作为荷兰的资产运抵美国,以避免被英国控制。荷兰成为主要的国际债权人,荷兰盾成为重要的国际货币。参战国用黄金购买商品,而出口被禁止,从而导致了荷兰银行前所未有的黄金积累,达到货币量的75%(危机期间下降到20%)。[162]"完好无损的荷兰盾,"当时这样称呼该货币,导致了荷兰各家银行储蓄大幅增加。"伦敦外汇市场的地位受到阿姆斯特丹的侵蚀,"1915年12月《经济学家》观察道,"以至于当时荷兰货币变成了其他货币的价值标准。"[163]受荷兰中央银行鼓励的相关变化是阿姆斯特丹承兑业务的扩展,向荷兰和其他客户提供贸易融资服务,而战前,他们则是通过伦敦贴现市场获得融资的。[164]

全球危机与全球特征

　　1914年7月末金融危机爆发时,世界范围内的个人和企业都对铸币趋之若鹜,将铸币作为应对和锁定损失的对冲工具。政府纷纷实施干预以防止银行和市场崩溃,但是,政府干预高度干扰了金融和实体经济活动。到目前为止,各国政府在金融领域起到了很大作用。政府采取的危机控制措施当然是造成不便的、无疑伤害储户和证券持有人的措施,但是,他们达到了阻止银行倒闭的目的。虽然政府大量介入银行和市场所从事的业务,以及财政部指导和安排金融部门的运作,国家并不控制所有权,也没有染指银行和市场的管理。直接介入的最著名的情况是英国冷藏计划,国家担保中央银行购买了贴现市场1/3的份额。另一个重要的、与传统偏离的例子是英国、美国、挪威、瑞典也许还有其他国家创立的国家战争风险海运保险计划。延期支付和其他限制措施的经济成本是非常大的,还有经济危机导致的成本。可是,似乎很难将这些影响与战争带来的其他方面的干扰割裂开来,这些都是战争的后果。

　　1915年初,金融风暴开始已经半年,世界上绝大多数证券交易所已经重新开启,银行也提供了货币兑换和其他服务。当然,很多交易所仍保持对交易行为的限制。虽然在交战国家里最大的借款人仍是国家,但是,银行客户一般都能获得其储蓄存款,而借款人也能获得借款。许多国家仍实施延期支付措施,但是,范围上和紧张程度上都变得温和了。1915年夏,危机爆发后的一年,据报告,仍继续实施延期支付的国家是那些与战前一样受到金融挑战的国家,比如海地、尼加拉瓜、巴拉圭、保加利亚、罗马尼亚和俄罗斯。危机期间普遍的银行挤兑导致了银行大量实施停止支付措施,但是,没有大银行倒闭,受到永久伤害的是大量的相对小规模的储蓄银行。至于银行危机管理,大量的特别贷款提供给银行,但是,国家没有向银行注资。仅有一例储蓄担保,就是意大利银行针对罗马银行和亚历山大分行储户的。

本章关于危机的全球蔓延和全球危机控制的论述表明,众多国家针对英国和相互之间采取了一系列相似的措施。世界各国通过不同的方式增加了货币发行量。小面额纸币替代或补充了流通中的铸币,实际上已经成为全球普遍现象。7月27日星期一至8月5日星期三,世界上所有证券交易所都关闭了,哪怕是遥远的日本、新西兰和科罗拉多。至少34个国家实施了普遍延期支付或金融交易工具的延期支付。众多国家限制储户从其储蓄账户取款。在英国和其他国家,中央银行再贴现向银行提供了大量的救助资金。在英国和拉美国家采用紧急假日安排,以赢得时间,应对危机。尽管无助于危机控制,但是,坚持白芝浩原则,大量的国家提高了其利率水平。有案可查的是英国令人目眩的10%的英格兰银行利率。如此之多的国家采用相似的措施是显著的特征。没有时间进行海外咨询,也没有证据表明在崩溃期间各国中央银行和财政部有过国际接触和咨询。危机期间不存在国际领袖和国际协调人。决策是分散的、当地化的。显然,全世界的银行家们和官员们认识到了相似的威胁,并形成了明显相似的解决方案。

仅有德国拥有战争诱发金融危机的事先准备的计划,但是,法国和美国也事先印制了银行券,以防范某种类型的金融危机。英国既没有计划,也没有事先准备的应急货币,但是,有效地实施了相关措施。奥匈帝国也不是有计划地激化混乱。从地理分布上来看,普遍延期支付措施的实施存在区域差别。除了德国和荷兰,普遍延期支付措施在被战争煎熬的欧洲普遍采用,受到严重打击并高度依赖欧洲市场的拉美也普遍采用。但是,在北美和亚洲几乎没有国家采用,因为在这些地区,受战争影响的程度较小,而采取这项措施的成本大于收益。

国际金本位制是金融危机直接打击的对象。[165]绝大多数国家,包括法国、德国、俄罗斯、奥匈帝国、土耳其、瑞士、加拿大和所有的拉美国家停止货币可兑换性,并且许多国家禁止黄金出口。一些国家维持着黄金可兑换性的外衣,比如英国、美国、荷兰(部分)、日本以及黄金生产国南非和澳大利亚。首先,人们相信战争只是临时的干扰,战争结束后正常的商业活动就会恢复,因此,保持规范的行为方式是重要的。事实上,在美国实质上黄金禁运的时候,英国的规制使其履行兑换权或出口黄金出现困难。战争开始,国际黄金套利的海运很大程度上停止了,因为战时保险费用剧增。对金本位制的坚持,支持了战时和战后中立的阿姆斯特丹和纽约(维持到1917年美国成为参战国)作为国际金融中心的发展。伦敦的声誉,特别是在欧洲参战国中的声誉,无疑因英镑的持续可兑换性而增大,但是,在此期间,它很大程度上失去了作为国际金融中心的商业地位。

注释

1. Ally 1991: 222.
2. Kettleborough 1918: 458.
3. *Board of Trade Journal*, 10 September 1914.
4. Conant 1927: 739; Ministere des Affaires Etrangeres 1912.
5. 'Conference on Bills of Exchange', *The Times*, 24 July 1912; Conant 1927: 739; 'The Late Frederick Huth Jackson', *Journal of the Institute of Bankers*, vol. xlii (January 1922): 2.
6. 'France—War Panic and the Bourse-Close of the Coulisse', *The Economist*, 1 August 1914.
7. *The Times* vol. I 1914: 182.
8. 'French War Finance', *The Economist*, 4 August 1917.
9. de Rougemont 2010: 343.
10. 'French Emergency Notes in Use', *Financial Times*, 1 August 1914.
11. 'France', *The Economist*, 19 December 1914.
12. Johnson 1971: 43; Lawson 1915: 103.
13. Gueslin 1994: 78.
14. Johnson 1971: 45.
15. 'French War Finance', *The Economist*, 4 August 1917.
16. *The Times* vol. I 1914: 183.
17. 'France', *The Economist*, 19 December 1914.
18. 'France', *The Economist*, 19 December 1914; Rivoire 1989: 106; 'Banking Enterprises of our Allies', *The Economist*, 16 February 1916.
19. 'Banking Enterprises of our Allies', *The Economist*, 16 February 1916.
20. *Board of Trade Journal*, 15 October 1914.
21. *Board of Trade Journal*, 24 September 1914.
22. *The Times* vol. I 1914: 182.
23. März 1981: 130.
24. 'Austria-Hungary', *The Economist*, 19 December 1914.
25. März 1981: 131.
26. 'Austria-Hungary', *The Economist*, 19 December 1914.
27. *The Times* vol. I 1914: 182.
28. Lawson 1915: 178.
29. *The Times* vol. I 1914: 198; Whale 1930: 186.
30. Holtfrerich 1999: 211.
31. Whale 1930: 185.
32. Feldman 1993: 28–33.
33. Kindleberger 1984: 292.
34. 'Germany', *The Economist*, 19 December 1914.

35. 'Germany—War and Economic Life', *The Economist*, 15 August 1914.
36. 'Germany—War and Economic Life', *The Economist*, 15 August 1914.
37. Feldman 1993: 32.
38. 'Germany—War and Economic Life', *The Economist*, 15 August 1914.
39. Hanssen 1955: 14.
40. Hanssen 1955: 18.
41. Quoted in Feldman 1993: 32.
42. Feldman 1993: 26.
43. 'Germany', *The Economist*, 19 December 1914.
44. Rosenbaum and Sherman 1976: 113.
45. *The Times* vol. I 1914: 199.
46. 'Germany', *The Economist*, 19 December 1914.
47. Quoted in Feldman 1993: 32.
48. Whale 1930: 189.
49. 'Germany', *The Economist*, 19 December 1914.
50. 'Turkey', *The Economist*, 19 December 1914.
51. Eldem 1999: 265.
52. *Board of Trade Journal*, 1 October 1914.
53. 'Italy', *The Economist*, 19 December 1914.
54. 'Switzerland', *The Economist*, 19 December 1914.
55. *Chamber of Commerce Journal*, September, November 1914.
56. Cassis 2006: 146.
57. 'Scandinavia', *The Economist*, 19 December 1914.
58. 'Scandinavia', *The Economist*, 19 December 1914.
59. 'Italy', *The Economist*, 19 December 1914.
60. *Chamber of Commerce Journal*, October 1914.
61. Toniolo 1994: 47.
62. 'Italy', *The Economist*, 19 December 1914.
63. 'Portugal', *The Economist*, 19 December 1914.
64. 'Spain', *The Economist*, 19 December 1914.
65. 'Holland', *The Economist*, 19 December 1914.
66. de Vries, Vroom, and de Graaf 1999: 246.
67. de Vries, Vroom, and de Graaf 1999: 247.
68. 'Holland', *The Economist*, 19 December 1914; Hart, Jonker, and van Zanden 1997: 124.
69. Euwe 2010: 222.
70. *Chamber of Commerce Journal*, September 1914.
71. Noble 1915: 8.
72. Noble 1915: 9.
73. Noble 1915: 13; Silber 2007: 12.
74. Noble 1915: 10–12.

75. Silber 2007: 8–9.
76. Silber 2007: 62–5.
77. *The New York Times*, 4 August 1914.
78. Silber 2007: 75.
79. Sobel 1999: 336.
80. Silber 2007: 131–44.
81. *The Wall Street Journal*, 13 November 1914.
82. Silber 2007: 115.
83. *The Wall Street Journal*, 27 August 1914. Quoted in Silber 2007: 148.
84. Sobel 1999: 335.
85. Silber 2007: 105.
86. Sobel 1999: 343.
87. Noble 1915: 38–40.
88. Silber 2007: 109.
89. 'Adjournment When Prices Crumbled', *The Globe*, Toronto, 29 July 1914.
90. 'Diary of the War to the End of August', *The Economist*, 10 October 1914.
91. 'Wide Open Break in Montreal Stocks', *The Globe*, Toronto, 29 July 1914.
92. White 1921: 6–7.
93. 'Canada', *The Economist*, 19 December 1914.
94. *Board of Trade Journal*, 15 April 1915; 'Canada', *The Economist*, 19 December 1914.
95. 'The Stock Exchange', *The Star*, Johannesburg, 1 August 1914.
96. Johannesburg Stock Exchange 1948: 76.
97. 'South Africa', *The Economist*, 19 December 1914; Rosenthal 1968: 226; *Board of Trade Journal*, 8 October 1914; *Chamber of Commerce Journal*, November 1914.
98. 'South Africa', *The Economist*, 19 December 1914.
99. 'Financial Crisis', *Standard*, 3 August 1914.
100. di Quirico 1998: 7; Consiglio 2006: 131.
101. 'Closing of the Bourses', *Egyptian Gazette*, 31 July 1914.
102. 'Egyptian Financial Situation', *Financial Times*, 20 August 1914.
103. 'Egypt', *The Economist*, 19 December 1914.
104. 'Egyptian Bourses to Reopen', *The Times*, 29 December 1915.
105. Joslin 1963: 216.
106. Albert 1988: 42–4.
107. Noble 1915: 9.
108. *Board of Trade Journal*, August 1914–June 1915.
109. 'South America', *The Economist*, 19 December 1914.
110. Council of the Corporation of Foreign Bondholders 1915: 13.
111. 'The Bank "Holiday"', *Buenos Aires Herald*, 7 August 1914.
112. 'South America', *The Economist*, 19 December 1914.
113. 'The Situation in Brazil', *The Economist*, 14 November 1914.

114. 'South America', *The Economist*, 19 December 1914.
115. 'The Week', *South Pacific Mail*, 6 August 1914.
116. Rowe 1918: 58–61.
117. Rowe 1918: 60.
118. Rowe 1920: 14.
119. *Chamber of Commerce Journal*, October 1914.
120. Rowe 1920: 26.
121. Rowe 1920: 27.
122. Albert 1988: 58.
123. Joslin 1963: 216; Marichal 1989: 171–3.
124. Council of the Corporation of Foreign Bondholders 1915: 11–14.
125. Huebner 1910: 6–7.
126. 'Commerce and Finance', *North China Herald*, 1 August 1914.
127. Thomas 2001: 191.
128. 'Stocks and Shares', *Straits Times*, 30 July 1914.
129. 'The War and the Banks', *Straits Times*, 24 September 1914; Sheng-yi 1974: 38.
130. 'Chinese Commercial Bank', *Straits Times*, 1 October 1914.
131. 'Commercial Column', *South China Morning Post*, 1 August 1914.
132. 'The War and Business', *South China Morning Post*, 7 August 1914.
133. Mackenzie 1954: 221.
134. 'Australia and New Zealand', *The Economist*, 19 December 1914.
135. 'India and Persia', *The Economist*, 19 December 1914.
136. 'India and Persia', *The Economist*, 19 December 1914; Green and Kinsey 1999: 38.
137. Mackenzie 1954: 222.
138. 'Java and the War', *Straits Times*, 11 August 1914.
139. 'Java and the War', *Straits Times*, 26 August 1914.
140. Inouye 1931: 5–6.
141. 'Tokyo Stock Exchange is also Closed', *Japan Times*, 4 August 1914.
142. 'Tokyo Stock Market Opened Brisk', *Japan Times*, 6 August 1914.
143. 'Australia and New Zealand', *The Economist*, 19 December 1914.
144. *Chamber of Commerce Journal*, November 1914.
145. 'Auckland Stock Exchange', *The Colonist*, 7 August 1914.
146. Thomas 2001: 192.
147. 'Stocks and Shares', *Straits Times*, 14 September 1914; 'Burma, Malaya, Java and the Philippines', *The Economist*, 19 December 1914.
148. 'Stocks and Shares. An Auspicious Opening', *Sydney Morning Herald*, 22 September 1914.
149. 'The Bolsa', *South Pacific Mail*, 1 October 1914; 'Burma, Malaya, Java and the Philippines', *The Economist*, 19 December 1914.

150. 'Chinese Commercial Bank', *Straits Times*, 1 October 1914.
151. 'Commerce and Finance', *North China Herald*, 26 September 1914.
152. 'Shanghai Stock Exchange', *Singapore Free Press and Mercantile Advertiser*, 16 December 1914.
153. 'Canada', *The Economist*, 18 December 1915.
154. 'American Markets', *Financial Times*, 14 December 1914.
155. Sobel 1999: 346–7.
156. Burk 1985.
157. Roberts 1992: 214.
158. 'Reopening of the Paris Bourse', *Financial Times*, 5 December 1914.
159. Rosenthal 1968: 226.
160. 'Stock Exchange', *The Star*, Johannesburg, 4 January 1915.
161. Brown 1988: 40–3.
162. de Vries, Vroom, and de Graaf 1999: 251.
163. 'The Foreign Exchanges', *The Economist*, 18 December 1915.
164. Euwe 2010: 223.
165. Brown 1940: 10–23; Hardach 1977: 139–42.

12

未知的金融危机

对于那些经历过的人们来说,大战爆发时的1914年金融危机是一个轰动的事件,而且无论用什么标准,都是一个非同寻常的历史阶段。然而,今天,实质上这些不为历史学家、金融专家和其他人士所知晓。这与人们对其他金融危机的认知形成了鲜明对照,(这里所说的其他金融危机)最显著的就是1929年华尔街大崩盘、1890年(和1995年)巴林银行危机、1931年银行与货币危机、1967年英国货币贬值、20世纪70年代早期布雷顿森林体系崩溃、1997～1998年亚洲金融危机、网络公司的繁荣与破灭,等等。事实上,1914年金融危机不为人所知并不令人惊讶,因为一般经济史和专门经济史没有记载,同时,在第一次世界大战史中也缺乏记载。

1914年金融危机被同盟破裂危机以及此后的战争诱发的外交危机所掩盖了。通常来说,不断升级的冲突是生死攸关的斗争,其重要性远远大于不断发生的金融解构。"与我们对于战争的焦虑以及直接介入战争的那些人们相比,小小的伦敦城的担忧算得了什么。"8月14日,巴林银行的盖斯波德·法瑞尔在写给华尔街律师约翰·W. 斯特林(John W. Sterling)的信中说。[1] 对于公众来说,金融危机最明显的表象是证券交易所前所未有的关闭,但是,这是在未解释的事务中重要性最小的现象。一旦极度的恐惧成真——经纪人和自营商大量倒闭,商人银行之间普遍违约,挤兑导致股份制银行关闭,金融危机程度提升,进而导致金融灾难。正因如此,这场危机具有更大的历史启示意义。但是,这一切都没有发生。尤其是,没有大机构倒闭,也没有任何著名的人士跌倒而成为危机的受害者。在1914年夏季的金融危机中,政治、社会、文化和经济生活的每一个方面都安然无恙,危机中的金融部门也没有特别之处。

1914年的金融危机对国际经济中的重要参与国家都产生了影响。莱茵哈德特和罗戈夫(Rogoff)对金融危机的定量研究表明,10个国家经历了1914年的银行危机:欧洲——比利时、英国、法国、荷兰、意大利和挪威;北美——美国;南美——阿根廷和巴西;亚洲——日本(德国、奥地利、土耳其和其他国家应当添加到这份名单中)。他们还界定了1800～2008年其他重大的国际银行危机,分别是:1907年的恐慌,当时8个国家经历了银行危机;1931年的经济下滑,20个国家出现银行危机;1997～2001年新兴市场危机,18个亚洲和拉美国家受到影响;2007～2008年的金融危机。[2] 所以,1914年金融危机位列五大国际性银行危机,其不知名使其显得更加神秘。

至于金融危机作为历史阶段的定量分析以及在长期视角下的危机类型分析,1914年金融危机常常因其缺席而引人注目。显然,在标准叙述性教科书中不被提及,比如金德尔伯格和阿利伯(Aliber)的教科书《狂热、恐慌与崩溃:金融危机史》(*Manias, Panics and Crashes: A History of Financial Crises*),也被其从"金融危机特征概略:1618~2008"名单中忽略掉了。[3] 也许这是因为,按照查尔斯·金德尔伯格描述的费雪—明斯基—金德尔伯格(Fisher-Minsky-Kindleberger)金融危机模型,它不是一个"恰当的"金融危机。[4] 金融危机不同发展阶段的构成是——预期变化,信用扩张,兴奋,投机,泡沫和痛苦,在1914年不存在这样的发展阶段。按照安娜·施瓦茨(Anna Schwartz)狭义"货币主义"的理论和其他学者对"金融危机"严格界定为"系统性银行危机",1914年金融危机也不符合相关标准。[5] 施瓦茨指出,自1866年以来,英国没有经历过金融危机(她写的是2007~2008年的英国),因此,她认为,1914年的金融危机显然是各种"伪金融危机"之一。[6] 这些按图索骥的理论方法强调了这次大金融危机的例外的缘起——迫在眉睫的大战(显然的),但是,他们没有注意到金融危机管理,而关于1914年的金融危机,这则是应当关注的核心问题。罗伯特·斯凯德尔斯基(Robert Skidelsky)宣称最近出版的多卷本的凯恩斯传记是读者关于1914年危机最重要的信息来源。在罗伊·哈罗德所写的较早的传记和凯恩斯选集中也有叙述。[7]

  凯恩斯的文章可参见"1914年9月的经济杂志",其中嘲笑股份制银行是'自私的'和'短视的',这些文章仍具有极大的可读性。但是,他们的行为真的要比其他利益集团更应受到谴责吗?比关闭交易所自保而不考虑投资者利益的证券交易所会员们更应受到谴责吗？比马上采取延期支付而自保的票据承兑事务所更应受到谴责吗？比用票据充满了英格兰银行并游说普遍延期支付、得到了好处而不向银行偿还债务的贴现事务所更应受到谴责吗？他们都最早看到了危机，并极力求生。但是，相对于大的股份制银行，伦敦城的企业是小而脆弱的。股份制银行是大型机构，正因如此，凯恩斯持更高标准的"公共精神"来要求它们，但是，由于囤积金币和消耗英格兰银行黄金储备而缺乏"公共精神"。尤其是，他们被认为作为与政府讨价还价的一方，他们是失败的，他们换取的是钞票保护和普遍延期支付，而他们应当用信用来帮助贸易和产业，他们应当推动贴现市场的复活。财政大臣不再抱有幻想，以至于在 8 月 24 日的会议上用国家控制和公有产权来威胁银行。这些都是将 1914 年危机作为金融危机的理由，但是，诚然，这些理由未获得认可。

1914 年 9 月 4 日，刚刚完成一篇向《经济学家杂志》投稿的文章，凯恩斯给埃德温·蒙塔古写了一封信。他提醒他说，他已经在"危机开始时非官方地花掉了几天的时间"研究财政部，对通货膨胀、银行利率以及"被胁迫的财政部"提供越来越多担保存在的重大危险进行了各种各样的观察。但是，直白地说，此信的目的是为了在财政部获得一个职位。"我希望你能够原谅我的这封信打扰了你，"他总结道，"但是，我是能够将一些特殊知识与不将他们处于危险中的个人财富结合起来的少数人之一。我对悲观主义的观察者表示愤怒。"[8]最终，感谢蒙塔古，凯恩斯获得了财政部的委任。[9]"1915 年 1 月，我第一次来到财政部，我被任命为佩什的助理，"他回忆道，"但是，我的座位在布莱克特的办公室里，还有一个座位在路政委员会佩什的办公室里(在那里,佩什有自己的办公室)。几天后,我得出结论,佩什目中无人,不久我就不再去路政委员会的办公室了。不久,他便彻底精神失常了。"[10]

那时与现时

2007～2008 年金融危机激发了人们探究金融危机原因与金融危机管理的兴趣,包括对历史上实例研究的兴趣。金融部门的专家、监管者与分析者了解 1914 年危机的兴趣被激发出来,他们试图得出这次危机与 2007～2008 年危机的相似性和不同点。伦敦城的顾问经济学家布莱恩·雷丁和雷格·斯凯恩提出了大量引起共鸣的看法:改变对手风险观,流动性争夺,慢慢缓解信用紧缩,1914 年票据承兑事务所金融工具保险的作用与 2007～2008 年"单一险种"的相似性,以及难以控制的银行家们。[11]至于风险观的转变,奥地利对塞尔维亚的最后通牒可与雷曼兄弟公司倒闭并列。但是,他们还界定了一些重要的区别:1914 年的危机主要是流动性危机,而 2007～2008 年的危机主要是清偿能力危机。2007～2008 年危机中衍生品作用造成了整个体系的系统性失败,尤其是,"逐日盯市"的交易影响更大。

"1914 年英国政府应对危机的速度和力度是显著的,几乎达到了令人难以置信的程度,而今日危机的应对之策是缓慢的和迟疑的,"雷丁和斯凯恩观察道。注意到 1914 年当局可能因缺乏应急计划而受到批评,他们观察说,"2007 年是否有应对房地产价格泡沫破灭和后续的次级抵押贷款危机的应急计划也是值得怀疑的。"1914年小面额财政纸币"天文数字般的"创制相当于今日之"量化宽松政策的冲击"。"久远的先例"——在金融危机中;获得资金的利率是惩罚性利率,不断上演,他们评论道。"在惩罚性的利率条件下,英国的银行得到了帮助。这样造成危机更加严重。银行具有激励去收缩资产负债表,目的是逃避政府救助的严苛条件——不仅是利率,还有失去行动自由的损失(比如超支)。"

英格兰银行金融稳定委员会执行主任安德鲁·霍尔丹在2012年10月的公开讲座中提出了一些关于相似性的反思。他提出,1914年的"冷藏计划""更像"2008年推出的英格兰银行特别流动性计划,这个计划向英国各家银行合法的资产投资组合注入资金。[12]尤其是1914年"冷藏计划"的第二阶段,即"延展计划",与英格兰银行的另一个计划具有"某些相似性",这个计划是2012年6月发布的贷款融资计划,旨在刺激新的借贷。"主要不同点,"雷丁和斯凯恩得出结论说,"就是,1914年危机没有演变成具有逆转特征的经济衰退。大战刺激了需求"。

"请来的教授们"

总体来说,1914年的危机管理被认为是非常成功的——劳埃德·乔治发起了一揽子紧急措施,"拯救了伦敦城"。[13]面对前所未有的系统性崩溃,控制和恢复措施有效地保卫了银行和伦敦城的企业,在一定程度上重新启动了停滞的金融市场。"总体上,相当大程度保证了伦敦的金融体系经受住了不可避免的冲击,"1914 年末凯恩斯在回顾危机时写道,"真正巨大的困境是在票据市场中以及票据承兑事务所的困难。绝大多数其他类型的应急措施的目标在于缓解恐惧,用更多的知识、更大的勇气让感受到恐惧的人们的恐惧心理得到缓解,使他们无需提升恐惧心理。"[14]

令人关注的是,主要的金融机构没有出现破产现象,灾难集中于 10 家伦敦股票交易公司、小规模贴现事务所和一些小型储蓄银行。如果交易所具有系统重要性,危机中著名企业的倒闭产生恐慌,会形成严重的传染效应,正如 1866 年欧沃伦—格尼银行和 2008 年雷曼兄弟公司所表现出来的那样。避免重大的倒闭现象是当局措施所取得的重要成就——并没有忽视个人悲剧,这些个人悲剧远不只是经纪人的破产和国民便士银行 145 000 名储户的一贫如洗。由于伦敦城的金融危机,至少有 6 人自杀:4 名是股票经纪人,其中,1 名是被"赶出"证券交易所的德国经纪人,1 名金属交易经纪人,1 名劳埃德银行的承销商——几乎都发生在 8 月份并且是用左轮手枪自杀。还有一名股票经纪人跳到正在行驶的火车前,但是,得救了,并被起诉。由于"财务困境",还有柏林经纪人和科伦坡市意大利领事自杀的报道。[15]

按照适当性和效果来划分,个人危机应对措施各不相同。危机控制开始时是按照最后贷款人路径实施的,英格兰银行提供贴现,开始时并没有采用惩罚性利率措施,但是,当贴现和贷款飙升,英格兰银行的黄金储备急剧下降时,英格兰银行利率被提高到 8%,接着,按照政府的紧急指示,提高到 10%。3 天内英格兰银行利率从 3% 提高到 10% 是极端变动,备受凯恩斯、威瑟斯和伦敦城各类编辑及其他人士的批评,他们认为应对出其不意的紧急事件采取了不恰当的传统做法。[16] 由于复杂环境,既没有有效地达到国内和国外目标,还破坏了信心,甚至破坏了稳定。所以,最初英格兰银行利率应对措施并非成功的措施,对此,英格兰银行行长和政府要负责。可是,尽管破坏了同主要银行的关系,英格兰银行完全自由地向市场提供了流动性,缓解了局势,直至受到银行法案的约束。

英格兰银行行长要求暂停银行法案,允许英格兰银行印制银行券,向寻求流动性的银行和其他商业实体提供银行券。这个建议得到同意,坎利夫拿到了首相和财政大臣签署的"暂停银行法案"的函。但是,该信函的内容从来没有付诸实施,这个事实直到1915年11月才得到公开确认。相反,发行了财政部小面额纸币,实施了普遍延期支付。在英国,这两种措施都是史无前例的,并且都是备受争议的。法国、意大利和其他国家在财政困难时曾经采用发行国家钞票的办法。超额发行小面额纸币的可得性在银行重新开门营业时是一项敏感的措施,在国际上广泛被采用,无疑有助于增强公众信心,帮助了8月7日重新开业的银行,因此,成功地控制了危机。当时就有评论者提出,他们具有潜在的通货膨胀效应,但是,情况紧急,这样的关注留待以后面对。当和平的明天慢慢到来时,批评者哀叹战争年代"滚雪球式的通货膨胀",价格水平达到了过去的两倍以上。[17] 财政部纸币,表现出的是给予政府的无息贷款,是战争后期通货膨胀的始作俑者。[18]

在拉美金融出现困境的国家中,延期支付是普遍现象,而在极端情况下,欧洲和美国才加以实施,英国例外。当代一些学者对普遍延期支付措施提出批评,认为它有利于金融利益集团,而不利于产业和商业利益集团。无疑,商业活动受到干扰,但是,当局视票据延期支付和普遍延期支付两项措施为保护金融体系和银行的重要手段,尽管对于商业活动来说,明知会造成困难。英国在实施延期支付方面是主要国家,延期支付是全世界范围广泛采用的金融危机控制措施。面对被清除的风险,财政大臣两次扮演了安全员的角色。1914年11月初,也就是在绝大多数其他国家之前,英国取消了票据延期支付和普遍延期支付的政策。一般而言,普遍延期支付政策有得有失,但是,在战争爆发时,很难将它与危机环境其他方面的影响割裂开来。

关于校正外汇市场和推动国际汇付的努力,在渥太华和其他地方黄金储备的设立是及时的、富有想象力的、建设性的应对措施。为了消除英镑—美元汇付僵局,佩什—布莱克特使团的行动被市场变化所取代了,但是,这次行动对推动跨大西洋金融关系具有建设性贡献。

最笨拙的,也是最原创的危机应对措施是8月12日的"冷藏计划",在纳税人担保的条件下,英格兰银行购进贴现市场上未清偿票据的1/3。当时,不喜欢任何措施的《经济学家》将它描述为,"它的笨拙要比建议者的眼界更加显著"。[19]战争期间,由于这样或那样的原因,在商业票据市场的恢复中它被证明没有任何效果,贸易融资的渠道也不是伦敦票据市场。然而,计划很好地阻止了贴现事务所甚至银行的倒闭,同样地,9月5日向票据承兑事务所提供贷款计划支持了票据承兑事务所的生存,两项措施帮助重要机构避免倒闭。

在1915年出版的辩论性小册子中,莫顿·福瑞文(Moreton Frewen)对没有终止银行法案和被采纳的绝大多数危机控制措施提出了尖锐批评。福瑞文是一位货币问题的多产的、业余作者,他鼓吹

"货币改革"。[20] 不知疲倦地挑战复金属本位制并敌视1844年银行法案,他谴责报纸编辑视其为"古怪人"或"金融独裁者"。"1944年银行法案到现在已经70年,每一个睿智的商人都感到恐怖,"他宣称,"然而,任何……货币改革(复本位制)都被财经媒体和作为银行会客室里常客的伦敦城编辑们所击败。"[21] 他具有毁灭性的个人金融投机行为给他赢得了一个绰号"致命毁灭者"。[22] 他与兰道夫·丘吉尔(Randolph Churchill)勋爵夫人詹妮(Jennie)的妹妹克莱瑞塔·杰洛米(Clarita Jerome)结婚,他短期担任过国会议员,并因引领了保守派和银行家的意见而为社会所知晓。在写给党派领袖安德鲁·博纳尔·劳(Andrew Bonar Law)的信中,他嘲讽说,"佩什、坎利夫和埃塞克斯这些该死的蠢货""脑子糊涂"。[23] 他明确指出"极其糟糕的佩什"和赴美的"差事","劝他们让其黄金自由进来",这意味着存在商业危机。[24] 他告诉安德鲁·博纳尔·劳,"圣·阿尔德温很有信心地写信给他说,他实在反感"财政部小面额纸币以及英格兰银行大量的票据贴现。并且他吹风说,'当时机到来时,不可能等到战争结束,要审视整个环境',我们必须把教授请进来。"[25] 如果说博纳尔·劳有回应,那么,也是不被知晓的。

关于1914年金融危机管理的留存记录几乎都是财政部的记录,反映的都是财政大臣和财政部官员的思想和做法。与之对照的是,英格兰银行行长和英格兰银行的贡献很难评价,正如英格兰银行战争年代内部官方历史作者约翰·奥斯本在1916年所写的,"关于1914年7月和8月严峻的日子,在英格兰银行找不到任何相关资料,因为事情不是坎利夫勋爵做的,没有必要记录下他的活动……英格兰银行与政府之间的信息沟通主要是通过个人会见完成的,除非例外情况,所以也没有记录:财政大臣、财政部官员和英格兰银行行长经常谈话,自 1914 年以来也可以说每日会谈。"[26] 后来的英格兰银行历史学家理查德·塞耶斯重申评价坎利夫的角色作用不具可能性,因为缺乏个人文档,也缺乏他向同僚的质询记录。他的看法是,在很大程度上,英格兰银行行长的活动表现为建议者、各位部长和财政部官员的帮手,同时,没有信息表明坎利夫将创造性思想带到任务中去。他也不是形成精心设计的政策的人。[27] 可是,威廉姆·劳森在 1915 年写道,无疑:

在战争危机的第一个阶段里,英格兰银行是呈现出来的睿智的金融锦囊妙计的"主创者"……没有这些妙计,就没有英雄般的票据贴现,就没有变戏法似的、对各类金融和商业领域债务人的财政担保。英格兰银行提供了法宝,财政大臣运用了她……英格兰银行是主要的奇迹创作者……现在,英格兰银行比在英国金融转折发生之前更加富有见识。[28]

当局危机行动的动机是拯救国家金融体系,激活贸易融资进而激活贸易。在英国最初的措施实施中并不是为战争融资,也没有涉及战争融资问题。然而,维护伦敦既已建立的金融结构可以让国家利用其金融中介和金融市场满足后续的战争融资需求:英格兰银行提供路径和渠道;贴现市场中卖出国库券;银行是政府票据和债券的买者;作为二级市场的证券交易所为战争提供贷款;商人银行组织来自美国的购买和贷款并为战时政府金融活动提供熟练人才。自 18 世纪早期以来,战时英国的金融市场、金融机构和普遍的金融繁荣以及专业人士都是重要的战略实力。

诸多危机控制和市场恢复举措均涉及国家提高金融和经济体系的介入水平:危机管理从私人所有的英格兰银行实施到财政部掌控;国家成为纸币发行者;国家宣布延期支付,管控了合约关系;国家成为两个大计划和七个小计划的担保人,这些计划对面临潜在巨大风险的金融机构和企业提供支持,而承担者是纳税人。这些措施都根本上背离了战前的做法,事实证明,在整个战争过程中,它们都偏离了国家前进的路径。

"对于纽约来说,这是百年一遇的良机,"1914 年末威瑟斯写道,"很久以来美国向全世界昭示的雄心就是,美国……意在不久成为世界银行。"[29]事实上,危机和英国参与战争被财政部长麦卡杜和纽约的银行家们视为纽约成为国际金融中心的机会,为美国的海外银行提供了发展机会,为美元挑战英镑成为国际货币提供了机会,然而,起初,即危机期间,至少华尔街像伦敦一样陷入很大的困境之中。"纽约还不能够取伦敦而代之,"威瑟斯继续说,"美国必须采取特别安排度过伦敦的索取权所造成的困难。"在危机中期的 9 月份,凯恩斯所写的文章中也信心满满地说,"我不相信任何事情的发生会有损伦敦的国际地位。将来,许多事情可以用不同的方式去做,但是,在伦敦城的街道上并没有种下草种了"。[30]他们的判断是,伦敦成功的金融危机管理已经应对了纽约建立的金融秩序带来的挑战。但是,在那个时点上,预期战争是短暂的。正如后来的事实所表明的,纽约和美元成为伦敦和英镑的对手。战争结束时,1918 年 12 月纽约担保信托公司经理罗伯特·凯伦德·维斯(Robert Callender Wyse)在凯恩斯主编的《经济学杂志》中撰文展望未来,他指出,"在我看来,在这个阶段里,其他任何一个金融中心能够取代伦敦是没有可能性的,"但是,他还指出,现在"毋庸置疑,英国和美国可以在国内外许多金融领域进行合作,这样对双方都有利"。[31]

纳税人又如何呢?

纳税人是怎样承担成本的?佩什提醒劳埃德·乔治说,冷藏计划的纳税人成本将高达5 000万英镑。[32]这就是财政大臣于1914年11月向议会提出的总数量,他观察道,"全部交易的总损失还赶不上一周的战争费用,并且,它可以将英国的产业和商业从最严重的恐慌中解救出来。"[33]《经济学家》的观点更加悲观,不考虑政府担保的缺点,纳税人成本估计为2亿英镑,这还要取决于战争持续的时间长短。[34]事实上,1914年政府担保的纳税人成本公共账户从来没有公布过。战争期间,凡事都被视为秘密,后来,其他事项受到关注。

1915年,考虑英格兰银行持有未清偿的冷藏票据以及向票据承兑事务所的贷款,财政部以担保的方式向英格兰银行给付了3 950万英镑。当英格兰银行得到贴现票据或向票据承兑事务所贷款的偿付时,财政部得到偿还。到1916年,未清偿的冷藏贴现票据或向票据承兑事务所的贷款下降到了3 100万英镑。[35]1921年8月31日,当"官方"宣布战争结束时,下降到1 500万英镑。《凡尔赛和平条约》使德国战前未清偿的债务(加上利息)成为"金边债券"。[36]一年后,票据承兑事务所具有支付能力,受资助的16家银行或金融公司账上的

197 000英镑销账。[37]到那时,未清偿总额下降到了400万英镑,并在后续的几年里绝大多数债务被清偿。[38]

1926年12月,《晨邮报》的伦敦城编辑,也是英格兰银行行长喜欢的财经记者阿瑟·凯迪写信给财政部金融部(此前为金融办公室)的主任奥塔·尼迈耶(Otto Niemeyer)先生,询问是否有金融危机期间政府担保的最终公共成本的公报?他那里没有,但是,财政部那时做出了一个评价,反映出政府已经从英格兰银行得到了偿付(包括利息),总额为4 600万英镑(1915年支付给英格兰银行的是3 950万英镑)。[39]因此,1914年金融危机期间,通过政府担保下的各种干预措施,纳税人对金融系统提供支持,最终结果总计是财政部净得名义利润650万英镑。尼迈耶将这个结果报告给了凯迪,但是,明确提出,"上述信息仅供你个人参考。我不想公开表明某些企业尚未清偿其债务"。凯迪尊重这个限定条件,在《晨邮报》中并没有提及这则信息。没有官方公报,所以,对于1914年重大金融危机来说,这个值得注意的"尾声"还没有为人所知,也没有唱响。

注释

1. The Baring Archive: DEP 33 15 Gaspard Farrer to John W. Sterling, 14 August 1914.
2. Reinhardt and Rogoff 2009: 345–7 and Appendix A.3.
3. Kindleberger and Aliber 2011: 302–11.
4. Kindleberger and Aliber 2011: 26–38; Kindleberger 1984: 269–90.
5. Schubert provides a useful concise synoptic review, Schubert 1991: 19–21.
6. Schwartz 1986: 11–31.
7. Harrod 1951; Skidelsky 1983; Keynes September 1914.
8. Trinity College Library, Cambridge, Library: Edwin Montagu papers. Montagu I AS6/9/21. J. M. Keynes to Edwin Montagu, 4 September 1914.

9. Cairncross, 2004; Skidelsky 1983: 297.
10. Parliamentary Archive: Bonar Law papers. Ms. 107/2/67. J. M. Keynes to Andrew Bonar Law, 10 October 1922.
11. Roberts, Reading, and Skene 2009.
12. Haldane 2012.
13. Lloyd George 1933: 61.
14. Keynes November 1914: 71.
15. 'News in Brief', *The Times*, 13 August 1914.
16. Morgan 1952: 29.
17. Gibson 1921: 396–404.
18. Morgan 1952: 31, 168–9.
19. 'The Financial Crisis of 1914', *The Economist*, 24 October 1914.
20. Moreton Frewen was author of more than a dozen book, many of them about 'the silver question'.
21. Frewen 1915: 1.
22. Kehoe 2004: 146.
23. Parliamentary Archives: Bonar Law papers. BL/35/4/15. Letter from Moreton Frewen to Andrew Bonar Law, 7 December 1914.
24. Parliamentary Archives: Bonar Law papers. BL/36/2/40. Letter from Moreton Frewen to Andrew Bonar Law, 24 January 1915.
25. Parliamentary Archives: Bonar Law papers. BL/36/1/15. Letter from Moreton Frewen to Andrew Bonar Law, 12 January 1915.
26. BoE: N7/156. Osborne vol. I 1926: 57–8.
27. Sayers 1976: 85.
28. Lawson 1915: 12–13.
29. Withers 1915: 102.
30. Keynes September 1914: 484.
31. Wyse 1918: 386.
32. TNA: T172/183, Memorandum to the Chancellor by Sir George Paish, 6 August 1914.
33. Hansard (Commons): Mr Lloyd George 27 November 1914, col. 1546.
34. 'The War, Trade and Finance', *The Economist*, 22 August 1914.
35. Hansard (Commons): Statement by the Prime Minister, 21 February 1916.
36. 'Pre-Moratorium Bills and Loans', *Bankers' Magazine*, vol. cxii (November 1921).
37. BoE: N7/156. Osborne vol. I 1926: 364.
38. BoE: C92/110. Advances O/A Pre-Moratorium Bills, 1921–1927.
39. TNA: T160/998, Letter from Sir Otto Niemeyer, Treasury, to Arthur Kiddy, City Editor, *The Morning Post*, 28 December 1926.